碳排放权交易管理办法(试行)及相关规则析义

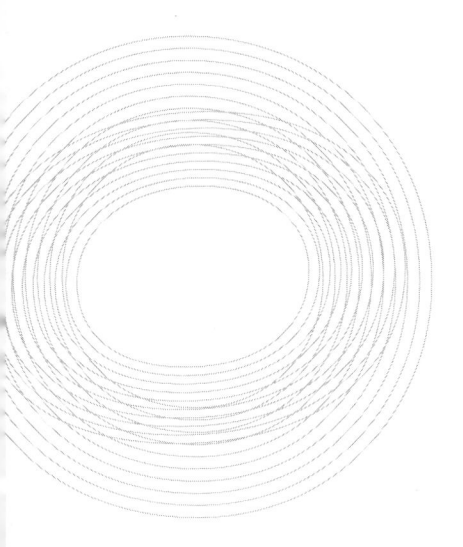

黄 明　宾 晖
陆冰清　王宇露　著

上海社会科学院出版社
SHANGHAI ACADEMY OF SOCIAL SCIENCES PRESS

目　　录

第一篇　《碳排放权交易管理办法(试行)》析义

第一章　总则 ·· 3
 第一条 ·· 3
 第二条 ·· 23
 第三条 ·· 30
 第四条 ·· 38
 第五条 ·· 43
 第六条 ·· 50
 第七条 ·· 58

第二章　温室气体重点排放单位 ································ 61
 第八条 ·· 61
 第九条 ·· 65
 第十条 ·· 68
 第十一条 ·· 70
 第十二条 ·· 73
 第十三条 ·· 74

第三章　分配与登记 ·· 80
 第十四条 ·· 80

第十五条 …………………………………………………… 91
　　第十六条 …………………………………………………… 107
　　第十七条 …………………………………………………… 110
　　第十八条 …………………………………………………… 112
　　第十九条 …………………………………………………… 118

第四章　排放交易 ……………………………………………… 121
　　第二十条 …………………………………………………… 121
　　第二十一条 ………………………………………………… 127
　　第二十二条 ………………………………………………… 132
　　第二十三条 ………………………………………………… 136
　　第二十四条 ………………………………………………… 138

第五章　排放核查与配额清缴 ………………………………… 140
　　第二十五条 ………………………………………………… 140
　　第二十六条 ………………………………………………… 146
　　第二十七条 ………………………………………………… 152
　　第二十八条 ………………………………………………… 155
　　第二十九条 ………………………………………………… 160

第六章　监督管理 ……………………………………………… 170
　　第三十条 …………………………………………………… 170
　　第三十一条 ………………………………………………… 176
　　第三十二条 ………………………………………………… 180
　　第三十三条 ………………………………………………… 183
　　第三十四条 ………………………………………………… 190
　　第三十五条 ………………………………………………… 195
　　第三十六条 ………………………………………………… 197

第七章　罚则 …… 200
第三十七条 …… 200
第三十八条 …… 203
第三十九条 …… 206
第四十条 …… 210
第四十一条 …… 215

第八章　附则 …… 218
第四十二条 …… 218
第四十三条 …… 218

第二篇　《碳排放权登记管理规则(试行)》析义

第一章　总则 …… 221
第一条 …… 221
第二条 …… 223
第三条 …… 225
第四条 …… 227
第五条 …… 229

第二章　账户管理 …… 232
第六条 …… 232
第七条 …… 234
第八条 …… 235
第九条 …… 237
第十条 …… 239
第十一条 …… 241
第十二条 …… 242
第十三条 …… 243

第十四条 ·· 245
第十五条 ·· 249

第三章 登记 ·· 250
第十六条 ·· 250
第十七条 ·· 252
第十八条 ·· 255
第十九条 ·· 258
第二十条 ·· 261
第二十一条 ·· 263
第二十二条 ·· 266

第四章 信息管理 ·· 268
第二十三条 ·· 268
第二十四条 ·· 269
第二十五条 ·· 271
第二十六条 ·· 272

第五章 监督管理 ·· 274
第二十七条 ·· 274
第二十八条 ·· 277
第二十九条 ·· 278

第六章 附则 ·· 280
第三十条 ·· 280
第三十一条 ·· 280

第三篇 《碳排放权交易管理规则(试行)》析义

第一章 总则 ·· 283
第一条 ·· 283

第二条 ·· 286
　　第三条 ·· 287

第二章　交易 ·· 291
　　第四条 ·· 291
　　第五条 ·· 294
　　第六条 ·· 297
　　第七条 ·· 300
　　第八条 ·· 303
　　第九条 ·· 305
　　第十条 ·· 308
　　第十一条 ·· 310
　　第十二条 ·· 312
　　第十三条 ·· 315
　　第十四条 ·· 318
　　第十五条 ·· 319
　　第十六条 ·· 320
　　第十七条 ·· 322

第三章　风险管理 ·· 324
　　第十八条 ·· 324
　　第十九条 ·· 327
　　第二十条 ·· 329
　　第二十一条 ·· 332
　　第二十二条 ·· 337
　　第二十三条 ·· 340
　　第二十四条 ·· 342
　　第二十五条 ·· 346
　　第二十六条 ·· 350
　　第二十七条 ·· 355

第四章　信息管理 ········· 359
　　第二十八条 ········· 359
　　第二十九条 ········· 363
　　第三十条 ········· 364
　　第三十一条 ········· 365

第五章　监督管理 ········· 367
　　第三十二条 ········· 367
　　第三十三条 ········· 368
　　第三十四条 ········· 369
　　第三十五条 ········· 372
　　第三十六条 ········· 375
　　第三十七条 ········· 377

第六章　争议处置 ········· 381
　　第三十八条 ········· 381
　　第三十九条 ········· 383
　　第四十条 ········· 384

第七章　附则 ········· 387
　　第四十一条 ········· 387
　　第四十二条 ········· 387

附录一：覆盖行业及代码 ········· 388

附录二：2019—2020 年全国碳排放权交易配额总量设定与分配实施方案（发电行业） ········· 391

主要参考文献 ········· 403

跋记 ········· 405

第一篇

《碳排放权交易管理办法(试行)》析义

第一章 总 则

第一条

为落实党中央、国务院关于建设全国碳排放权交易市场的决策部署,在应对气候变化和促进绿色低碳发展中充分发挥市场机制作用,推动温室气体减排,规范全国碳排放权交易及相关活动,根据国家有关温室气体排放控制的要求,制定本办法。

一、国内外立法例

欧盟立法例

欧洲议会和欧盟理事会第2003/87/EC号指令[①](2003年10月):

第一条 主题(Subject matter)

本指令的目的在于,通过在共同体内部设立一个温室气体排放配额交易体系,从而帮助成员国以成本有效和经济有效的方式实现温室气体减排。

本指令同时提议增加温室气体减排量,从而实现在科学上避免危险气候变化的程度。本指令同时制定\评估和执行更加严格的,超过20%的共同体减排承诺,相应承诺应参照共同体在国际协议当中超出第九条所做的承诺,即欧盟理事会2007年3月所认同的30%的减排承诺。

---

① 欧盟排放交易体系规则[M].焦小平主译.北京:中国财政经济出版社,2010.

地方立法例

1.《北京市碳排放权交易管理办法(试行)》(2014年5月)：

第一条　为控制本市温室气体排放,协同治理大气污染,根据国家发展改革委开展碳排放权交易试点的相关部署要求和市人大常委会《关于北京市在严格控制碳排放总量前提下开展碳排放权交易试点工作的决定》(以下简称《决定》),特制定本办法。

2.《福建省碳排放权交易管理暂行办法》(2020年8月)：

第一条　为了建立温室气体排放控制市场机制,规范碳排放权交易活动,推进国家生态文明试验区建设,根据有关法律法规,结合本省实际,制定本办法。

3.《广东省碳排放管理试行办法》(2020年5月)：

第一条　为实现温室气体排放控制目标,发挥市场机制作用,规范碳排放管理活动,结合本省实际,制定本办法。

4.《湖北省碳排放权管理和交易暂行办法》(2014年6月)：

第一条　为了加强碳排放权交易市场建设,规范碳排放权管理活动,有效控制温室气体排放,推进资源节约、环境友好型社会建设,根据有关法律、法规和国家规定,结合本省实际,制定本办法。

5.《上海市碳排放管理试行办法》(2013年11月)：

第一条(目的和依据)

为了推动企业履行碳排放控制责任,实现本市碳排放控制目标,规范本市碳排放相关管理活动,推进本市碳排放交易市场健康发展,根据国务院《"十二五"控制温室气体排放工作方案》等有关规定,结合本市实际,制定本办法。

6.《深圳市碳排放权交易管理暂行办法》(2014年3月)：

第一条　为建设环境资源友好型社会,加快经济发展方式转变,促进节能减排和绿色低碳发展,建立和规范碳排放权交易市场,实现温室气体排放控制目标,根据《深圳经济特区碳排放管理若干规定》,制定本办法。

7.《天津市碳排放权交易管理暂行办法》(2020年6月)：

第一条　为规范碳排放权交易,实现控制温室气体排放目标,协同治理大气污染,推进生态文明建设,按照全国碳排放权交易市场建设工作部署,结合本市实际,制定本办法。

8.《重庆市碳排放权交易管理暂行办法》(2014年3月):

第一条 为规范本市碳排放权交易管理,促进碳排放权交易市场有序发展,推动运用市场机制实现控制温室气体排放目标,根据国务院《"十二五"控制温室气体排放工作方案》和有关法律、法规,结合工作实际,制定本办法。

二、条文析义

条文总体解释

本条是关于《碳排放权交易管理办法(试行)》立法目的和宗旨的规定。

开宗明义,本条明确了制定全国碳排放权交易管理办法的四大目的:落实党中央、国务院关于建设全国碳排放权交易市场的决策部署;在应对气候变化和促进绿色低碳发展中充分发挥市场机制作用;推动温室气体减排;规范全国碳排放权交易及相关活动。

1. 目的和依据

(1) 背景

为了应对气候变化,控制温室气体排放,国际社会从20世纪70年代开始就采取了一系列的措施。1992年,联合国应对气候变化大会通过了《联合国应对气候变化框架公约》(United Nations Framework Convention on Climate Change, UNFCCC)。1997年国际社会达成了《京都议定书》。2005年,欧盟启动全球第一个温室气体排放总量控制下的碳排放交易市场。碳排放交易由此成为全球和世界各国解决气候变化问题的一种重要手段。

2020年9月22日,中国国家主席习近平在第七十五届联合国大会一般性辩论上发表重要讲话时指出,中国将提高国家自主贡献力度,采取更加有力的政策和措施,二氧化碳排放力争于2030年前达到峰值,努力争取2060年前实现碳中和。这就是所谓的3060目标。在之后不久的金砖国家领导人会晤和二十国集团领导人峰会上,习近平主席两次强调,对于碳达峰目标和碳中和愿景,中国将"说到做到"。"十四五"规划建议已经明确提出将新达峰目标与碳排放约束性指标相衔接。3060目标的提出和"十四五"规划关于碳达峰的有关要求，是中国在全球应对气候变化领域中发挥重要参与者、贡献者、引领者作用的具体体现。新的达峰目标和碳中和愿景，是中国应对气候变化工作的总体要求，也是中国开展碳排放交易的重要背景。

（2）编制依据

2009年3月，第十一届全国人大常委会第十次会议表决通过《全国人民代表大会常务委员会关于积极应对气候变化的决议》，提出"要把加强应对气候变化的相关立法作为形成和完善中国特色社会主义法律体系的一项重要任务，纳入立法工作议程。适时修改完善与应对气候变化、环境保护相关的法律，及时出台配套法规，并根据实际情况制定新的法律法规，为应对气候变化提供更加有力的法制保障"等。

2014年12月，原国家应对气候变化主管部门国家发展改革委印发了《碳排放权交易管理暂行办法》（发展改革委令第17号），规范全国碳交易市场建设工作。该办法发布以来，各碳交易试点省市在地方立法方面也做了大量探索。2018年4月，应对气候变化及减排职能由国家发展改革委调整至新组建的生态环境部，为碳市场建设与管理提供了新的条件。综合考虑，原有办法已不能适应新的形势变化，无法满足当前工作需要，有必要作出调整和完善。

2016年3月，第十二届全国人民代表大会第四次会议表决通过《中华人民共和国国民经济和社会发展第十三个五年规划纲要》，提出"推动建设全国统一的碳排放交易市场"。同年10月，国务院印发《"十三五"控制温室气体排放工作方案》（国发〔2016〕61号），明确提出"建设和运行全国碳排放权交易市场"，"建立全国碳排放权交易制度"和"出台《碳排放权交易管理条例》及有关实施细则"等。

2017年12月，经国务院同意，《全国碳排放权交易市场建设方案（发电行业）》（发改办气候规〔2017〕2191号）印发，明确了全国碳交易市场建设的基本原则、基本要素和基本框架等，明确将"开展碳市场管理制度建设"和"完善碳市场管理制度和支撑体系"作为全国碳交易市场建设的重要内容。

2018年5月，习近平总书记在全国生态环境保护大会上强调，充分运用市场化手段，完善资源环境价格机制是提高环境治理水平的重要手段。2019年7月，李克强总理主持召开国家应对气候变化及节能减排工作领导小组会议，要求加快建立碳排放权交易市场,构建节能减排的长效机制。

2. 内容

本条明确了《碳排放权交易管理办法(试行)》的立法目的和宗旨,主要内容有:

(1) 在应对气候变化和促进绿色低碳发展中充分发挥市场机制作用,推动温室气体减排

市场机制是通过市场竞争配置资源的方式,即资源在市场上通过自由竞争与自由交换来实现配置的机制,也是价值规律的实现形式。碳排放交易和碳税是促进全球温室气体减排,减少全球二氧化碳排放所采用的两种关键市场机制。

(2) 规范全国碳排放权交易及相关活动

根据国内外经验,建立碳排放交易体系,立法是前提和必要条件。为此,出台《碳排放权交易管理办法》,从法律上明确推行碳排放交易的基本原则、关键要素、管理程序、法律责任等,做好最为关键的顶层设计,可以为顺利完成建立全国碳排放交易市场的目标奠定基础。

《碳排放权交易管理办法(试行)》定位于规范全国碳排放交易及相关活动,规定了各级生态环境主管部门和市场参与主体的责任、权利和义务,以及全国碳交易市场运行的关键环节和工作要求。以《碳排放权交易管理办法(试行)》为统领,生态环境部还将制定并发布温室气体核算报告与核查、碳排放权登记交易结算等方面的规范性文件,共同搭建起全国碳交易市场的基本制度框架。

3. 适用范围

本条款仅适用于基于配额的碳排放交易,现阶段主要指全国碳排放配额,暂不适用 CCER(核证自愿减排量)交易,及试点地区碳排放配额交易,也不适用于排污权交易、节能量交易和用能权交易。

关键概念解释

1. 碳达峰与碳中和

"碳达峰"是指中国承诺 2030 年前,二氧化碳的排放不再增长,达到峰值之后逐步降低。中国还处于工业化和城镇化阶段,能源结构以煤炭、石油等化石能源为主,随着经济社会发展,能源消费总量会不断增加,意味着碳排放会

不断增长。实现碳排放达峰,就意味着中国碳排放增长到一定高位后不再增长,实现稳定或开始下降。"十四五"是中国开启新征程的第一个五年规划,为实现达峰目标,"十四五"规划已出台一系列强有力举措,不仅包括指标设定,还包括如何更好地借助市场手段,综合运用科技、财税、环保等政策,有效推进高质量发展。在国家层面,"十四五"期间,中国需要继续确立有力度的单位GDP二氧化碳排放下降目标,并把这些目标分解到各个省份,不断强化节能减排责任制,推动经济转型、产业升级和可再生能源发展。在地方层面,"十四五"期间要推进达峰行动,各省份也需要制定行动计划。总的来讲,全国范围要力争在2030年之前实现二氧化碳排放达峰。

"碳中和"是指企业、团体或个人测算在一定时间内直接或间接产生的温室气体排放总量,然后通过植物造树造林、节能减排等形式,抵消自身产生的二氧化碳排放量,实现二氧化碳"零排放"。"碳中和"意味着经济社会活动引起的碳排放和商业碳汇等活动从空气中吸收的二氧化碳的量相等。实际上,生产生活中不可能不排放二氧化碳,即使电力行业实现了全额可再生能源,但其他行业很难做到生产过程的零排放(包括可再生能源制造过程)。"碳中和"的概念就是可以通过拥有等量碳汇或者碳减排信用抵销自身的碳排放,使净碳排放接近零。目前,美国、法国、德国、英国、加拿大等大多数发达国家已经通过立法和政策的形式提出了"碳中和"目标。作为全球四个最大排放国家之一,中国是第一个提出"碳中和"目标的国家。

中国已经成立碳达峰碳中和工作领导小组,正制定碳达峰、碳中和的时间表、路线图,将推出"1+N"政策体系。作为顶层设计,其涉及碳达峰、碳中和在全国和各个地方、各个领域、各个行业的政策措施,主要目的是在各主要领域采取一系列政策措施,加速转型和创新。

2. 碳排放权交易的概念辨析

对于"Carbon Emissions Trading",中国学者多翻译为碳排放权交易,该办法也沿袭了这个称谓。笔者认为,从法学理论和碳排放配额交易实践两个维度来看,碳排放交易的活动称为"碳排放配额交易"或"碳排放交易"更为合理和科学,具体原因如下。

(1) 实践视角

从碳排放配额交易的起源和实践来看,将碳排放配额交易的活动称为碳排放配额交易或碳排放交易更符合国际惯例,便于以后中国碳交易市场的国际化。

在全球气候变暖没有提上议事日程之前,各个经济主体的二氧化碳等温室气体的排放没有得到限制,企业或组织肆意排放。1992年,联合国环境与发展大会通过了《联合国气候变化框架公约》。1997年12月于日本京都通过了《联合国气候变化框架公约》的第一个附加协议,即《京都议定书》。《京都议定书》把市场机制作为解决二氧化碳为代表的温室气体减排问题的新路径,即把二氧化碳排放配额作为一种商品,从而形成了碳排放交易。伴随着《京都议定书》的正式生效,碳排放配额成为国际商品,越来越多的投资银行、对冲基金、私募基金以及证券公司等金融机构参与其中。基于碳交易的远期产品、期货产品、掉期产品及期权产品不断涌现,国际碳排放交易进入高速发展阶段。

为了平衡各国利益,鼓励减少二氧化碳排放,2005年生效的《京都议定书》为世界提供了一个"减排机制":给每个发达国家确定一个"排放额度",允许那些额度不够用的国家向额度富裕或者尚未有限制的国家购买"排放指标"。许多国家的法律也规定了要限制二氧化碳的排放,使得碳排放量成为一种稀缺性资源,经济主体要进行碳排放则需要获得相应的碳排放配额。

(2) 法学理论的视角

从法学理论来看,配额是否为一种权利,在全球都没有明确规定,将碳排放配额交易的活动称为碳排放配额交易或碳排放交易将更为严谨、科学。

不少学者认为,碳排放权的本质是对环境容量的限量使用权,是指权利主体为生存和发展需要,由自然或者法律所赋予的向大气排放温室气体的权利,这种权利实质上是权利主体获取的一定数量的气候环境资源使用权。他们提出,碳排放权具有自身特有的权利属性。首先,它一方面具有经济属性,可以作为碳排放权在市场上进行交易和流通;另一方面又具有生态属性,可以起到改善环境的作用。其次,碳排放权的客体是排放二氧化碳气体所占据的大气空间容量,具有不可支配性。另外,排放权主体具有可选择性。因为生活在地球上的几乎所有个体和单位都在不同程度地排放着含碳气体,那么碳排放交易市场不必要也不可能涵盖所有的碳排放主体。

然而,配额是否为一种权利,对于这个问题,立法者在法律中未作明确的规定,多采取回避的立法模式。在各国的立法和司法实践中,配额被界定为商品或者资产。在美国司法实践中，法院援引清洁空气法条款时认为，配额可以像其他商品一样买卖。在欧盟的配额交易指令以及欧盟各国的法律中，也多将配额视为商品。很多立法者和学者认为，该条款明确了配额的排放权性质。笔者认为，这里的一个配额实质是交易中的一个数量单位，与后面的1吨二氧化碳当量是相对应的。通过数量化以满足交易的功能性要求。总的来说，在现阶段将配额定义为商品更符合现状，主要基于以下考虑：

第一，将配额确定为权利不利于现阶段碳排放交易市场机制的实践运行。碳排放交易市场虽然已经运行了几十年，但是各项制度仍处于探索之中，有着很大的不确定性。如核查制度科学性和准确性的问题。在实际核查中，一方面核查方法的科学性尚有所欠缺；另一方面由于核查人员素质和水平的参差不齐，导致排放核查数据可能存在差距。核查数据的不准确性直接导致了排放企业履约义务的不准确性问题如排放总量和配额分配问题。排放总量一般是按照各国自身的经济发展需要和减排目标来确定的。在很多国家提交的国家自主贡献计划中，排放总量并不是确定的绝对数值，而是一个相对总量。还有些国家采取的是附有条件的减排目标，只有符合一些条件后，才能将排放控制在某个总量目标之内。在不确定的总量制度里，直接将配额定义为权利，会直接影响国家对碳市场的调整。在增加总量的情况下，新的配额投放将消减现有配额的权利利益。而当市场配额过剩的情况下，必将会引发因回收配额而采取的补偿问题。

欧盟碳交易的第一阶段存在大量配额的剩余，为了保证第二阶段碳市场价格的回升和碳市场的正常运行，欧盟明确剩余配额不得用于第二阶段履约，但是，欧盟并没有对排放企业进行任何补偿。中国现有的试点碳市场中，也面临着地方配额可能失效的情况。如若将配额定义为权利，必将影响政府纠错机制的实施，不利于碳交易市场的运行。也有观点认为，配额不构成权利的情况下，缺乏法律的安全保障，会影响投资者参与市场的积极性，不利于碳排放交易市场的建立和运转。从现在的碳市场实际运转来看，只有在极端情况才会发生配额灭失的情况，配额是否构成权利并不影响投资者对配额持有的热情和信心。同时，配额灭失和减值的风险，在市场的价格上已经实现了折扣。总之，从现有的国内碳市场运行的现状来看，将配额视为商品比视为权利更有利于碳排放交易机制的运行。

第二,配额不具备权利构成的基本要素。权利是法学上基本范畴的概念,却没有统一的定义,不同的学者有不同的观点。无论如何,在构成权利的基本要素上有一些共识,如自由的意志、行为、正当性、保护的利益等要素。从配额的使用现状来看,配额缺乏作为权利所应具备的自由的意志和正当性的条件。

配额缺乏权利行使的自由意志和确定性。私权,无论是何种权利,在权利范围之内具有排除他人干涉依照自己的意志作为或不作为的权利。配额作为政府公共政策的产物,从本质上是政府治理环境的工具。很多主张排放权的学者将环境容量作为公共财权的目标,国家对环境容量具有所有权,企业对配额享有物权或准物权。环境容量是一个技术上的概念,是拟定的地球能够容纳的二氧化碳最大的排放量。虽然在司法实践中联合国政府间气候变化专门委员会有关温室气体效应的结论能够作为法院认可的事实和依据,但是具体的环境容量总量处于一种不确定状态。在这种总量不确定的情况下,将环境容量作为权利的目标,显然不符合权利的确定性要求。同时,除了环境容量确定的科学性存在问题之外,从政府的分配角度也存在不确定性。政府在分配配额的时候,也会更多的考虑配额总量与自身国家或地区经济发展相适应,并不仅仅将减排目标作为总量确定的唯一因素。配额的分配取决于政府的意志。配额在使用过程中,同样受到政府意志的影响。政府可以制定配额转让的条件和使用的范围,可以制定配额分配的条件,以及配额的回收。而政府在决定或行使这些公权的时候并不受配额持有者的任何影响。如欧盟的第一阶段的配额的冻结,关停并转企业剩余配额的回收,政府并没有因此而给配额持有者相应的私权上的补偿。美国的立法更是明确提出,不认为配额是财产权,目的就在于防止对配额征用时给予补偿。环境总量的不确定性,以及配额的使用方式和范围的不确定性妨碍了配额构成权利的因素。

配额也缺乏成为权利的正当性。罗马法和查士丁尼法律都没有将空气作为可支配的目标。随着科学迅速发展,有可能部分空气可以成为商品进行交易,甚至现在已经成为现实,但是,作为整体的空气,必将是人类生存的基本要素之一,永远不可能成为权利的目标。国家和全体公民都不可能成为权利的主体。空气不能为任何人做支配,但是影响空气的行为确实是可以控制的。解决环境问题,关键在于控制人类的排放行为,将外部行为负面性进行量化。现在的总量控制制度,是通过控制影响空气的行为从而确保空气的良好性,本质上并不能因此认为空气是支配对象。向地球排放污染物或者二氧化碳，影响空气的质量，产生温室效应或者导致极端天气增多，这是一种负面行为。从这种行为的性质来看，应该是禁止的。但是在工业化时代，由于人类生存和发展的需要，不得不允许排放行为的存在，如以煤发电的行为。如果禁止的话，将导致人类文明的退步，威胁人类的实际生存。因此，为了整个人类的需求，对于这些影响环境的行为，采取的是限制方式，制定排放标准，要求按照符合规定的方式进行排放，但不能否认该行为本身的污染性。将产生危害的行为权利化，会影响权利的基本理论体系，排放行为危害性的存在使得配额权利化缺乏正当性。

配额具有商品的基本属性，是一种商品。商品具有以下特点：一是商品是能够满足人们某种需要的物品。二是商品是劳动的产品，通过人类劳动生产出来的，包含了人类的劳动。三是商品可以进行交换，通过交换满足人们的需要。

笔者认为，配额具有商品的基本属性。其一，碳排放配额是一种有用的物品，能够满足他人或社会消费的需要。对于企业而言，其获得碳排放配额也就意味着拥有排放相应数量的二氧化碳。对于国家或地区而言，碳排放配额的设计将有助于降低该国或地区的二氧化碳排放，促进节能减排，让人们获得更优质的自然环境。因此，碳排放配额是一种有用的物品，能够满足人们、企业、地区或国家的需要。其二，碳排放配额是劳动产品。通过创新碳减排技术、在生产过程中开展碳减排活动能够获得碳排放配额，凝结在碳排放额度中的人类一般劳动就是其价值的表现。其三，碳排放配额可以进行交换，并且通过交换能满足相应主体的需要。因此，碳排放配额是一种劳动产品，具有相应的交换价值，并且碳排放配额能满足人的欲望和需求，具有使用价值。故碳排放配额具有商品的基本属性，是一种商品。

综上，笔者认为，碳排放交易的活动称为"碳排放配额交易"或"碳排放交易"更为合理和科学。下文笔者在析义时，除条文引用外，将碳排放权交易统一为碳排放配额交易或碳排放交易。

（3）碳排放权交易

碳排放权交易（即本析义所指的碳排放配额交易或碳排放交易，下文统一称为碳排放交易或碳排放配额交易）是为促进全球温室气体减排，减少全球二氧化碳排放所采用的市场机制。碳排放交易的核心是：通过设定排放总量目标，确立碳排放配额的稀缺性，通过无偿（配给）或者有偿（拍卖）的方式分配碳排放配额（一级市场），依托有效的监测体系、核证体系，实现供需信息的公开化，依托公平可靠的交易平台、灵活高效的交易机制（二级市场）实现碳排放配额的商品化，通过金融机构的参与为市场提供充足的流动性，发挥市场配置资源的效率优势，降低减排成本。碳排放交易制度建立在总量控制的基础之上，通过充分发挥市场机制的作用来控制温室气体的排放，在减少温室气体排放的同时能够有效降低减排成本。碳排放交易是指为了有效利用有限的大气环境容量资源、逐步减少二氧化碳等温室气体的排放、减缓温室效应、充分发挥市场机制的基础性作用，允许企业、基金组织、个人等主体依照法律规定的程序和要求买卖碳排放配额的行为。

根据不同的区分标准，碳排放交易有以下分类：

根据交易的标的不同，可以分为配额现货交易，远期合约交易和期货交易。配额现货交易是指以配额的现货作为标的的交易。政府通过电子化的登记簿将配额分配到排放企业的账户里，排放企业就可以对配额进行交易，交易完成，即可发生配额权属的转移，这时候的配额属于现货的范畴。远期合约交易是指以未来履行交付配额的合约为标的的交易。交易的标的不是现货形式存在的配额，而是远期合约，该合约约定在将来某个时间内按约定价格买卖一定数量的配额。交易完成后，仅发生合约权属的转移，不引起合约项下配额的权属变动。期货交易是指以格式合约为标的的交易。期货交易的本质是一种远期合约交易，其与远期合约的主要区别在于：期货交易需要在固定的交易场所——期货交易所进行，期货交易的交易对象是标准化的期货合约，期货交易中合约交付时间是固定的。

根据交易方式不同，可以分为电子竞价交易和协议转让。电子竞价交易是指通过电子化的竞价系统根据时间优先、价格优先原则进行的交易。电子竞价交易的方式更有利于实现公开、公平，因此，目前大多数交易场所采用的是这种方式。协议转让是指双方自主协商价格和数量的交易。协议转让效率低，交易成本高，一般在交易的数额较大的情况下采用，双方可以自主协商价格和数量。协议转让模式下，成交价格不纳入交易所得即时行情，成交量在交易结束后计入当日配额成交总量。

根据交易的目的不同,可以分为履约性交易和投资性交易。履约性交易是指为了履行清缴义务而进行的交易。履约性交易中买方主体是重点排放单位。重点排放单位负有清缴义务,当持有的配额少于应清缴的配额数时,需从市场中购买所需的配额。重点排放单位清缴配额后,该配额将被注销。投资性交易是指为投资目的进行的交易。无论是投资机构还是个人都可以参与这种交易,投资机构和个人虽可买卖配额,并持有配额,但不因此享有排放碳的权利。

根据交易的场所不同,可以分为场内交易和场外交易。场内交易是指交易双方在交易所内进行的交易,由交易所进行统一的资金和配额交割和清算。场外交易是指交易双方在交易所外进行的配额交易,但配额交付须在指定平台进行登记。区分两者的意义在于识别配额转移过程中的风险负担问题。

3. 应对气候变化

(1) 气候变化问题及其产生原因

气候是构成地球环境系统的重要因素,良好稳定的气候是人类在地球环境中生存发展的必要条件。近200年来,全球气候在人类活动的影响下,发生了一些非自然的不正常的变化,这些变化统称为气候变化。《联合国气候变化框架公约》第一条对气候变化进行了定义,"气候变化"是指除在类似时期内所观测的气候的自然变异之外,由于直接或间接的人类活动改变了地球大气的组成而造成的气候变化。

全球气候变化主要表现在以下几个方面:

一是气温升高。近100年来,全球气温上升了0.56 ℃至0.92 ℃。过去100年中,北极温度升高的速率几乎是全球平均速率的2倍。

二是海洋变暖。表现为海水温度加速上升:1993—2018年的海洋变暖速率至少是1970—1993年期间的2倍。

三是极端热浪事件加剧。变暖导致发生在陆地和海洋中的极端热浪事件都已经加剧,1982年以来海洋热浪频率增加了2倍。

四是冰雪消融。格陵兰冰盖、南极冰盖、冻土和山地冰川已经开始加速消融,2007—2016年南极冰盖的质量损失量是1997—2006年间的3倍。格陵兰冰盖质量损失是1997—2006年间的2倍。极地已经是全球气候变暖最为剧烈的地区:近几十年来北极表层气温上升趋势是全球平均的2倍。

五是海平面上升。2006—2015年间全球海平面上升趋势是1901—1990年间速度的2.5倍。总海平面上升的30%—40%由海水升温膨胀引起;另外60%—70%是因为消融冰盖和冰川使得淡水流入大海导致。

根据可能引发气候变化的不同原因,形成了不同的气候变化学说,包括"温室效应说""太阳黑子变动说""地球运转变动说"等。这几种学说都有一定的科学依据,但主流观点还是认为温室效应是引发当前气候变化的主要原因。联合国政府间气候变化专门委员会(英文简称IPCC)第三次评估报告指出,近百年来全球变暖是由自然的气候波动和人类活动共同引起的,但近50年的气候变化很可能是人类活动造成的。联合国政府间气候变化专门委员会第四次评估报告认为,人类活动影响与全球气候变化的因果关系具有90%以上的可信度。已有大量的科学事实证明,人类主要通过向大气中排放温室气体的方式影响气候变化,而温室气体的增加主要是由于大规模地使用化石燃料。人类活动排放二氧化碳(CO_2)、甲烷(CH_4)、氧化亚氮(N_2O)和卤烃等长生命周期的气体,当排放量大于清除量时,大气中温室气体浓度就会增加。全球二氧化碳浓度的增加主要是由于化石燃料的使用,甲烷浓度增加主要是由于农业和化石燃料的使用,氧化亚氮浓度增加主要是由于农业生产。

2021年8月9日,联合国政府间气候变化专门委员会(IPCC)正式发布IPCC第六次评估报告第一工作组报告《气候变化2021:自然科学基础》。该报告显示,与工业化前的气温记录相比,目前全球平均升温估计为1.1℃。在未来20年内,全球升温或会超过1.5℃。该报告指出,除非立即、迅速和大规模地减少温室气体排放,否则将升温限制在接近1.5℃或甚至是2℃将是无法实现的。

(2)气候变化的影响

一是环境影响。全球气候变暖对全球许多地区的自然生态系统产生了影响,如海平面升高、冰川退缩、冻土融化、河湖冰迟冻与早融、中高纬生长季节延长、动植物分布范围向极区和高海拔区延伸、某些动植物数量减少、一些植物开花期提前等。自然生态系统由于适应能力有限,容易受到严重的,甚至不可恢复的破坏。正面临这种危险的系统包括:冰川、珊瑚礁岛、红树林、热带林、极地和高山生态系统、草原湿地、残余天然草地和海岸带生态系统等。随着气候变化频率和幅度的增加,遭受破坏的自然生态系统在数量上会有所增加,其地理范围也将增加。

二是经济影响。气候变化导致各国频繁出现高温天气,大部分陆地地区冷昼冷夜天气减少,温度偏高,导致供暖能源需求降低,制冷能源需求增加,城市空气质量下降,同时影响夏季旅游业。大部分地区发生强降水事件的概率增加,洪水破坏人类居住环境、商业、运输和社会,导致城乡基础设施的压力增大,造成财产损失。农业可能是对气候变化反应最为敏感的部门之一,中国是农业大国,气候变化将使中国未来农业生产面临农业生产的不稳定性增加,农业生产布局和结构将出现变动,农业生产条件改变,农业成本和投资大幅度增加等诸多问题。

三是国家安全影响。气候变化将造成地球及其生态系统对人类社会承载能力的降低(如食物、水和能源供应的匮乏),进而对国家安全产生重大的影响,如边境管理问题、全球冲突以及经济衰退等。全球变暖将可能导致更多的生态难民。由于土地和资源变得日益紧张,移民竞争不仅是地区间的,更是国家间的竞争,甚至是国际间的竞争。

(3) 应对气候变化是碳排放交易兴起的现实需求

为了应对气候变化,各国主要采用了三种应对模式。其中,碳排放交易是应用最为广泛、国际社会普遍认可的主要方式。推动绿色低碳发展、积极应对气候变化,不仅是中国生态文明建设的重要任务,也是中国可持续发展的内在要求。2016年11月,联合国气候变化《巴黎协定》正式生效。中国提出了宏伟的目标,到2030年单位国内生产总值二氧化碳排放比2005年下降60%到65%。

中国实施积极应对气候变化国家战略,采取了调整产业结构、优化能源结构、节能提高能效、增加森林碳汇等一系列措施,取得显著成效。建立全国碳排放交易市场,是应对气候变化的重要政策工具。2011年起,中国在7个省市开展了碳排放交易试点,推动制度、路径和技术创新,为全国碳排放交易体系建设积累经验。2017年12月,《全国碳排放权交易市场建设方案(发电行业)》发布实施,以发电行业为突破口率先启动全国碳排放交易体系,碳市场建设取得重要进展。当前又在积极探索气候投融资试点。全国先后三批开展低碳省市试点,推动了应对气候变化相关规划统计制度的建立与实施,一些城市制定了温室气体排放达峰时间表和路线图,探索运用信息技术加强排放统计与管控。28个城市进行了适应气候变化试点,推动落实《国家适应气候变化战略》。

同时,积极推进低碳技术研发推广,开展碳捕集、利用与封存技术试验示范,推动近零碳排放示范区工程。

4. 市场机制

市场机制是通过市场竞争配置资源的方式,即资源在市场上通过自由竞争与自由交换来实现配置的机制,也是价值规律的实现形式。碳排放交易和碳税是为促进全球温室气体减排,减少全球二氧化碳排放所采用的两种重要市场机制。

一般来说,碳税指的是针对二氧化碳排放所征的税。它是以减少二氧化碳排放为目的,对化石燃料(如煤炭、天然气、成品油等)按照其碳含量或碳排放量征收的一种税,英国、德国以及北欧等国均采用了这种工具。从长期来看,碳税是一个有效的环境经济政策工具,能有效地减少二氧化碳排放。人们对碳税的争议主要在碳税的减排效果和碳税的使用等方面。碳税征收的目的主要是对化石能源征税,提高化石能源的价格,从而减少化石能源的使用,提高价格较低的风能、太阳能等新能源的竞争力。各国碳税的使用主要是用于对新能源产业的补贴,用于治理环境的项目和工程,用于补贴低收入家庭因碳税而增加的开支,也用于其他政府开支等。碳税的弊端主要是提高了能源的价格,推高了物价。另外,政府的碳税收入如果没有有效用于节能减排,则达不到减少温室气体排放的目标,实现不了开征碳税的目的。此外,由于碳税的税负比较高,因此要求政府的税收征管是完善的,否则会造成纳税企业和偷税漏税者的税负不均。

碳税和碳排放交易是目前全球减排中推行的两种市场减排工具。前者向化石燃料使用方征税。后者是设定总量后、将排放配额分给企业,并形成碳排放配额市场以激励减排。碳排放交易与碳税各有优势,很难得出孰优孰劣的简单结论。就发达国家的经验来看,既有碳排放交易又有碳税,这两种政策工具被搭配使用,一般而言,将规模大且能耗高的大型企业纳入碳排放交易范围,而对于中小企业和家庭用户,则采用碳税手段实现碳减排。由于碳排放交易的碳减排激励性更强,能够确保碳减排目标的达成,而且可以跨区域和跨时空交易,因此被欧盟、美国、澳大利亚、加拿大、新西兰和日本等发达资本主义地区和国家所广泛采用,在世界范围内建立起一个强大的碳排放交易市场。

5. 温室气体

温室气体指的是大气中能吸收地面反射的长波辐射，并重新发射辐射的一些气体，如水蒸气、二氧化碳、大部分制冷剂等。它们的作用是使地球表面变得更暖，类似于温室截留太阳辐射，并加热温室内空气的作用。这种温室气体使地球变得更温暖的影响称为"温室效应"。地球的大气中重要的温室气体包括下列数种：二氧化碳、臭氧、氧化亚氮、甲烷、氢氟氯碳化物类、全氟碳化物及六氟化硫等。从对全球升温贡献的百分比来说，二氧化碳由于含量较多，所占的比例也最大，大约占整体温室效应的55%。不仅如此，二氧化碳在大气中存留的时间长达200年，即使我们今天完全停止向大气中排放二氧化碳，此前二氧化碳产生的温室效应还将持续200年左右。温室效应引发的气候变化及其影响是多尺度、全方位、多层次的，正面和负面影响并存，但负面影响更受关注。全球变暖对许多地区的自然生态系统已经产生了影响，如气候异常、海平面升高、冰川退缩、冻土融化、河(湖)冰迟冻与早融、中高纬生长季节延长、动植物分布范围向极区和高海拔区延伸、某些动植物数量减少、一些植物开花期提前等。

近100年来，全球气温上升了0.56 ℃至0.92 ℃。按照这一发展趋势，预计到21世纪中叶，全球气温将升高1.5—4.5 ℃。为减少全球温室气体排放，控制全球平均温度的上升。1997年于日本京都召开的联合国气候变化框架公约第三次缔约国大会中所通过的《京都议定书》，明确针对6种温室气体进行削减：二氧化碳、甲烷、氧化亚氮、氢氟碳化物、全氟碳化物及六氟化硫。其中以后三类气体造成温室效应的能力最强，但因二氧化碳占比最大，对全球升温影响最为显著，所以目前世界上大部分碳市场仅涵盖了二氧化碳一种温室气体。

国内外相关经验

1. 欧盟的碳交易法律规则体系

欧盟碳排放期现货市场的立法主要是由一系列的指令和规定构成，2003年以来发表的有关碳排放交易的指令构成了目前欧盟碳交易市场从配额形成、市场交易到政府监管的法律基础。此外欧盟还制定了配套指令及规则，各成员国在欧盟委员会的统一监督下将其要求转换为国内法后实施。欧盟的碳交易法律体系如表1所示。

表 1　欧盟碳交易法律体系

指　　令	目　　的
欧盟碳市场框架性指令及修正		

	指　　令	目　　的
欧盟碳市场框架性指令及修正	总框架指令《建立温室气体排放配额交易计划指令》2003/87/EA	规定该机制的适用对象,构建起欧盟温室气体排放配额交易机制的基本框架
	实施阶段调整性指令 2004/101/EC、2009/29/EC	改善了交易机制并扩大适用范围,明确各成员国排放配额拍卖的比例
	航空排放交易指令 2008/101/EC	将航空业的排放纳入欧盟的碳排放交易体系
欧盟碳市场相关指令及规则	碳捕获与封存的指令 2009/31/EC	规定了碳捕获与封存操作条件和程序,要求成员国自 2010 年起每三年一次向欧盟报告实行情况
	乘用车二氧化碳排放标准的法规 443/2009/EC	规定到 2020 年新乘用车的二氧化碳排放标准要达到 95 g/km
欧盟金融工具监管法规	欧盟针对其金融工具监管制定了一系列法案,根据欧盟新制定的《金融工具市场指令 II》(MiFID II)《反市场滥用指令》(MAD)及《透明度指令》(TD)	EU-ETS 下的碳排放配额现货交易被纳入欧盟金融工具监管体系;明确碳期货作为金融期货产品进行监管
	2010 年《拍卖规定》(Auctioning Regulation)	该规定有效拓宽了 MAD 和 MIFID II 适用于碳市场的范围,要求拍卖平台及金融机构的活动即使是在典型的二级市场之外也需要遵守大致相同的规定

2. 排污权交易

(1) 排污权交易的概念

碳排放交易的概念源于 20 世纪 70 年代美国经济学家提出的排污权交易。所谓排污权交易是指在污染物排放总量控制指标确定的条件下,利用市场机制,建立合法的污染物排放权利即排污权,并允许这种权利像商品那样被买入和卖出,以此来进行污染物的排放控制,从而达到减少排放量、保护环境的目的。排污权交易的主要思想是建立合法的污染物排放权利(这种权利通常以排污许可证的形式表现),以此对污染物的排放进行控制。它是政府用法律制度将环境使用这一经济权利与市场交易机制相结合,使政府这只有形之手和市场这只无形之手紧密结合来控制环境污染的一种较为有效的手段。这种制度的实施,是在污染物排放总量控制前提下,为激励污染物排放量的削减,排污权交易双方利用市场机制及环境资源的特殊性,在环保主管部门的监督管理下,通过交易实现低成本治理污染。该制度的确立使污染物排放在某一范围内具有合法权利,容许这种权利像商品那样自由交易。在污染源治理存在成本差异的情况下,治理成本较低的企业可以采取措施以减少污染物的排放,剩余的排污权可以出售给那些污染治理成本较高的企业。市场交易使排污权从治理成本低的污染者流向治理成本高的污染者,这就会迫使污染者为追求盈利而降低治理成本,进而设法减少污染。

(2) 美国排污权交易的发展

美国是实施排污权交易最早也是最成功的国家。伴随着排污权理论的发展,20世纪70年代中期以后,面对二氧化硫污染日益严重的现实,美国政府开始尝试利用学术界提供的理论研究及经验,在大气污染及水污染治理领域中实施排污权交易。根据其设计特点,美国的排污权交易制度大致可以分为排放削减信用和总量控制型排污许可证交易两种模式。

20世纪70年代中期至90年代初期为第一阶段,这个阶段可以称为实验期。在此期间,排污权交易的对象是"排污削减信用"。

排污削减信用模式是污染企业通过削减排污量,使污染物的实际排放水平降低到政府法定标准之下,削减的差额部分可由企业申请超量治理证明,经政府认可后即可成为排污削减信用。

排污削减信用可以说是整个排污权交易制度的核心,它作为一种交易的货币可以在其他政策之间进行流通。这种模式主要通过泡泡政策、储蓄政策、补偿政策和净额结算政策来实施。

其一,泡泡政策。泡泡政策的设计者把一家工厂的空气污染物总量比作成一个大"泡泡",其中可包括多个排放口或污染源。排放空气污染物的工厂可以在环保局规定的一定标准下,有选择、有重点地分配治污资金,调节厂内所有排放口的排放量,只要所有排放口排放的污染物总和不超过环保局规定的各排放口的排污总量。

其二,储蓄政策。1979年,美国环保局通过了储蓄政策,即污染排放单位可以将排污削减信用存入指定的银行,以备自己将来使用或出售给其他排污者,银行则要参与排污削减信用的贮存与流通。美国环保局将银行计划和规划制定权下放到各州,各州有权自行制定本州的银行计划和规划。

其三,补偿政策。补偿政策是指以一处污染源的污染物排放削减量来抵销另一处污染源的污染物排放增加量,或是允许新建、改建的污染源单位通过购买足够的排放削减信用,以抵销其增加的排污量。实践证明补偿政策不仅改善了空气质量,促进了当时的经济增长,反过来又使经济增长成为改善空气质量的动力。

其四,净额结算政策。净额结算政策是指只要污染源单位在本厂区内的排污净增量并无明显增加,则允许在其进行改建、扩建时免于承担满足新污染源审查要求的举证和行政责任,它确认排污人可以用其排放削减信用来抵销扩建或改建部分所增加的排放量。

在第一阶段,排污权交易只在美国部分地区进行,交易量少,而且补偿价格比预计低,最终并没有达到预期效果。但是实践表明,排污权交易的可行性很强,从而为后来全面实施排污权交易奠定了基础。

排污权交易发展的第二阶段以1990年美国国会通过《清洁空气法》修正案并实施"酸雨计划"为标志。这个阶段排污权交易的对象主要集中于二氧化硫,在全国范围的电力行业实施,而且有可靠的法律依据和详细的实施方案,是迄今为止最广泛的排污许可证交易实践。

酸雨计划的主要目标之一是到2010年,美国的二氧化硫年排放量比1980年的排放水平减少1 000万吨。计划明确规定,通过在电力行业实施二氧化硫排放总量控制和交易政策来实现这一目标。美国的二氧化硫排污许可交易政策以一年为周期,通过确定参加单位、初始分配许可、再分配许可和审核调整许可四部分工作来实现污染控制的管理目标。

在美国的二氧化硫排污权交易政策体系里,排污许可的初始分配有三种形式:无偿分配、拍卖和奖励。其中,无偿分配是许可证初始分配的主要渠道。同时,为了保证新建的排放源获得必需的许可证,酸雨计划中特别授权美国环保局从每年的初始分配总量中专门保留部分许可证作为特别储备进行拍卖。另外,还设立了两个专门的许可储备,用于奖励企业的某些减排行为。

许可证的交易是整个计划中的核心环节。通过交易,污染源可将其持有的许可证重新分配,实际上是重新分配了二氧化硫的削减责任,从而使削减成本低的污染源持有减少的许可证,实现二氧化硫总量控制下的总费用最小。交易的主体分为达标者、投资者和环保主义者三类。交易的类型分为内部交易和外部交易,前者用于审核达标者的许可证是否符合排污源的排放量,后者为所有交易主体建立并用于许可证的转移。

为了确保许可证和二氧化硫排放量的对应关系,环保局每年对交易体系参加单位进行一次许可证的审核和调整,检查各排污单位当年的子账户中是否持有足够的许可证用于二氧化硫排放。若许可证不足,则实行惩罚;若有剩余,则将余额转移至企业的次年子账户或普通账户。美国环保局主要依靠排污跟踪系统、年度调整系统和许可证跟踪系统这三个数据信息系统进行审核。

美国的排污权交易取得了显著效果,特别是在实施二氧化硫排污交易政策之后更为突出:1978—1998 年,美国空气中一氧化碳浓度下降了 58%,二氧化硫浓度下降了 53%;1990—2000 年,一氧化碳排放量下降了 15%,二氧化硫排放量下降了 25%。在经济效益方面,根据美国环保局计算,1970—1990 年执行和遵守《清洁空气法》的直接成本为 6 890 亿美元,而直接收益高达 22 万亿美元。

美国的排污权交易实践表明,完善的法律制度、多样的交易主体和中介机构、多元化的许可证分配方式、完备的监督管理体制以及对市场规律的尊重,对于排污权交易的实施至关重要[1]。

(3) 排污权交易在其他国家的实践

在美国之后,澳大利亚、加拿大、德国等国家也相继开展排污权交易实践。澳大利亚的新南威尔士、维克多及南澳州加入了由墨累达令流域委员会执行的该流域盐化和排水战略。对进入河流系统的盐水进行管理,或改善整个流域的管理工程进行投资时,可产生"盐信用"。这些信用可以在各州间进行转让。加拿大没有正式的可交易许可证制度,但是酸雨和氯氟烃(CFC)控制计划中有这种成分。在德国,允许将"德国空气质量控制技术指南(TA-Luft)"中规定的空气污染物质进行抵销。新厂可以布局超过"TA-Luft"规定的环境标准的区域内,条件是本区中现有排污单位必须采取减排措施,类似于美国排污权交易计划中的"净额结算"政策。

---

[1] 李佳慧.美国排污权交易的两步走[N].中国环境报,2014-11-06(04).

相关建议

1. 科学称谓碳排放交易活动

为了与国际接轨,切合碳排放配额交易实践,提高称谓的科学性,建议将碳排放交易的活动称为"碳排放配额交易"或"碳排放交易"。碳交易体系是规定企业的量化排放额度,限制其碳排放行为,而不是保护企业排放的权力和利益。目前开展碳交易的国家多称之为"碳排放配额交易""碳排放交易",而不是"碳排放权交易"。建议全国碳排放权交易未来在称谓上修正为"碳排放配额交易"或"碳排放交易"。

2. 提高碳排放交易立法层次,建立全面系统的立法体系

2011年国家发改委宣布建立7个碳排放交易试点市场,为了确保碳市场的有效和安全运行,中国碳市场已建立起初步的金融风险法律规制体系。全国性主要法规或政策性文件有国务院发布的《"十三五"控制温室气体排放工作方案》、《"十四五"控制温室气体排放工作方案》和《关于开展碳排放权交易试点工作的通知》,国家发改委发布的《碳排放权交易管理暂行办法》和《温室气体自愿减排交易管理暂行办法》。中国各碳交易试点地方均有关于碳排放交易的规则制度,主要包括《碳排放权交易试点实施方案》、《碳排放权交易试点管理办法》,碳排放交易所具体制定的交易规则及其他配套规则。[①]

然而,对规范碳排放交易的法律文件尚处于部门规章、地方性法规、地方政府规章层面,缺少效力位阶更高的法律依据。"应对气候变化法"是统领中国应对气候变化各项工作和全国碳排放交易工作的基础性法律,是实现3060目标的重要法律基础。在3060目标下,建议主管部门尽快出台以《中国应对气候变化法》和《全国碳排放交易法》为主要监管法律,配套实施《碳排放交易管理条例》《碳排放交易管理办法》《碳排放交易配额分配法》《配额分配方案》及《拍卖条例》等实施细则的全面立法体系。

第二条

本办法适用于全国碳排放权交易及相关活动,包括碳排放配额分配和清

---

① 李佳慧.美国排污权交易的两步走[N].中国环境报,2014-11-06(04).

缴,碳排放权登记、交易、结算,温室气体排放报告与核查等活动,以及对前述活动的监督管理。

一、国内外立法例

全国立法例

《碳排放权交易管理暂行办法》(2014年国家发改委发布):

第二条　在中华人民共和国境内,对碳排放权交易活动的监督和管理,适用本办法。

地方立法例

1.《北京市碳排放权交易管理办法(试行)》(2014年5月):

第二条　本办法适用于本市行政区域内碳排放权交易及其监督管理活动。

本办法所称碳排放权交易,是指由市人民政府设定年度碳排放总量及碳排放单位的减排义务,碳排放单位通过市场机制履行义务的碳排放控制机制,主要工作包括碳排放报告报送、核查,配额核发、交易以及履约等。

2.《福建省碳排放权交易管理暂行办法》(2020年8月):

第二条　本省行政区域内的碳排放权交易及其监督管理活动,适用本办法。

本办法所称碳排放权交易,是指由省人民政府设定年度碳排放总量以及重点排放单位的减排义务,重点排放单位通过市场机制履行义务的碳排放控制机制,主要包括碳排放报告报送、核查、配额核发、交易以及履约等。

3.《广东省碳排放管理试行办法》(2020年5月):

第二条　在本省行政区域内的碳排放信息报告与核查,配额的发放、清缴和交易等管理活动,适用本办法。

4.《湖北省碳排放权管理和交易暂行办法》(2014年6月):

第二条　本办法适用于本省行政区域内碳排放权管理及其交易活动。

5.《上海市碳排放管理试行办法》(2013年11月):

第二条(适用范围) 本办法适用于本市行政区域内碳排放配额的分配、清缴、交易以及碳排放监测、报告、核查、审定等相关管理活动。

6.《深圳市碳排放权交易管理暂行办法》(2014年3月):

第二条 本办法适用于本市行政区域内碳排放权交易及其监督管理活动。

本办法所称碳排放权交易,是指由市人民政府(以下简称市政府)设定碳排放单位的二氧化碳排放总量及其减排义务,碳排放单位通过市场机制履行义务的碳排放控制机制,包括碳排放量化、报告、核查,碳排放配额的分配和交易以及履约。

7.《天津市碳排放权交易管理暂行办法》(2020年6月):

第二条 本市按照国家试点要求对碳排放权交易活动的相关管理(应当纳入全国碳排放权交易市场统一管理的碳排放权交易活动除外),适用本办法。

8.《重庆市碳排放权交易管理暂行办法》(2014年3月):

第二条 本市行政区域内碳排放权交易和相关管理活动,适用本办法。

二、条 文 析 义

条文总体解释

1. 目的和依据

本条规定了本办法适用的具体碳交易活动。主管部门依据此法对各行为主体进行监管,是监管的依据,也是各个行政主体依法开展碳排放交易的依据。

2. 内容

本条规定了《碳排放权交易管理办法》的适用范围,主要有两个方面:

第一,全国碳排放交易及相关活动,包括碳排放配额分配和清缴,碳排放配额登记、交易、结算,温室气体排放报告与核查等活动。

第二,对全国碳排放交易及相关活动进行监督管理的活动。

与其他国家不同,中国在建立全国统一的碳市场之前,选择了北京、天津、上海、重庆、湖北(武汉)、广东(广州)、深圳等7省市进行碳交易试点,希望在地方试点经验的基础上建立一个成功有效的碳市场。每个试点市场都由当地的主管部门根据本地情况制定规则。在7个碳交易试点的基础上，2017年12月，经国务院同意，国家发展改革委印发了《全国碳排放权交易市场建设方案（电力行业）》（以下简称《方案》），启动全国碳排放交易体系建设。经过3年多的建设，为全国碳排放交易市场启动积累了较为丰富的经验。此法针对全国碳排放交易的各种活动，是各个行政主体开展碳交易活动的行为依据以及主管部门的监管依据。

3. 适用范围

本条款仅适用于全国碳排放交易市场，并不对地方市场管辖。

关键概念解释

1. 碳排放配额

配额在辞海中的解释为分配的数额，一般是指由政府等权力主体为了实现某领域特定的管理目的，对特定活动进行约束所创设的量化的管理工具。在不同的场景有不同的表述，如许可证、指标，在本质上都是同一个含义。配额在应对气候变化领域中的应用影响最大、范围最广、最有代表性。

碳排放配额，是政府分配给控排企业指定时期内的碳排放额度，1单位配额相当于1吨二氧化碳当量。碳配额具有商品的基本属性，可以开展交易。在确定碳排放总量目标并对排放配额进行初始分配后，企业与企业之间（或国与国之间）可以开展以碳排放配额为标的交易，从而体现了碳排放配额的交换性及其交换价值。

2. 排放配额分配

"配额分配"是碳交易管理机构根据碳排放控制目标，对"交易圈"企业下达碳排放配额的行为。配额分配是一种资源配置，配额的初始分配方式上以政府配置为主，在二次分配时则以市场配置为主。配额分配的价值目标以利益平衡为主，兼顾公平和效率。

配额分配方法有免费分配、有偿分配和混合模式三种。中国现阶段以免费分配为主，未来全国将逐步提高有偿分配的比例，即发展成渐进混合模式。免费分配即政府将碳排放总量通过一定的计算方法免费分配给企业。其配额确定方法有：一是历史排放法，即根据现有企业历史平均排放以及减排目标确定配额,多适用于生产工艺产品特征复杂的行业。二是基准线法,即根据某一行业单位产品碳排放标准以及当年的预计产量确定配额,多适用于生产流程及产品样式规模标准化的行业。有偿分配方法有以下两种:一是拍卖,即由相关的政府机构采用适当的拍卖方式,企业通过竞价获得二氧化碳排放配额。政府不需要事前决定每一家企业应该获得的配额量,拍卖的价格和各个企业的配额分配过程由市场自发形成。二是固定价格出售,即每单位配额以固定价格出售给需求企业。

3. 排放配额清缴

排放配额清缴即企业在管理部门规定的期限内,上缴与其实际排放量相等的配额,完成履约任务。纳入配额管理的单位应当每年在规定期限内,依据管理部门确定的上一年度碳排放量,通过登记系统,足额提交配额,履行清缴义务。纳入配额管理的单位用于清缴的配额,在登记系统内注销。

用于清缴的配额应当为上一年度或者此前年度配额;本单位配额不足以履行清缴义务的,可以通过交易,购买配额用于清缴。配额有结余的,可以在后续年度使用,也可以用于配额交易。控排单位也可按照有关规定,使用国家核证自愿减排量抵销其部分经确认的碳排放量。

4. 登记

碳排放配额登记是全国碳交易市场运行的重要环节。碳排放配额登记是在全国注册登记系统进行。全国注册登记系统分别为生态环境部、省级主管部门、重点排放单位、符合规定的机构和个人等设立具有不同功能的登记账户。全国注册登记机构按照集中统一原则,在规定时间内,运维管理全国碳排放权注册登记系统,实现全国碳排放配额的持有、转移、清缴履约和注销的登记。

5. 交易

全国碳排放交易按照集中统一原则在交易机构管理的全国碳排放交易系统中进行。根据相关规定,全国碳排放交易可采取单向竞价、协议转让及其他交易方式。交易主体包括重点排放单位、符合规定的机构和个人。交易产品包括排放配额及其他符合规定的产品等,经生态环境部同意或批准备案后在市场上进行交易。

6. 结算

结算是一个会计用语,指把某一时期内的所有收支情况进行总结、核算。

碳交易的结算方式是承担结算职能的机构按照货银对付的原则,在当日交收时点,根据交易系统的成交结果,对所有交易主体的全国碳排放交易进行逐笔全额清算,根据清算结果进行全国碳排放配额与资金的交收。目前,全国碳排放交易的结算职能由全国注册登记机构承担。

7. 排放报告与核查

排放报告与核查是 MRV 中的重要内容。MRV 即"可监测(Monitoring)、可报告(Reporting)、可核查(Verification)"。MRV 是温室气体排放和减排量量化的基本要求,是碳交易体系实施的基础,也是《京都议定书》提出的应对气候变化国际合作机制之一。

每一个参与碳交易的主体,都需在内部建立一套完整的温室气体排放量化报告体系,以满足可监测、可报告的要求。"可监测"需获得组织和具体设施的碳排放数据,可采取一系列的数据测量、获取、分析、计算、记录等措施;"可报告"需通过标准化的报告模板,以规范化的电子系统或纸质文件的方式,对监测情况、测算数据、量化结果等内容进行报送;"可核查"是相对独立的过程,通常由有资质的第三方核查机构完成,目的是核实和查证主体是否根据相关要求如实地完成了测量、量化过程其所报告的数据和信息是否真实、准确无误。

通过建立 MRV 体系,能够提供碳排放数据审定、核查、核证等服务,从而保证碳交易及其他相关过程的公平和透明,保证结果的真实和可信,有助于实现减排义务和权益的对等。为了保证结果的公正性,国际上普遍采用第三方认证机构提供的认证服务构建 MRV 体系,并为应对气候变化的政策和行动提供技术支撑。

2007 年,《联合国气候变化公约》第十三次缔约方大会达成的《巴厘行动计划》(Bali Action Plan,BAP)明确要求:所有发达国家缔约方缓解气候变化的承诺和行动须满足 MRV 原则;发展中国家缔约方在可持续发展方面可测量和可报告的国家缓解行动,应得到以可监测、可报告、可核查的方式提供的技术、资金和能力建设的支持和扶持。从此,MRV 被国际上多个碳交易体系所采用,逐步形成了规范的温室气体 MRV 制度。完善的 MRV 制度是建立碳交易体系的重要技术基础,是碳交易体系中不可或缺的核心环节;一个完整的 MRV 监管流程,可以实现利益相关方对数据的认可,从而增强整个碳交易体系的可信度。比如,在确定排放总量目标和强度基准时,准确的数据是科学核定的基础;在建立碳交易市场及其履约惩罚机制时,MRV体系是明确碳排放配额和评判履约绩效的一个重要依据。此外,在碳交易体系建设涉及的立法、政策、技术等诸多方面,MRV是保障排放数据准确一致,实现碳交易公平、透明、可信的重要保障,也是建立温室气体排放监测报告管理平台、温室气体注册登记簿、交易平台等的重要基础。

相关建议

1. 进一步明确全国碳交易市场与地方碳交易市场的关系

目前,全国碳排放交易市场上线交易已经正式启动。全国碳排放交易市场的建立对地方试点碳市场将产生重大影响,主要的排放义务主体由地方试点市场转向全国碳排放交易市场。电力行业企业是主要排放源,是首批纳入到全国碳排放交易市场的重点排放单位,"十四五"期间,钢铁、化工、建材等行业的重点排放单位将陆续纳入全国碳排放交易市场。排放义务主体纳入全国市场以后,地方试点将不会重复纳入。工业企业是最主要的排放源,一旦被移出地方试点市场,地方试点市场规模将会大大缩小。因此,建议尽快研究和明确地方碳市场与全国统一碳市场的关系,一是让地方碳市场有平稳发展的基础,二是联通地方碳市场与全国统一碳市场,避免出现市场割裂,从而导致碳市场异常波动等问题。

笔者建议,首先,要加强《碳排放权交易管理办法》与地方碳排放交易相关立法的衔接。当前,《碳排放权交易管理办法》的适用范围比较模糊,与地方碳市场的关系问题没有明确。未来要加强《碳排放权交易管理办法》与地方碳排放交易相关立法的衔接。

其次,建议地方碳市场按照从注册登记到管理、从核算再到交易的顺序逐步向全国碳排放交易规则靠拢。

再次,建议国家出台统一的标准或方法,使得核算标准互认,不同市场的碳配额可以互相交易。同时,给予各试点地方碳市场保持一定的灵活性,考虑各地对碳配额的供求不一样,允许碳价有一定的差异。

2. 进一步完善总量控制的相关规定

本条没有涉及总量控制的规定。控制碳排放总量是全国碳排放交易市场建立的最初和最终的目的,交易是降低减碳社会成本的路径,要摆正两者之间的关系。地方碳市场试点过程中出现了两者的错位,过于强调交易,而忽略了控制碳排放总量的功能。全国碳排放交易市场必须全面树立以服务碳排放总量控制为目的的思路,根据3060目标按阶段进行目标和路径分解。3060目标并非一个模糊概念,而是一个具体的清晰的可计算的碳排放总量目标,全国碳排放交易配额总量根据纳入全国碳排放交易范围重点排放单位应该承担的减排任务,按照减排时间表和工作任务表进行具体确定。因此,建议未来完善总量控制的相关规定,明确全国碳排放交易配额总量必须根据2030年前中国二氧化碳排放总量达到峰值和2060年前实现碳中和的目标进行制定。

第三条

全国碳排放权交易及相关活动应当坚持市场导向、循序渐进、公平公开和诚实守信的原则。

一、国内外立法例

全国立法例

1.《全国碳排放权交易市场建设方案(发电行业)》(发改气候规〔2017〕2191号):

一、总体要求

……

(二)基本原则

坚持市场导向、政府服务。贯彻落实简政放权、放管结合、优化服务的改革要求,以企业为主体,以市场为导向,强化政府监管和服务,充分发挥市场对资源配置的决定性作用。

坚持先易后难、循序渐进。按照国家生态文明建设和控制温室气体排放的总体要求,在不影响经济平稳健康发展的前提下,分阶段、有步骤地推进碳市场建设。在发电行业率先启动全国碳排放权交易体系,逐步扩大参与碳市场的行业范围,增加交易品种,不断完善碳市场。

坚持协调协同、广泛参与。统筹国际、国内两个大局,统筹区域、行业可持续发展与控制温室气体排放需要,按照供给侧结构性改革总体部署,加强与电力体制改革、能源消耗总量和强度"双控"、大气污染防治等相关政策措施的协调。持续优化完善碳市场制度设计,充分调动部门、地方、企业和社会积极性,共同推进和完善碳市场建设。

坚持统一标准、公平公开。统一市场准入标准、配额分配方法和有关技术规范,建设全国统一的排放数据报送系统、注册登记系统、交易系统和结算系统等市场支撑体系。构建有利于公平竞争的市场环境,及时准确披露市场信息,全面接受社会监督。

2.《碳排放权交易管理暂行办法》(2014年国家发改委发布):

第四条 碳排放权交易坚持政府引导与市场运作相结合,遵循公开、公平、公正和诚信原则。

地方立法例

1.《北京市碳排放权交易管理办法(试行)》(2014年5月):

第三条 本市严格碳排放管理,实现碳排放强度逐年下降,确保完成全市碳排放总量控制目标。

碳排放权交易坚持政府引导与市场运作相结合,遵循诚信、公开、公平、公正的原则。

2.《福建省碳排放权交易管理暂行办法》(2020年8月):

第三条 碳排放权交易坚持政府引导与市场运作相结合,遵循公开、公平、公正和诚信原则。

3.《广东省碳排放管理试行办法》(2020年5月):

第三条 碳排放管理应当遵循公开、公平和诚信的原则,坚持政府引导与市场运作相结合。

4.《湖北省碳排放权管理和交易暂行办法》(2014年6月):

第三条 本省实行碳排放总量控制下的碳排放权交易。碳排放权管理及其交易遵循公开、公平、公正和诚信原则。

5.《深圳市碳排放权交易管理暂行办法》(2014年3月):

第三条 碳排放权交易坚持公开、公正和诚信原则,接受社会监督。

6.《天津市碳排放权交易管理暂行办法》(2020年6月)：

第三条 碳排放权交易应坚持政府引导和市场调节相结合，遵循公开、公正、公平和诚信的原则。

7.《重庆市碳排放权交易管理暂行办法》(2014年3月)：

第三条 碳排放权交易坚持政府引导与市场运作相结合，遵循公开、公平、公正和诚信的原则。

二、条文析义

条文总体解释

1. 目的和依据

本条规定了全国碳排放交易及相关活动必须坚持的基本原则。

2. 内容

本条规定了全国碳排放交易及相关活动应当坚持的四个原则：市场导向、循序渐进、公平公开和诚实守信。

3. 适用范围

本条确定的四个原则适用所有全国碳排放交易管理文件。

关键概念解释

1. 市场导向

坚持市场导向原则是对碳市场主管部门发展碳市场、监督管理碳排放交易及其相关活动的总体要求。全国碳排放交易采用"总量限制与排放交易"的市场导向交易机制。碳市场主管部门在明确碳排放配额总量，分配碳排放配额后，重点排放单位根据自身排放，在碳交易市场开展交易。碳市场的核心是充分发挥市场在碳排放配额资源配置中的决定性作用，与此同时，更好地发挥政府作用。

市场机制是全国碳排放交易市场运行的核心机制。从经济学的视角来看，全国碳排放交易市场的根本功能是以更低成本、更高效率、更高的灵活性实现既定的碳排放总量控制目标。同时，碳市场还兼具价格信号和低碳融资的功能,一方面刺激排放者改变排放行为,要么采取减排措施,要么购买排放额度排放;另一方面通过碳市场为绿色低碳转型融资,形成长期碳价格预期,引导投资流向绿色低碳产业。

2. 循序渐进

中国碳市场的发展遵循了循序渐进的过程,未来碳市场的发展也需要遵循这个原则,具体表现在以下多个方面:

(1) 碳市场发展路径的设计

中国碳市场的发展路径是:地方交易所建立—建立试点碳交易市场—运行试点碳交易市场—启动全国碳交易市场,体现了循序渐进的原则。2011年,国家发展与改革委员会批准了北京、天津、上海、重庆、湖北、广东、深圳等"两省五市"开展碳排放交易试点工作,为建立全国碳排放交易市场探索路径。7个试点省市在2013—2014年陆续开始交易。其配额分配模式以免费分配为主,同时考虑小部分配额拍卖。2017年后,逐步推进区域碳交易试点向全国市场过渡。2017年以来开展区域碳交易试点的地区将符合条件的重点排放单位逐步纳入全国碳交易市场,实行统一管理。区域碳交易试点地区继续发挥现有作用,在条件成熟后逐步向全国碳交易市场过渡。

2017年,全国碳交易市场建设工作启动。之后建设工作分三个阶段稳步推进:第一阶段是基础建设期。用一年左右的时间,完成全国统一的数据报送系统、注册登记系统和交易系统建设。深入开展能力建设,提升各类主体参与能力和管理水平。开展碳市场管理制度建设。第二阶段是模拟运行期。用一年左右的时间,开展发电行业配额模拟交易,全面检验市场各要素环节的有效性和可靠性,强化市场风险预警与防控机制,完善碳市场管理制度和支撑体系。第三阶段是深化完善期。在发电行业交易主体间开展配额现货交易。交易仅以履约(履行减排义务)为目的,履约部分的配额予以注销,剩余配额可跨履约期转让、交易。在发电行业碳市场稳定运行的前提下,逐步扩大市场覆盖范围,丰富交易品种和交易方式。创造条件,尽早将国家核证自愿减排量纳入全国碳交易市场。

在国内碳交易市场发展成熟后,未来将逐步对接国际碳市场。

(2) 碳交易覆盖行业范围的循序渐进

行业覆盖范围上,碳交易试点省市在中国东部、中部、西部都有分布,各试点碳市场大部分都覆盖了电力、水泥、钢铁、化工等高排放重点行业。市场运行顺利、平稳,积累了丰富的市场建设和运行经验,为试点省市控制温室气体排放、推进低碳发展发挥了重要作用。试点工作的顺利开展,充分说明在中国推行碳排放交易具备可行性,为建立全国性的碳排放交易市场奠定了基础。

在碳排放交易试点基础上,中国稳步推进全国碳排放交易体系建设。2017年底,国家发展改革委印发《全国碳排放权交易市场建设方案(发电行业)》。该方案指出,以发电行业为突破口率先启动全国碳排放交易体系,培育市场主体,完善市场监管,逐步扩大市场覆盖范围,丰富交易品种和交易方式;逐步建立起归属清晰、保护严格、流转顺畅、监管有效、公开透明、具有国际影响力的碳市场;配额总量适度从紧、价格合理适中,有效激发企业减排潜力,推动企业转型升级,实现控制温室气体排放目标。

"十四五"期间,在发电行业之后,钢铁行业、水泥、化工、电解铝、造纸等行业将逐步纳入全国碳排放交易市场。

(3)交易主体的循序渐进

初期,参与全国碳交易市场交易主体为发电行业重点排放单位。条件成熟后,扩大至其他高耗能、高污染和资源性行业。考虑机构和个人投资者参与能够显著地提高市场流动性,有利于价格发现,因此,全国碳排放交易市场也将适时增加符合交易规则的其他机构和个人参与交易。

(4)覆盖气体的循序渐进

7个试点省市的碳排放交易市场都仅仅覆盖二氧化碳这一种温室气体。全国碳排放交易市场运行初期也仅覆盖二氧化碳。在市场运行成熟后,再纳入其他温室气体。

(5)交易产品的循序渐进

初期交易产品为配额现货,条件成熟后可适时增加符合交易规则的其他产品,如国家核证自愿减排量、碳配额期货、期权、远期合约和互换掉期等碳配额衍生金融产品。

3. 公平公开

一是公平。在法学中,公平原则的要义,就是要营造公平的氛围,打造公平的环境,确保管理活动和制度的公平性,提高参与者的公平感,使各个参与者在法律上享有平等地位,不受到歧视,有平等的机会,公平参加竞争。而经济学中的公平指收入分配的相对平等,即要求社会成员之间的收入差距不能过分悬殊,要求保证社会成员的基本生活需要。

二是公开。公开原则,就是"公开"制定有关的规则与标准,确保管理活动和制度的指向性和合法性。信息要公开披露,公开信息必须真实、准确、完整,不得有虚假陈述、重大遗漏或者误导性陈述。公开原则主要包含两方面的内容:一是信息公开制度,二是管理公开制度。信息公开制度又称信息披露制度,是指市场相关主体必须按照法律的规定,报告或公开其有关的信息、资料(包括财务、经营状况方面),以使投资者能获得充分的信息,便于作出投资判断的一系列法律规范的总称。为了配合信息公开制度,更好地体现公开性原则,许多国家还规定了管理公开制度,以有效防止管理部门的失职或舞弊行为。管理公开制度,又称为管理披露制度,是指市场监管部门必须依照法律规定,报告或公告与市场监管有关的管理信息,以实现对市场的有效监管。

碳交易市场需要强调公平公开。碳交易因涉及领域广、地域多、程序复杂,在整个交易过程保证公平和公开是碳交易市场健康发展的前提。全国碳排放交易及相关活动应当坚持公平公开的原则。具体包括:建立信息披露制度,对有关碳交易的主体、配额分配、交易规则、碳交易价格、定期的评估和相应报告等,进行及时披露,给市场提供及时透明的信息。可以借鉴针对上市公司的强制披露制度,并建立公开平台,实时对披露的方式、内容、范围等事先规范,强制碳交易的参与者做出及时披露,并建立定期报告制度。[①]统一市场准入标准、配额分配方法和有关技术规范,以信息公开方式加强监管力度。对省级生态环境主管部门、重点排放单位及其他交易主体在信息公开方面的责任进行规定,加强对核查和监督检查情况以及企业排放报告、配额清缴等情况的信息公开力度,加强信用管理,提升《碳排放权交易管理办法(试行)》实施的有效性和权威性。

4. 诚实守信

诚实守信原则是市场经济活动的一项基本道德准则,是现代法治社会

---

① 刘清.我国碳交易风险防范分析[J].职工法律天地,2020.

的一项基本法律规则。诚实守信原则的基本含义是：当事人在市场活动中应讲信用，恪守诺言，诚实不欺，在追求自己利益的同时不损害他人和社会利益，要求民事主体在民事活动中维持双方的利益以及当事人利益与社会利益的平衡。

诚实守信原则在市场交易中的优势主要体现在三个方面：一是保证交易安全。诚实守信原则对双方的交易行为进行了规范和约束，帮助双方更好地履行合约，通过条文约束，保障了双方交易安全，促进双方签订合同，便于经济活动的有效展开。二是降低交易成本。诚实守信原则要求交易双方互有了解，知道对方的重要信息，增加彼此了解程度，彼此制约，提升信任程度，节约交易成本。三是推进交易成功。诚实守信原则要求交易双方遵守合约，信守契约精神的同时也保护交易结果。具体来说，就是诚实守信原则不支持不守信的行为，同时支持纠正错误行为，反对引导错误的行为，保证了双方的利益，体现了不安抗辩权的意义，最终推动交易的成功。

在碳排放交易中，诚实守信通常体现在以下方面：

第一，碳交易中的信用信息。碳排放交易市场信用信息分为履约类信息、核查类信息以及交易类信息。履约类信息包含重点排放单位在履行碳排放监测和报告义务、接受碳排放核查、配额清缴等相关信息。核查类信息包含第三方核查机构开展碳排放核查、抽查工作等相关信息。交易类信息包含交易主体开展碳排放交易等相关信息。碳排放交易市场的参与主体在披露各种信用信息时需要遵守诚实守信原则。

第二，碳交易中的诚实守信行为。全国碳排放交易相关主体参与碳排放交易相关活动应当坚持诚实守信的原则：①分配环节：主管部门应根据实际情况按照分配方法如实分配配额。②履约环节：纳入配额管理的单位应严格执行《碳排放权交易管理办法(试行)》，认真履行碳排放监测和报告、配额清缴义务，按规定接受第三方核查机构核查，提交相关文件资料，不得弄虚作假。③核查环节：应如实汇报碳排放量等相关信息，按规定履行报告义务；严格按照碳排放交易第三方核查机构相关管理办法和碳排放核查工作指南及标准要求，客观公正地开展碳排放核查、抽查工作，出具规范的核查报告。④交易环节：严格执行《碳排放权交易管理办法(试行)》及其他业务细则，无违法违规开展碳排放交易行为。[1]

相关建议

1. 按照3060目标分步开展碳排放交易市场建设

3060目标包含了两个目标：一是2030年的达峰目标，二是2060年的碳中和目标。因此，在全国碳排放交易建设过程中必须考虑制度的阶段性特征。根据3060目标，全国碳排放交易市场可以分为三个发展阶段。第一个阶段是碳排放达峰阶段（2021—2030年）。这个阶段的关键点在于加快全国碳交易各项制度的立法，确保全国碳交易市场的迅速启动。需根据2030达峰目标，分解"十四五"和"十五五"两个阶段的碳排放控制总量，确定每个阶段的碳排放配额总量。第二阶段是碳中和阶段（2030—2060年）。这个阶段的关键任务在于实现全面的碳排放管理，分解实现碳中和的路径。第三阶段是最终阶段，随着新能源完全代替传统能源，碳排放交易市场因零排放的实现而转型发展。

2. 增加禁止市场滥用原则

市场滥用是一种由于企图非法操纵金融市场或利用内幕信息而导致的金融犯罪。在碳市场中，内幕交易是造成市场滥用的最大因素之一。这类犯罪发生在一个掌握碳市场特定内幕信息的人为了从中获利或避免损失而买卖碳排放配额时。第二大类市场滥用是非法操纵。非法操纵碳市场牟利的方式多种多样，其主要目的通常是通过错误信息和扭曲来改变市场的自然流动。操纵性的市场滥用通常围绕着不真实或误导性的信息和行为，从而操纵市场价格，不利于碳市场健康发展。

美国和欧洲的市场指令和反欺诈法对市场滥用行为进行严格的监管。比如，欧盟制定了《新市场滥用指令》。《新市场滥用指令》认为，由于履约企业拥有能够以较低的门槛进入到碳金融市场，可以参与碳配额的拍卖、现货交易和衍生品的交易等许多便利，一旦履约企业具有滥用市场行为的倾向，其在碳交易的信息收集上会具有较明显的优势。因此，欧盟《新市场滥用指令》规定，如果从事碳排放设施减排和航空业的履约企业达到指令设定的最小排放量，那

---

[1] 福建省碳排放权交易市场信用信息管理实施细则（试行）（闽发改生态〔2016〕856号）[S].福建：市发改委，2016.

么该履约企业以及关联企业就要披露相关减排信息。这则措施可以较好地防止大型减排企业运用自身的减排信息实施市场滥用行为。笔者建议,应借鉴欧盟 EU ETS 等碳交易体系的经验,明确将禁止市场滥用作为全国碳排放交易及相关活动必须坚持的基本原则之一。

第四条

生态环境部按照国家有关规定建设全国碳排放权交易市场。

全国碳排放权交易市场覆盖的温室气体种类和行业范围,由生态环境部拟订,按程序报批后实施,并向社会公开。

一、国内外立法例

全国立法例

1.《碳排放权交易管理暂行办法》(2014 年国家发改委发布):

第六条 国务院碳交易主管部门应适时公布碳排放权交易纳入的温室气体种类、行业范围和重点排放单位确定标准。

2.《覆盖行业及代码》见附录一。

地方立法例

1.《福建省碳排放权交易管理暂行办法》(2020 年 8 月):

第五条 省人民政府碳排放权交易主管部门参照国务院碳排放权交易主管部门的相关规定,结合本省产业结构等实际情况,公布纳入碳排放权交易的温室气体种类、行业范围和重点排放单位确定标准。

2.《上海市碳排放管理试行办法》(2013 年 11 月):

第五条(配额管理制度)

……

纳入配额管理的行业范围以及排放单位的碳排放规模的确定和调整,由市发展改革部门会同相关行业主管部门拟订,并报市政府批准。纳入配额管理的排放单位名单由市发展改革部门公布。

二、条文析义

条文总体解释

1. 目的和依据

本条对生态环境部的碳交易管理职能做出规定,即由生态环境部按规定建设全国碳排放交易市场,并由其来确定全国碳排放交易市场覆盖的温室气体种类和行业范围。

2. 内容

本条规定的内容主要包括以下两个方面:

第一,规定生态环境部按照国家有关规定建设全国碳排放交易市场。

第二,规定全国碳排放交易市场覆盖的温室气体种类和行业范围,由生态环境部拟订,按程序报批后实施,并向社会公开。

关键概念解释

1. 生态环境部

2018年3月,第十三届全国人民代表大会第一次会议表决通过了关于国务院机构改革方案的决定,方案提出,将环境保护部的职责,国家发展和改革委员会的应对气候变化和减排职责,国土资源部的监督防止地下水污染职责,水利部的编制水功能区划、排污口设置管理、流域水环境保护职责,农业部的监督指导农业面源污染治理职责,国家海洋局的海洋环境保护职责,国务院南水北调工程建设委员会办公室的南水北调工程项目区环境保护职责整合,组建生态环境部,作为国务院组成部门。生态环境部对外保留国家核安全局牌子。不再保留环境保护部。

在全国碳排放交易市场建设过程中,各级生态环境部按照中央统筹(生态环境部负责制定全国碳交易市场统一的制度、标准和技术规范),省负总责(省级生态环境主管部门负责组织开展本行政区域内全国碳排放交易数据报送、核查、配额分配、履约清缴等相关活动的监督和管理),市县抓落实(市级生态环境主管部门负责配合落实相关具体工作)的工作机制,构建了责任清晰,各负其责的责任体系。

生态环境部应对气候变化司是中国碳交易市场建设与管理的归口管理部门。

(1) 主要职责

负责应对气候变化和温室气体减排工作。综合分析气候变化对经济社会发展的影响,组织实施积极应对气候变化国家战略,牵头拟订并协调实施中国控制温室气体排放、推进绿色低碳发展、适应气候变化的重大目标、政策、规划、制度,指导部门、行业和地方开展相关实施工作。牵头承担国家履行联合国气候变化框架公约相关工作,与有关部门共同牵头组织参加国际谈判和相关国际会议。组织推进应对气候变化双多边、南南合作与交流,组织开展应对气候变化能力建设、科研和宣传工作。组织实施清洁发展机制工作。承担全国碳排放交易市场建设和管理有关工作。承担国家应对气候变化及节能减排工作领导小组有关具体工作。

(2) 内设机构

根据上述职责,应对气候变化司内设5个部门。

综合处:承担司内文电等综合性事务和综合协调工作,承担应对气候变化能力建设、科研、立法、投融资、碳捕集利用封存、清洁发展机制基金等工作。

战略研究和协调处(简称战略处):承担气候变化与低碳发展的战略、政策、规划、宣传和低碳试点示范等工作,承担国家应对气候变化及节能减排领导小组有关具体事务。

国内政策和履约处(碳排放权交易管理处)(简称履约处):承担气候变化国内履约、温室气体排放目标责任评价考核、碳排放权交易管理、适应气候变化、清洁发展机制等工作,开展碳排放标准及低碳技术目录拟订、低碳标识和认证推广、气候变化风险评估等工作。

国际政策和谈判处(简称国际政策处):分析研判全球气候治理总体形势和各国动向,提出参与气候变化国际谈判的总体政策和方案建议,牵头组织参加公约谈判并参与公约外多边机制相关谈判,组织和参与气候变化双多边磋商。

对外合作与交流处(简称合作交流处):与有关国家和国际组织开展应对气候变化对话交流活动,组织实施应对气候变化双多边务实合作项目,承担气候变化南南合作相关工作。

2. 行业范围

碳排放具有较大的行业差异性，因此在确定覆盖行业时需要考虑排放源的数量、数据可得性、分配方法可行性和区域经济发展的目标等多种因素。所以，无论是欧盟的碳市场还是中国的 7 个试点碳市场，它们的覆盖行业都有较大差异。

国内外相关经验

中国 7 个试点碳市场均覆盖了第二产业高能耗、高排放的行业，如电（热）力、水泥、石化、钢铁（冶金）等行业，并且北京、上海和深圳碳市场还纳入了交通运输、服务业和大型公共建筑。各试点碳市场的相同之处则是覆盖范围设定基本遵循了"抓大放小"的原则。各地碳市场均纳入了试点地区的重点排放和重点耗能单位，广东、天津碳市场覆盖的行业排放总量约占地方排放总量的 60%，其他试点碳市场纳入行业的排放总量也分别占各地排放总量的 40% 以上。同时，各试点碳市场覆盖范围基本与地方产业结构和经济发展水平相适应。广东、天津、湖北和重庆的第二产业占比及其对 GDP 贡献率约为 50%，单个企业排放量较大，因此纳入企业也多属于第二产业的高排放企业，并且纳入控排企业的门槛也较高。深圳、北京的第三产业占比及其对 GDP 贡献率超过 60%，加之第三产业单个企业排放量相对较小，所以北京和深圳碳市场覆盖的参加碳交易的第三产业企业多，纳入控排企业的排放量门槛也较低。上海属于第二产业和第三产业都比较发达的地区，第二和第三产业占比及其对 GDP 贡献率相近，因此上海碳市场覆盖的企业也大多属于第二和第三产业，并对工业企业和非工业企业分别设定了不同的纳入门槛。

各试点碳市场的运行为设定全国碳交易市场覆盖范围带来诸多思考和启示。

首先，全国碳交易市场建设之初，其覆盖范围不宜过广。目前，中国碳交易政策法规体系还未建成，MRV 技术基础薄弱，节能、减排、产业、财税、执法等管理部门和相关政策的协调亟待加强。因此，尽管国家鼓励通过碳市场探索不同行业低成本减排的有效途径，但在全国碳交易市场建设之初不宜纳入较多的温室气体种类、行业企业和排放源，且应纳入适于通过碳市场管控的单位和排放源，否则不可避免地就会增加排放配额分配、MRV和企业履约工作的难度和成本，同时可能对地方经济发展造成一定负面影响。其次，由于中国各地区经济发展水平、产业结构、能源消费、减排目标等情况不同，各行业企业刚性排放情况、减排技术水平、碳交易和碳资产管理能力存在较大差异，因此，在设定全国碳交易市场覆盖范围时，应充分考虑中国的地区差异性和行业差异性，应有计划、分阶段逐渐扩展覆盖范围，且应该纳入适宜采用碳交易控排的行业和企业。

中国全国碳排放交易最初仅覆盖发电行业。一个重要的考虑就是因为发电行业的燃化碳排放占全国二氧化碳排放的40%，是排放量最大的一个行业。另外，电力行业的排放数据比较完整，统计体系比较完善，无论是发放配额还是监管，相对要容易一些。在"十四五"时期，中国碳排放交易覆盖的行业范围有望逐步扩大，最终覆盖发电、石化、化工、建材、钢铁、有色金属、造纸和国内民用航空8个行业。

相关建议

第一，进一步解释生态环境部的职责。本条对生态环境部职能要求的规定过于宽泛，比如没有明确哪些行业纳入全国碳排放交易的标准，不利于碳市场充分应对气候变化和促进绿色低碳发展中的作用。因此，笔者建议进一步解释生态环境部的职责。

第二，尽快将更多的行业纳入全国碳排放交易市场。全国碳排放交易体系首批仅纳入发电行业。然而，中国发电行业的燃化碳排放仅占全国二氧化碳排放的40%。更为重要的是，发电行业碳排放总量将逐渐下降。根据双碳目标实现的阶段性要求，笔者建议，应在2022年明确将钢铁、水泥、化工、电解铝等直接排放行业纳入全国碳交易市场的时间表，在"十四五"期间尽快将这些行业纳入碳排放义务主体范围。与此同时，尽快研究明确间接排放工业行业纳入全国碳交易市场的时间表。同时，在碳中和阶段对民用、商务和公共服务等非工业行业实现主要碳排放企业覆盖。

在国际各国将航空业和航运业纳入碳排放管控体系的大趋势下，中国将航空业和航运业纳入全国碳排放交易市场中不仅符合国际趋势，有利于提高行业对国际碳减排机制的响应能力，而且有助于中国总量控制目标实现。因此,笔者建议,在碳达峰阶段将国内航空和国内航运纳入管控范围,在碳中和阶段将国际航空和国际航运纳入管控范围。

第三,将二氧化碳等其他温室气体逐步纳入全国交易市场。考虑全球应对气候变化的要求日益紧迫以及3060目标实现的严峻性,建议将甲烷、氧化亚氮等温室气体逐步纳入全国交易市场。

第五条

生态环境部按照国家有关规定,组织建立全国碳排放权注册登记机构和全国碳排放权交易机构,组织建设全国碳排放权注册登记系统和全国碳排放权交易系统。

全国碳排放权注册登记机构通过全国碳排放权注册登记系统,记录碳排放配额的持有、变更、清缴、注销等信息,并提供结算服务。全国碳排放权注册登记系统记录的信息是判断碳排放配额归属的最终依据。

全国碳排放权交易机构负责组织开展全国碳排放权集中统一交易。

全国碳排放权注册登记机构和全国碳排放权交易机构应当定期向生态环境部报告全国碳排放权登记、交易、结算等活动和机构运行有关情况,以及应当报告的其他重大事项,并保证全国碳排放权注册登记系统和全国碳排放权交易系统安全稳定可靠运行。

一、国内外立法例

全国立法例

《碳排放权交易管理暂行办法》(2014年国家发改委发布):

第十六条 国务院碳交易主管部门负责建立和管理碳排放权交易注册登记系统(以下称注册登记系统),用于记录排放配额的持有、转移、清缴、注销等相关信息。注册登记系统中的信息是判断排放配额归属的最终依据。

第十七条 注册登记系统为国务院碳交易主管部门和省级碳交易主管部门、重点排放单位、交易机构和其他市场参与方等设立具有不同功能的账户。

参与方根据国务院碳交易主管部门的相应要求开立账户后,可在注册登记系统中进行配额管理的相关业务操作。

第二十条　国务院碳交易主管部门负责确定碳排放权交易机构并对其业务实施监督。具体交易规则由交易机构负责制定,并报国务院碳交易主管部门备案。

第二十四条　国家确定的交易机构的交易系统应与注册登记系统连接,实现数据交换,确保交易信息能及时反映到注册登记系统中。

地方立法例

1.《北京市碳排放权交易管理办法(试行)》(2014年5月):

第八条　市发展改革委设立碳排放权注册登记簿系统(以下简称"登记簿"),用于配额的发放及履约管理等。重点排放单位及自愿参与交易的单位应进行注册登记,并通过登记簿管理本单位的碳排放权,包括碳排放权的持有、转移、变更、上缴、转存、抵消、注销等。

2.《福建省碳排放权交易管理暂行办法》(2020年8月):

第十五条　碳排放配额属无形资产,其权属通过省级注册登记系统确认。

3.《广东省碳排放管理试行办法》(2020年5月):

第二十二条　本省实行配额登记管理。配额的分配、变更、清缴、注销等应依法在配额登记系统登记,并自登记日起生效。

4.《湖北省碳排放权管理和交易暂行办法》(2014年6月):

第六条　碳排放权交易机构由省政府确定。

第八条　主管部门建立碳排放权注册登记系统,用于管理碳排放配额的发放、持有、变更、缴还、注销和中国核证自愿减排量(CCER)的录入,并定期发布相关信息。

第二十七条　交易机构应当建立交易系统。交易参与方应当向交易机构提交申请,建立交易账户,遵守交易规则。

5.《上海市碳排放管理试行办法》(2013年11月):

第三十二条(登记系统)

本市建立碳排放配额登记注册系统,对碳排放配额实行统一登记。

配额的取得、转让、变更、清缴、注销等应当依法登记,并自登记日起生效。

6.《深圳市碳排放权交易管理暂行办法》(2014年3月):

第三十九条　主管部门应当建立碳排放权注册登记簿(以下简称登记簿)。登记簿是确定配额权利归属和内容的依据。登记簿应当载明下列内容:

(一)配额持有人的姓名或者名称;

(二)配额的权属性质、签发时间和有效期限、权利以及内容变化情况;

(三)与配额以及持有人有关的其他信息。

主管部门可以委托专门机构负责登记簿的日常管理。

注册登记簿管理规则由主管部门另行制定,报市政府批准后实施。

7.《天津市碳排放权交易管理暂行办法》(2020年6月):

第八条　市生态环境局通过配额登记注册系统,向纳入企业发放配额。登记注册系统中的信息是配额权属的依据。配额的发放、持有、转让、变更、注销和结转等自登记日起发生效力;未经登记,不发生效力。

8.《重庆市碳排放权交易管理暂行办法》(2014年3月):

第六条　本市建立碳排放权交易登记簿(以下简称登记簿),对配额实行统一登记。

配额的取得、转让、变更、注销和结转等应当登记,并自登记日起生效。

登记簿由主管部门或者委托相关单位管理。

二、条 文 析 义

条文总体解释

1. 目的和依据

本条明确了国家主管部门设立全国碳排放权注册登记机构和全国碳排放交易机构的依据,全国碳排放权注册登记机构和全国碳排放交易机构的权责,以及全国碳排放权注册登记机构和全国碳排放交易机构向国家主管部门报告的规定。

2. 内容

本条规定主要包括以下三个方面的内容:

第一,规定了全国碳排放权注册登记机构和全国碳排放交易机构的设立依据,即生态环境部按照国家有关规定,组织建立全国碳排放权注册登记机构和全国碳排放交易机构,组织建设全国碳排放权注册登记系统和全国碳排放交易系统。

第二,规定了全国碳排放权注册登记机构和全国碳排放交易机构的权责。全国碳排放权注册登记机构通过全国碳排放权注册登记系统,记录碳排放配额的持有、变更、清缴、注销等信息,并提供结算服务。全国碳排放权注册登记系统记录的信息是判断碳排放配额归属的最终依据。全国碳排放交易机构负责组织开展全国碳排放权集中统一交易。

第三,规定了全国碳排放权注册登记机构和全国碳排放交易机构向国家主管部门报告的要求。全国碳排放权注册登记机构和全国碳排放交易机构应当定期向生态环境部报告全国碳排放权登记、交易、结算等活动和机构运行有关情况,以及应当报告的其他重大事项,并保证全国碳排放权注册登记系统和全国碳排放交易系统安全稳定可靠运行。

关键概念解释

1. 全国碳排放权注册登记机构

国家碳排放权注册登记机构在职责范围内组织实施和监督管理全国碳排放权登记、结算等相关活动。

注册登记机构由生态环境部向社会公布。注册登记机构是实行自律管理的法人,不以营利为目的,受生态环境部委托,履行以下职责:

① 全国碳排放权登记结算相关业务规则和注册登记结算机构章程的制定与修改,并报生态环境部备案;

② 为全国碳排放权登记、结算活动提供场所、设施和保障措施;

③ 登记账户、资金结算账户设立和监督管理;

④ 全国碳排放权发放与统一存放;

⑤ 全国碳排放权持有、转移、清缴履约和注销的登记;

⑥ 全国碳排放权和资金的结算;

⑦ 对登记参与主体、结算参与主体及登记、结算活动监督管理;

⑧ 登记结算相关信息披露及监督管理;

⑨ 与登记结算业务有关的信息查询、咨询和培训服务;

⑩ 法律、行政法规规定的以及生态环境部委托的其他职能。

2. 全国碳排放权交易机构

全国碳排放交易机构在职责范围内组织实施和监督管理全国碳排放交易等相关活动。交易机构由生态环境部向社会公布。交易机构是实行自律管理的法人，不以营利为目的，受生态环境部委托，履行以下职责：

① 全国碳排放权交易相关业务规则和交易机构章程的制定与修改，并报生态环境部备案；

② 为全国碳排放权交易活动提供场所、设施和保障措施；

③ 交易账户设立与监督管理；

④ 组织实施交易活动；

⑤ 对交易主体及交易活动的监督管理；

⑥ 交易活动相关信息披露及监督管理；

⑦ 与交易业务有关的信息查询、咨询和培训服务；

⑧ 法律、行政法规规定的以及生态环境部委托的其他职能。

3. 全国碳排放权注册登记系统

生态环境部组织建设全国统一的碳排放权注册登记系统及其灾备系统，为各类市场主体提供碳排放配额和国家核证自愿减排量的法定确权及登记服务，并实现配额清缴及履约管理。生态环境部负责制定碳排放权注册登记系统管理办法与技术规范，并对碳排放权注册登记系统实施监管。

在中国碳排放交易市场，将按照集中统一原则，在规定时间内，通过全国碳排放权注册登记系统，实现全国碳排放权持有、转移、清缴履约和注销的登记。注册登记系统中的信息是判断全国碳排放配额归属的最终依据。

4. 全国碳排放权交易系统

全国碳排放交易系统是碳交易市场的重要支撑系统和基础设施之一。生态环境部组织建设全国统一的碳排放交易系统及其灾备系统，提供交易服务和综合信息服务。生态环境部会同相关部门制定交易系统管理办法与技术规范，并对碳排放交易系统实施监管。

国内外相关经验

从监管系统上，欧盟碳交易市场采取注册登记系统、交易系统、清算系统独立运营和监管的模式。由欧盟委员会统一管理欧盟排放配额注册登记系统，欧洲能源交易所、伦敦洲际交易所等提供交易平台，欧洲商品清算中心统一组织清算。

此外，欧盟还建立了独立的欧盟交易日志（CITL）[①]，自动检查、记录和批准欧盟注册登记处账户之间的所有交易，确保所有交易符合欧盟碳排放交易体系的规则。

相关建议

第一，参考常规大宗商品交易市场，分开登记功能和结算功能，将结算功能与交易功能统一部署。

具体原因如下：

一是交易结算统一，有利于提高交易市场效率、防范结算风险的发生。交易结算统一，交易系统分别实时由结算银行及注册登记系统获取资金及配额数据，所有成交委托前的资金配额判定均可依据已获得的最新数据在交易系统内部完成，效率较高。此外，交易系统承担结算职能并直接对接结算银行，可通过前端的资金配额检查和实时资金配额冻结等方式，在交易开展的前、中、后端有效防范可能发生的结算风险。交易结算若分离，如要求交易系统同样实时开展资金配额的判定检查，则资金信息获取须通过"交易系统↔注册登记系统↔结算银行"三个主体间的信息往复反馈，整体效率较低；如提高效率，交易系统在委托成交过程中不进行资金判定，则将无法有效防范可能发生的结算风险。

二是交易结算统一，有利于较好实现对数据传输要求和系统接口建设要求。交易系统与注册登记系统间至少需要保证两种及以上的数据传输方式（如通过直连接口使用专线进行数据传输，通过固定格式文件使用互联网进行数据传输），并充分考虑物理线路冗余（采用至少两家专线供应商），来应对各类异常情况。交易结算若统一，交易系统与注册登记系统只需建立配额接口，进行配额数据交互。交易结算若分离，则两系统间的数据交互更多（含资金、

[①] CITL是记录发行、转让和清除指标的电子系统，对每一笔交易进行自动检查，以确保没有违规行为。

配额、清算数据等），接口设计更复杂，开发工作量更大，建设周期更长，对接难度及成本都将增加。

三是交易结算统一，有利于异常情况应急响应的处理。如交易结算统一，交易系统可通过直接检查资金接口等方式与结算银行快速响应客户日间资金操作中所遇的问题。如交易结算分离，系统间信息交互项明显增多，信息流更为复杂，因异地系统间数据交互效率较低且异常情况应急响应处理较困难，除了会影响日终结算数据一致性外，还会影响日间客户资金划转效率。

四是交易结算统一，有利于监管部门实现一体化监管。交易结算若统一，交易系统汇集了实时的资金、配额、委托、成交等各类交易市场信息，任何变动均可通过交易系统的监管端进行实时的一体化监管。交易结算若分离，主管部门须分别从交易系统和注册登记系统获得交易市场信息和资金配额信息，不利于一体化监管的实现。

总之，交易系统和注册登记系统将分开两地建设，因此可能存在系统对接成本较高，建设周期较长，数据交互效率较低，异常情况更多样，应急响应处理较困难等潜在风险和挑战，建议分开登记功能和结算功能，将结算功能与交易功能统一部署。

第二，将CCER与碳配额交易在同一个交易所交易。CCER与碳配额在不同的交易所交易，无形中增加了交易成本。因此，笔者建议，将CCER与碳配额交易纳入同一个交易所交易，避免对市场的人为割裂。

第三，进一步明确规定生态环境部对全国碳排放权注册登记机构和全国碳排放交易机构，以及碳排放权注册登记系统和全国碳排放交易系统日常运行的监管权利，细化完善监管职能。

本条强调了生态环境部在碳市场建设方面的义务：组织建立全国碳排放权注册登记机构和全国碳排放交易机构，组织建设全国碳排放权注册登记系统和全国碳排放交易系统，但没有明确生态环境部对全国碳排放权注册登记机构和全国碳排放交易机构，以及碳排放权注册登记系统和全国碳排放交易系统日常运行的监管权利和监管职能。笔者建议，明确规定生态环境部对全国碳排放权注册登记机构和全国碳排放交易机构，以及碳排放权注册登记系统和全国碳排放交易系统的监管权利，根据两个机构的职能划分，细化完善监管职能。

第六条

生态环境部负责制定全国碳排放权交易及相关活动的技术规范,加强对地方碳排放配额分配、温室气体排放报告与核查的监督管理,并会同国务院其他有关部门对全国碳排放权交易及相关活动进行监督管理和指导。

省级生态环境主管部门负责在本行政区域内组织开展碳排放配额分配和清缴、温室气体排放报告的核查等相关活动,并进行监督管理。

设区的市级生态环境主管部门负责配合省级生态环境主管部门落实相关具体工作,并根据本办法有关规定实施监督管理。

一、国内外立法例

欧盟立法例

欧洲议会和欧盟理事会第 2003/87/EC 号指令(2003 年 10 月):

第十条 配额竞价拍卖(Auctioning of allowances)

(5)欧盟委员会应监测每年欧盟碳市场的表现,欧盟委员会应向欧洲议会和欧盟理事会提交报告通报碳市场的表现,报告应包括竞价拍卖的执行、流动性和交易量。如必要,成员国应保证任何相关信息会在欧盟委员会完成报告前两个月提交给欧盟委员会。

第十八条 权力机构(Competent authority)

成员国应设置合适的管理机构来执行本指令的规定,包括指定合适的权力机构和职权机构。如果设定多家权力机构,则必须对执行本指令的众多机构的工作进行协调。

成员国应特别保证执行《京都议定书》第六条(1)(a)的指定联络点和执行京都议定书第十二条的指定国家机构,或其他执行《联合国气候变化框架公约》或《京都议定书》的机构之间的相互协调。

全国立法例

《碳排放权交易管理暂行办法》(2014 年国家发改委发布):

第五条　国家发展和改革委员会是碳排放权交易的国务院碳交易主管部门（以下称国务院碳交易主管部门），依据本办法负责碳排放权交易市场的建设，并对其运行进行管理、监督和指导。

各省、自治区、直辖市发展和改革委员会是碳排放权交易的省级碳交易主管部门（以下称省级碳交易主管部门），依据本办法对本行政区域内的碳排放权交易相关活动进行管理、监督和指导。

其他各有关部门应按照各自职责，协同做好与碳排放权交易相关的管理工作。

地方立法例

1.《北京市碳排放权交易管理办法（试行）》（2014年5月）：

第四条　市发展改革委负责本市碳排放权交易相关工作的组织实施、综合协调与监督管理。市统计、金融、财政、园林绿化等行业主管部门按照职责分别负责相关监督管理工作。

2.《福建省碳排放权交易管理暂行办法》（2020年8月）：

第四条　省、设区的市人民政府生态环境部门是本行政区域碳排放权交易的主管部门，负责本行政区域碳排放权交易市场的监督管理。

省人民政府金融工作机构是全省碳排放权交易场所的统筹管理部门，负责碳排放权交易场所准入管理、监督检查、风险处置等监督管理工作。

省、设区的市人民政府经济和改革、工业和信息化、财政、住房和城乡建设、交通运输、林业、海洋与渔业、国有资产监督管理、统计、市场监督管理等部门按照各自职责，协同做好碳排放权交易相关的监督管理工作。

根据碳排放权交易主管部门的授权或者委托，碳排放权交易的技术支撑单位负责碳排放报送系统、注册登记系统的建设和运行维护等相关工作。

3.《广东省碳排放管理试行办法》（2020年5月）：

第四条　省生态环境部门负责全省碳排放管理的组织实施、综合协调和监督工作。

各地级以上市人民政府负责指导和支持本行政辖区内企业配合碳排放管理相关工作。

各地级以上市生态环境部门负责组织企业碳排放信息报告与核查工作。

省工业和信息化、财政、住房城乡建设、交通运输、统计、市场监督管理、地方金融监督管理等部门按照各自职责做好碳排放管理相关工作。

4.《湖北省碳排放权管理和交易暂行办法》(2014年6月)：

第四条　省发展和改革委员会是本省碳排放权管理的主管部门(以下简称"主管部门")，负责碳排放总量控制、配额管理、交易、碳排放报告与核查等工作的综合协调、组织实施和监督管理。

经济和信息化、财政、国资、统计、物价、质监、金融等有关部门在其职权范围内履行相关职责。

5.《上海市碳排放管理试行办法》(2013年11月)：

第三条(管理部门)

市发展改革部门是本市碳排放管理工作的主管部门，负责对本市碳排放管理工作进行综合协调、组织实施和监督保障。

本市经济信息化、建设交通、商务、交通港口、旅游、金融、统计、质量技监、财政、国资等部门按照各自职责，协同实施本办法。

本办法规定的行政处罚职责，由市发展改革部门委托上海市节能监察中心履行。

6.《深圳市碳排放权交易管理暂行办法》(2014年3月)：

第四条　市发展和改革部门是本市碳排放权交易工作的主管部门(以下简称主管部门)，主要履行下列职责：

（一）制定碳排放权交易相关规划、政策、管理制度并组织实施；

（二）负责提出碳排放权交易的总量设定以及配额分配方案；

（三）确定碳排放权交易的管控单位并监督其履约；

（四）监督碳排放权交易相关主体的碳排放权交易活动；

（五）建立并管理碳排放权注册登记簿和温室气体排放信息管理系统；

（六）统筹、指导、协调本市碳排放权交易工作。

第五条　市住房建设、交通运输等部门接受主管部门委托，负责本行业碳排放权交易的管理、监督检查与行政处罚。

市市场监督管理部门负责制定工业行业温室气体排放量化、报告、核查标准，组织对纳入配额管理的工业行业碳排放单位的碳排放量进行核查，并对工业行业碳核查机构和核查人员进行监督管理；市统计部门负责组织对纳入配额管理的工业行业碳排放单位的有关统计指标数据进行核算,并对统计指标数据核查机构进行监督管理。

各区政府和财政、金融、经贸信息、科技创新、税务、环境保护、规划国土、交通运输、水务等职能部门在各自职责范围内负责碳排放权交易相关管理工作。

供电、供气等单位应当积极配合有关部门做好碳排放权交易相关工作。

7.《天津市碳排放权交易管理暂行办法》(2020年6月):

第四条　市生态环境局是本市碳排放权交易管理工作的主管部门,负责对交易主体范围的确定、配额分配与发放、碳排放监测、报告与核查及市场运行等碳排放权交易工作进行综合协调、组织实施和监督管理。

发展改革、工业和信息化、住房城乡建设、国资、金融、财政、统计、市场监管等部门按照各自职责做好相关工作。

8.《重庆市碳排放权交易管理暂行办法》(2014年3月):

第四条　市发展改革委作为全市应对气候变化工作的主管部门(以下简称主管部门),负责碳排放权的监督管理和交易工作的组织实施及综合协调。

市金融办作为全市交易场所的监督管理部门(以下简称监管部门),负责碳排放权交易的日常监管、统计监测及牵头处置风险等工作。

市财政局、市经济信息委、市城乡建委、市国资委、市质监局、市物价局等部门和单位按照各自职责做好碳排放权交易相关管理工作。

二、条文析义

条文总体解释

1. 目的和依据

本条是关于全国碳排放交易及相关活动监管部门及其职责的规定。

2. 内容

本条明确规定了各级生态环境主管部门对全国碳排放交易及相关活动的职责,落实了《关于构建现代环境治理体系的指导意见》有关"中央统筹、省负总责、市县抓落实"的工作机制要求,具体内容包括:

第一，规定了生态环境部对全国碳排放交易及相关活动的行政管理职责、监管和指导职责。行政管理职责方面，生态环境部负责制定全国碳排放权交易及相关活动的技术规范；监管职责和指导职责方面，生态环境部要加强对地方碳排放配额分配、温室气体排放报告与核查的监督管理，并会同国务院其他有关部门对全国碳排放权交易及相关活动进行监督管理和指导。

第二，规定了省级生态环境主管部门对全国碳排放交易及相关活动的行政管理职责和监管职责。行政管理职责方面，省级生态环境主管部门负责在本行政区域内组织开展碳排放配额分配和清缴、温室气体排放报告的核查等相关活动；监管职责方面，省级生态环境主管部门负责对本行政区域内的碳排放配额分配和清缴、温室气体排放报告的核查等相关活动进行监督管理。

第三，规定了设区的市级生态环境主管部门对全国碳排放交易及相关活动的行政管理职责和监管职责。行政管理职责方面，设区的市级生态环境主管部门负责配合省级生态环境主管部门落实相关具体工作；监管职责方面，设区的市级生态环境主管部门根据本办法有关规定实施监督管理。

关键概念解释

本条关于各级生态环境主管部门对全国碳排放交易的职责规定体现了分级监管、跨部门监管的相关内容。

1. 分级监管

2017年12月之前，碳交易主管部门是国家发展改革委员会。2017年12月转隶后，碳交易主管部门是各级生态环境主管部门。

按照行政层级，生态环境部门分为国家生态环境部门、省级生态环境部门和市级生态环境部门。各级生态环境部与相关部门共同对碳市场实施分级监管。国家生态环境部会同相关行业主管部门制定配额分配方案和核查技术规范并监督执行。各相关部门根据职责分工分别对第三方核查机构、交易机构等实施监管。省级生态环境主管部门监管本辖区内的数据核查、配额分配、重点排放单位履约等工作。市级生态环境主管部门负责配合落实相关具体工作。各部门、各地方各司其职、相互配合，确保碳市场规范有序运行。

碳排放交易按照国家和地方两级管理体系进行管理，并分别明确了中央和地方的职责范围。主要考虑是碳排放总量控制的责任主体是各省份,碳排放交易的配额总量也将分配到各省份,因此赋予地方必要的管理职能,能够保证落实碳排放总量控制责任目标和相关政策措施,且充分调动地方积极性,符合中央简政放权的方针。

2. 对碳市场的跨部门监管

碳排放交易体系由总量确定、配额分配、交易、履约等多个环节构成。本条规定,生态环境部会同国务院其他有关部门对全国碳排放交易及相关活动进行监督管理和指导,体现了对碳市场的跨部门监管。

在交易环节当中,不同的市场参与者,以不同的交易方式,对不同的碳排放配额产品进行交易。二级市场的参与者主要包括履约企业和金融中介机构。可交易的碳排放配额产品则包括配额本身以及配额的衍生产品。碳排放交易市场在优化碳配额的资源配置、履约企业的套期保值和实现价格发现功能的同时,也在最大限度的利用、分散和传递信用风险。碳市场的信用风险可以传递到市场参与的各个主体当中,包括金融中介、履约企业、投资实体以及个人。在交易的过程中,碳市场存在的风险包括市场基础性风险(政治影响、不同区域配额标准不一致、衍生品市场过度投机超过现货市场的承受能力、市场之间的连接程度)、市场诚信风险(投资者受到误导信息影响买卖碳配额产品,或企业出于经济目的,在监管不完善之下抛弃诚信、可持续、可信的市场交易策略)、市场脆弱性风险(碳市场基础设施不全面、制度设计和监管还不完善)、信息风险(信息被有序和及时发布的程度)、市场滥用(碳排放市场同样存在像其他市场一样有的市场滥用的情况)、流动性风险(交易平台、可交易产品的数量和联系,市场的商品化程度都会影响到市场的流动性,而流动性决定了市场的有序功能和投资者的信心)。在碳交易环节,除了《碳排放权交易管理办法》中原则性规定主管机关对碳市场负有监管责任之外,中国目前主要的监管规则都集中于碳排放交易所制定的规则体系,其中包括基本的交易规则和配套实施细则(会员管理规则、风险控制规则、违规行为处理、投资者适当性制度等),层级偏低。

为了充分发挥碳市场的功能,维护碳市场秩序,必须对碳排放配额的初始分配、交易等环节进行跨部门监管。而碳排放交易环节的相关行为又是碳市场跨部门监管的重点环节。

国内外相关经验

欧盟将碳交易作为一种金融交易来进行监管,在实践中形成了多层次的市场监管体系框架,基本覆盖了碳交易所涉及的产品、参与方和交易环节。

1. 现货市场监管

欧盟碳交易体系经过三个阶段的运营,已经积累了丰富的市场运营经验,并且逐步完善了其自身的监管体系。现已基本形成了一级、二级市场全面覆盖的稳健现货监管体系,并连同其他独立机构共同维护市场秩序(如表2所示)。

表2 欧盟一、二级市场监管主体与职责

市 场	监管主体	职 责
一级市场	欧 盟	制定拍卖规则及年度拍卖计划、选择拍卖平台、披露拍卖结果信息、分配除已纳入收入管理计划外的拍卖收入
	各成员国	安排拍卖,监督拍卖的运行,并对拍卖收入进行使用安排
	交易平台	进行交易参与人的尽职调查(KYC),按照欧盟要求组织拍卖、维护拍卖过程的公平
	独立监督人	每期拍卖由独立监督人进行全程参与和监督,并在拍卖后出具评估报告
二级市场	欧 盟	将二级市场现货交易和衍生品交易纳入欧盟整体金融法规进行监管,严格的准入制度和信息透明制度约束现货和期货交易,欧洲证券与市场监管局作为欧盟交易市场的主要监督者
	各成员国	各成员国金融监管机构对所在地的金融交易平台和交易参与的机构进行监督
	交易平台	制定交易规则、按照欧盟法规对交易参与者的行为进行监督管理,并提供有保障的清算服务
	场外市场	场外碳交易通过欧洲市场基础设施监管规则(EMIR)来约束,在2013年修改后增加了对碳的场外衍生品的进场清算和保证金的相关要求

资料来源:广州碳排放权交易所(2021)。

2. 欧盟碳市场层级明确的市场监管机构

欧盟法律法规体系的建立主要涉及三个机构:欧盟委员会(European Commission)首先拟出相关法律草案,然后交由欧盟理事会(Council of the European Union)和欧洲议会(European Parliament)通过。碳排放体系的法规、指令均由欧盟理事会和欧洲议会决议通过后实施,因此在欧洲范围内具有法律效力和强制力。但指令不具有在各个成员国的直接适用效力,因此需要在转换为国内法后实施,各成员国需根据其自身情况制定碳市场法规,建立国内碳市场体系。具体到监管层面,最直接相关的监管机构目前主要是欧盟委员会及各成员国的监管机构。

(1) 最高监管机构——欧盟委员会

欧盟委员会在碳排放交易体系当中主要承担法案的起草和执行等责任。在 EU-ETS 运行过程中,欧盟委员会作为公认的监管机构在最高层面推进成员国法律,并对其他违法行为进行监管。欧盟委员会同时负责 EU-ETS 运行的一系列具体事务的监管,如拍卖行为、交易流向和交易量等方面,同时还负责监督 EU-ETS 的运行情况,防止市场滥用等违规行为,并向欧洲议会和欧盟理事会提交年度报告。根据市场情况,欧盟委员会相应提出提高碳市场透明度和改善市场表现等建议。

(2) 国家权威监管——成员国监管机构

各成员国政府根据欧盟 2003/87/EC 指令第十八条的规定,设立合适的主管当局,规定相应的行政职责,并负责实施欧盟温室气体排放交易指令中的有关规定。以德国为例,其于 2004 年 7 月正式颁布《温室气体排放交易法》并于 2005 年正式实施排放制度,陆续形成了全面的碳市场法律体系和管理制度。德国政府还组建了专门管理排放交易事务的国家机构——德国排放交易管理局,其主要职能是以市场化的方式来实施《京都议定书》,目标是让排放交易在环境与经济两个方面都取得成功。欧盟其他成员国不同市场层级亦由国家相应部门开展协同和联合监管。

(3) 协同监管——多部门分工协调

目前,欧盟碳市场已建立包括从配额初始分配、拍卖到二级市场以及衍生产品的交易。碳市场运转全流程受到来自欧盟以及各国环境保护部门和金融监管机构的监管,各监管机构负责监管其不同阶段,相互之间有一定的分工与配合,共同承担对碳现货及期货等衍生品市场的监管职责。具体而言,欧盟碳配额的初始分配,主要是由欧盟委员会和各成员国的环保、能源主管机构监管;二级市场交易以及碳衍生品的交易则受到欧盟金融市场交易活动监管局和各成员国金融监管机构的监管;而配额有偿分配环节(拍卖)有的受成员国的环保、能源主管机构监管,有的归金融监管机构监管。

相关建议

第一,进一步明确各级生态环境主管部门的职责范围。首先,进一步明确碳配额分配的责任主体。建议明确规定在碳排放配额分配时,由国家确定分配标准,地方环境主管部门实际执行分配,与碳排放配额分配的实际开展保持一致。其次,进一步明确生态环境部在配额清缴、核查方面的职责与法律义务。明确规定碳交易中申诉、行政复议的责任主体、相关程序等。

第二,建议由交易机构负责制定碳排放交易的技术规范。本条规定,交易规则由生态环境部制定。但是,从充分发挥市场机制的作用、提高市场运行效率的角度来看,生态环境部应只是制定合法性行为的规定,对交易进行管理,但不需要制定交易的具体技术规范。因此,笔者建议,由交易机构负责制定碳排放交易的技术规范。

第三,建议应成立专门的全国碳排放交易管理小组,专门协调相关事务。生态环境部会同人民银行、财政部、证监会来监管和指导全国碳排放交易,将增加共同监管的难度、会同监管的等级太低。建议成立专门的全国碳排放交易管理小组,通过交易机构加强各部门的协调,协同组织各部门加强全国碳排放交易及其活动的监督管理。

第七条

全国碳排放权注册登记机构和全国碳排放权交易机构及其工作人员,应当遵守全国碳排放权交易及相关活动的技术规范,并遵守国家其他有关主管部门关于交易监管的规定。

一、国内外立法例

地方立法例

《上海市碳排放管理试行办法》(2013年11月):
第三十三条(交易所)

……

交易所及其工作人员应当自觉遵守相关法律、法规、规章的规定,执行交易规则的各项制度,定期向市发展改革部门报告交易情况,接受市发展改革部门的指导和监督。

《湖北省碳排放权管理和交易暂行办法》(2014 年 6 月):

第九条 从事碳排放权管理及其交易活动的部门、机构和人员,对碳排放权交易主体的商业和技术秘密负有保密义务。

二、条文析义

条文总体解释

1. 目的和依据

本条规定了全国碳排放权注册登记机构和全国碳排放交易机构及其工作人员应遵守的规则。

2. 内容

本条规定,全国碳排放权注册登记机构和全国碳排放交易机构及其工作人员,应当遵守全国碳排放权交易及相关活动的技术规范,合理使用其赋予的权力并自觉履行规定的责任和义务,遵守国家其他有关主管部门关于交易监管的规定。保证碳交易的安全有序运行。

相关建议

第一,进一步明确全国碳排放权注册登记机构和全国碳排放交易机构的风险隔离和风险防范规定。与证券交易不同,碳排放交易有诸多特殊性,应根据碳排放交易的特点,明确全国碳排放权注册登记机构和全国碳排放交易机构的风险隔离规定以及风险防范规定。

第二,建议生态环境部设立常设的监管机构,对全国碳排放权注册登记机构和全国碳排放交易机构进行监管,对全国碳排放权注册登记系统和全国碳排放交易系统进行监管。

第三,本条没有明确技术服务机构、投资机构等碳交易市场参与机构的监管规定,不利于碳交易的健康发展。笔者建议,进一步明确对碳排放交易中涉及的其他机构的监管规定。

第四,本条仅规定全国碳排放权注册登记机构和全国碳排放权交易机构工作人员,应当遵守全国碳排放权交易及相关活动的技术规范,并遵守国家其他有关主管部门关于交易监管的规定,对于竞业禁止、高管任职等没有规定。笔者建议,进一步出台竞业禁止、高管任职等相关规定和细则。

第二章 温室气体重点排放单位

第八条

温室气体排放单位符合下列条件的,应当列入温室气体重点排放单位(以下简称重点排放单位)名录:

(一)属于全国碳排放权交易市场覆盖行业;

(二)年度温室气体排放量达到 2.6 万吨二氧化碳当量。

一、国内外立法例

欧盟立法例

欧洲议会和欧盟理事会第 2003/87/EC 号指令(2003 年 10 月):

第三条 定义(Definitions)

……

(m)"减少排放单位"or "ERU"指按照《京都议定书》第十二条和按照《联合国气候变化框架公约》或《京都议定书》的其他要求所签发的单位。

……

地方立法例

1.《广东省碳排放管理试行办法》(2020 年 5 月):

第六条 本省实行碳排放信息报告和核查制度。

年排放二氧化碳 1 万吨及以上的工业行业企业,年排放二氧化碳 5 千吨以上的宾馆、饭店、金融、商贸、公共机构等单位为控制排放企业和单位(以下简称控排企业和单位);年排放二氧化碳5千吨以上1万吨以下的工业行业企业为要求报告的企业(以下简称报告企业)。

交通运输领域纳入控排企业和单位的标准与范围由省发展改革部门会同交通运输等部门提出。根据碳排放管理工作进展情况,分批纳入信息报告与核查范围。

第九条 本省实行碳排放配额(以下简称配额)管理制度。控排企业和单位、新建(含扩建、改建)年排放二氧化碳1万吨以上项目的企业(以下简称新建项目企业)纳入配额管理;其他排放企业和单位经省生态环境部门同意可以申请纳入配额管理。

2.《湖北省碳排放权管理和交易暂行办法》(2014年6月):

第五条 本省行政区域内实行碳排放配额管理的工业企业,依照国家和省政府确定的范围执行。

纳入碳排放管理的企业应当依照本办法的规定履行碳排放控制义务、参与碳排放权交易。

3.《深圳市碳排放权交易管理暂行办法》(2014年3月):

第十一条 符合下列条件之一的碳排放单位(以下简称管控单位),实行碳排放配额管理:

(一)任意一年的碳排放量达到三千吨二氧化碳当量以上的企业;

(二)大型公共建筑和建筑面积达到一万平方米以上的国家机关办公建筑的业主;

(三)自愿加入并经主管部门批准纳入碳排放控制管理的碳排放单位;

(四)市政府指定的其他碳排放单位。

……

二、条文析义

条文总体解释

1. 目的和依据

本条是关于重点排放单位纳入门槛的规定。

2. 内容

本条明确了属于全国碳排放交易市场覆盖行业,且年度温室气体排放量达到 2.6 万吨二氧化碳当量,应当列入温室气体重点排放单位名录。全国碳排放交易市场覆盖范围应是多个行业。但是,在启动初期,全国碳排放交易市场仅覆盖发电一个行业。一个重要的考虑就是因为发电行业的燃化碳排放占全国二氧化碳排放的 40%,是排放量最大的一个行业。另外,电力行业的排放数据比较完整,统计体系比较完善,无论是发放配额还是监管,相对要容易一些。在"十四五"时期,中国碳排放交易覆盖的行业范围有望逐步扩大,最终覆盖发电、石化、化工、建材、钢铁、有色金属、造纸和国内民用航空八个行业。

在确定碳交易的覆盖行业后,还需进一步确定纳入的企业名单。按照年度温室气体排放量达到 2.6 万吨二氧化碳当量这一标准,目前,共有 2 162 家发电企业为重点排放单位,其碳排放从 2019 年 1 月 1 日起直接纳入全国碳交易市场管控。

关键概念解释

1. 重点排放单位

重点排放单位是指满足碳交易主管部门确定的碳排放标准且具有独立法人资格的温室气体排放单位。

2. 2.6 万吨二氧化碳当量

(1) 二氧化碳当量

不同温室气体对地球温室效应的贡献程度不同。联合国政府间气候变化专门委员会(IPCC, Intergovernmental Panel on Climate Change)第四次评估报告指出,在温室气体的总增温效应中,二氧化碳(CO_2)贡献约占 63%,甲烷(CH_4)贡献约占 18%,氧化亚氮(N_2O)贡献约占 6%,其他贡献约占 13%。为统一度量整体温室效应的结果,需要一种能够比较不同温室气体排放的量度单位,由于 CO_2 增温效益的贡献最大,因此,规定二氧化碳当量为度量温室效应的基本单位。二氧化碳当量关注的是排放。

一种气体的二氧化碳当量为这种气体的吨数乘以其产生温室效应的指数。这种气体的温室效益的指数叫全球变暖潜能值(Global warming potential, GWP)。该指数取决于气体的辐射属性和分子重量,以及气体浓度随时间的变化状况。某一种气体的温室变暖潜能值,表示在百年时间里,该温室气体对应于相同效应的二氧化碳的变暖影响。正值表示气体使地球表面变暖。由定义知,二氧化碳的 GWP 为 1,其他温室气体的 GWP 值一般大于二氧化碳的,但由于它们在空气中的含量少,仍然认为二氧化碳是造成温室效应的主要气体。

二氧化碳是最重要的温室气体,但甲烷、一氧化氮等温室气体以及空气污染形成的烟雾等带来的升温,非二氧化碳气体的暖化效应也非常大。减少 1 吨甲烷排放相当于减少 25 吨二氧化碳排放,即 1 吨甲烷的二氧化碳当量是 25 吨。

(2) 2.6 万吨

设定纳入交易体系管控的企业门槛也是交易体系设计和建设中的一项基础性工作。门槛越低,覆盖的企业数量就越多,市场管控的碳排放量就越大。但考虑到企业参与交易的能力和政府的管理成本,企业门槛也不是越低越好。1 万吨标准煤与能源法里的重点用能单位的标准保持一致,而 2.6 万吨二氧化碳当量是根据各省前几年的排放报告数据进行筛选而设定的。在石化、化工、建材、钢铁、有色、造纸、电力、航空等重点排放行业中,年度温室气体排放量达到 2.6 万吨二氧化碳当量(综合能源消费量约 1 万吨标准煤)及以上的企业大约有 7 000 家。这些企业的总排放量占到工业部门碳排放的 75% 以上,管住了这 7 000 家左右的企业,就管住了工业部门碳排放的大头,同时政府的管理成本也在可接受的范围之内。因此,将年度温室气体排放量达到 2.6 万吨二氧化碳当量(综合能源消费量约 1 万吨标准煤)是比较合理的。

相关建议

第一,尽快扩大覆盖行业范围。面对 3060 双碳目标,中国的碳排放管理需要加强。建议尽快扩大覆盖行业范围,逐步纳入发电行业之外的工业行业、交通行业和非工业行业。在 2030 年目标实现后,全国市场参考试点地区将碳排放交易范围扩大到所有工业和非工业行业。

第二,重新考量排放门槛,逐步降低排放规模标准,扩大碳排放义务主体范围。按照现有的重点排放单位排放规模划分,重点工业企业的排放规模标准是二氧化碳年排放量 2.6 万吨(或 1 万吨标准煤)以上,重点非工业企业的排放规模标准是二氧化碳年排放量 1 万吨以上。笔者认为,在双碳目标下,全国碳交易市场应该逐步降低排放规模标准,扩大碳排放义务主体范围。通过分析上海、深圳等试点碳市场的工业行业/非工业行业碳排放规模标准与减排效果的关系,笔者建议,在碳达峰阶段,工业行业的碳排放规模标准可考虑从现有的2.6万吨二氧化碳当量逐步降低至1万吨,非工业行业的碳排放规模标准逐步降低至5 000吨。在碳中和阶段,工业行业的碳排放规模标准逐步降低至5 000吨二氧化碳当量,非工业行业的碳排放规模标准逐步降低至2 000吨以上。

第九条

省级生态环境主管部门应当按照生态环境部的有关规定,确定本行政区域重点排放单位名录,向生态环境部报告,并向社会公开。

一、国内外立法例

全国立法例

1.《碳排放权交易管理暂行办法》(2014年国家发改委发布):

第七条 省级碳交易主管部门应根据国务院碳交易主管部门公布的重点排放单位确定标准,提出本行政区域内所有符合标准的重点排放单位名单并报国务院碳交易主管部门,国务院碳交易主管部门确认后向社会公布。

经国务院碳交易主管部门批准,省级碳交易主管部门可适当扩大碳排放权交易的行业覆盖范围,增加纳入碳排放权交易的重点排放单位。

2.《2019—2020年全国碳排放权交易配额总量设定与分配实施方案(发电行业)》:

一、纳入配额管理的重点排放单位名单

根据发电行业(含其他行业自备电厂)2013—2019年任一年排放达到2.6万吨二氧化碳当量(综合能源消费量约1万吨标准煤)及以上的企业或者其他经济组织的碳排放核查结果,筛选确定纳入2019—2020年全国碳交易市场配额管理的重点排放单位名单,并实行名录管理。

地方立法例

1.《北京市碳排放权交易管理办法(试行)》(2014年5月):

第九条 市发展改革委会同市统计局定期确定年度重点排放单位名单和

报告单位名单,并向社会公布。

2.《福建省碳排放权交易管理暂行办法》(2020年8月):

第九条 设区的市人民政府碳排放权交易主管部门按照省人民政府碳排放权交易主管部门公布的标准,提出本行政区域重点排放单位名单,报省人民政府碳排放权交易主管部门审定并向社会公布。

3.《广东省碳排放管理试行办法》(2020年5月):

第九条 本省实行碳排放配额(以下简称配额)管理制度。控排企业和单位、新建(含扩建、改建)年排放二氧化碳1万吨以上项目的企业(以下简称新建项目企业)纳入配额管理;其他排放企业和单位经省生态环境部门同意可以申请纳入配额管理。

4.《湖北省碳排放权管理和交易暂行办法》(2014年6月):

第五条 本省行政区域内实行碳排放配额管理的工业企业,依照国家和省政府确定的范围执行。

纳入碳排放配额管理的企业应当依照本办法的规定履行碳排放控制义务、参与碳排放交易。

5.《上海市碳排放管理试行办法》(2013年11月):

第五条(配额管理制度)

本市建立碳排放配额管理制度。年度碳排放量达到规定规模的排放单位,纳入配额管理;其他排放单位可以向市发展改革部门申请纳入配额管理。

纳入配额管理的行业范围以及排放单位的碳排放规模的确定和调整,由市发展改革部门会同相关行业主管部门拟订,并报市政府批准。纳入配额管理的排放单位名单由市发展改革部门公布。

6.《深圳市碳排放权交易管理暂行办法》(2014年3月):

第十一条

……

市政府可以根据本市节能减排工作的需要和碳排放权交易市场的发展状况,调整管控单位范围。管控单位名单报市政府批准后应当在市政府和主管部门门户网站以及碳排放权交易公共服务平台网站公布。

7.《天津市碳排放权交易管理暂行办法》(2020年6月):

第五条 本市建立碳排放总量控制下的碳排放权交易制度,逐步将年度碳排放量达到一定规模的排放单位(以下称纳入企业)纳入配额管理。

市生态环境局会同相关部门按照国家标准和国务院有关部门公布的企业温室气体排放核算要求,根据本市碳排放总量控制目标和相关行业碳排放等情况,确定纳入配额管理的行业范围及排放单位的规模,报市人民政府批准;纳入企业名单由市生态环境局公布。

8.《重庆市碳排放权交易管理暂行办法》(2014年3月):

第五条 本市实行碳排放配额(以下简称配额)管理制度。对年碳排放量达到规定规模的排放单位(以下简称配额管理单位)实行配额管理,鼓励其他排放单位自愿纳入配额管理。

纳入配额管理的行业范围和排放单位的碳排放规模标准,由主管部门会同相关部门确定和调整,报市政府批准。配额管理单位的名单由主管部门公布。

配额管理单位可以依照本办法通过配额交易或者其他合法方式取得收益,履行碳排放报告、接受核查和配额清缴等义务。

二、条文析义

条文总体解释

1. 目的和依据

本条是关于重点排放单位名录确定的规定。

2. 内容

全国碳排放交易市场重点排放单位实行名录管理。本条规定,省级生态环境主管部门根据生态环境部的授权规定,根据实际情况来确定本行政区域重点排放单位名录,向生态环境部报告,并向社会公开。

符合条件的重点排放单位,应当通过环境信息管理平台或生态环境部规定的其他方式,向生产经营场所所在地的省级生态环境主管部门报告纳入重点排放单位名录。省级生态环境主管部门将本行政区域内所有符合条件的重点排放单位报生态环境部汇总,并向社会公开。

相关建议

1. 进一步明确重点排放单位名录确定的规则

本条仅规定,省级生态环境主管部门应当按照生态环境部的有关规定,确定本行政区域重点排放单位名录。但对于如何确定重点排放单位名录,没有相关规定。因此,建议进一步明确重点排放单位名录确定的规则。

2. 进一步明确社会公开的主体、方式、程序和规则

本条没有明确社会公开的主体和方式,建议省级生态环境部门经生态环境部同意后,一并公开。公开方式可以在省级生态环境部门官方网站、生态环境部官方网站以及交易所网站进行一并公开。此外,本条没有明确社会公开的程序和规则,建议进一步明确。

第十条

重点排放单位应当控制温室气体排放,报告碳排放数据,清缴碳排放配额,公开交易及相关活动信息,并接受生态环境主管部门的监督管理。

一、国内外立法例

欧盟立法例

欧洲议会和欧盟理事会第 2003/87/EC 号指令(2003 年 10 月):

第十五 a 条 信息披露和专业机密(Disclosure of information and professional secrecy)

成员国和欧盟委员会应保证所有与配额分配量有关的决议和报告以及排放监测、报告和核查信息在第一时间内披露,以保障信息获取的非歧视性。

除非凭借适用法律、法规或行政条款,包含专业机密的信息可以不为他人或机构披露。

全国立法例

《碳排放权交易管理暂行办法》(2014 年国家发改委发布):

第二十五条 重点排放单位应按照国家标准或国务院碳交易主管部门公

布的企业温室气体排放核算与报告指南的要求,制定排放监测计划并报所在省、自治区、直辖市的省级碳交易主管部门备案。

重点排放单位应严格按照经备案的监测计划实施监测活动。监测计划发生重大变更的,应及时向所在省、自治区、直辖市的省级碳交易主管部门提交变更申请。

第二十六条　重点排放单位应根据国家标准或国务院碳交易主管部门公布的企业温室气体排放核算与报告指南,以及经备案的排放监测计划,每年编制其上一年度的温室气体排放报告,由核查机构进行核查并出具核查报告后,在规定时间内向所在省、自治区、直辖市的省级碳交易主管部门提交排放报告和核查报告。

第三十一条　重点排放单位每年应向所在省、自治区、直辖市的省级碳交易主管部门提交不少于其上年度经确认排放量的排放配额,履行上年度的配额清缴义务。

地方立法例

1.《上海市碳排放管理试行办法》(2013年11月):

第六条(总量控制)

……

纳入配额管理的单位应当根据本单位的碳排放配额,控制自身碳排放总量,并履行碳排放控制、监测、报告和配额清缴责任。

2.《深圳市碳排放权交易管理暂行办法》(2014年3月):

第十二条　管控单位应当履行碳排放控制义务。管控单位为建筑物业主的,其碳排放控制义务可以委托建筑使用人、物业管理单位等代为履行。

二、条　文　析　义

条文总体解释

1. 目的和依据

本条是关于重点排放单位义务的规定。

2. 内容

本条明确了重点排放单位在全国碳交易市场中的五项义务：控制温室气体排放、报告碳排放数据、清缴碳排放配额、公开交易及相关活动信息、接受生态环境主管部门的监督管理。

本条将责任关口前移，强化了企业责任。为适应生态环境管理体系，《管理办法》体现"企业自证"原则，将确保碳排放数据真实性和准确性的责任压实到企业，由重点排放单位对排放报告的真实性、完整性和准确性负责，生态环境主管部门对其监测计划和排放报告质量进行核查和监督检查。

本条以信息公开方式加强监管力度。对省级生态环境主管部门、重点排放单位及其他交易主体在信息公开方面的责任进行规定，加强对核查和监督检查情况以及企业排放报告、配额清缴等情况的信息公开力度，加强信用管理，提升《管理办法》实施的有效性和权威性。

相关建议

本条没有明确重点排放单位公开交易及相关信息的范围、程度，加大了重点排放单位信息公开的操作难度。笔者建议，进一步明确重点排放单位信息公开的范围、程度，将重要交易信息，涉及重点排放单位重大经营活动的信息纳入信息公开的范围，一般信息不作公开要求。

第十一条

存在下列情形之一的，确定名录的省级生态环境主管部门应当将相关温室气体排放单位从重点排放单位名录中移出：

（一）连续二年温室气体排放未达到 2.6 万吨二氧化碳当量的；

（二）因停业、关闭或者其他原因不再从事生产经营活动，因而不再排放温室气体的。

一、国内外立法例

欧盟立法例

欧洲议会和欧盟理事会第 2003/87/EC 号指令（2003 年 10 月）：

第二十七条 对同等条件下小型设施的排除(Exclusion of small installations subject to equivalent measures)

(1) 在与经营者咨询后,满足以下条件的成员国设施可以从共同体体系中免除:

该成员国在下述(a)点要求的通知之前每三年都向权力机构报告此设施排放量少于25 000吨二氧化碳当量(除生物质排放外,且在有燃烧活动的设施中,需要满足其热输出小于35 MW)。另,该成员国还应实施同等措施以保证完成等量的减排量,同时,该成员国还能须满足以下条件:

(a) 成员国向欧盟委员会报告每个设施的情况,并明确同等措施应用于此设施将达到同等减排效果。通知应在执行第十一条(1)款所述列表提交前提交,或最迟在此列表提交于欧盟委员会时提交。

(b) 成员国确认已经具有监测配置,可以在任何日历年内评估是否有任何设施排放超过25 000吨二氧化碳当量(排除生物质排放)。成员国可以为按照第十四条对在2008年到2010年经核查排放量低于5 000吨二氧化碳当量的设施批准实施简化监测、报告和核查措施。

(c) 成员国确认设施在任何日历年排放超过25 000吨二氧化碳当量(排除生物质排放)或可以达到同等减排的措施不再使用的情况下,设施将被重新纳入到共同体体系。

(d) 成员国公布(a)、(b)和(c)点所述信息供公众意见。

如果实施同等措施,医院可以被免除。

(2) 如欧盟委员会在公众意见通知3个月后的6个月内没有提出反对意见,该免除行为将被视为被批准。

在设施包含在共同体体系期间内,设施可以在放弃配额后被免除,同时成员国应不得按照第十a条为该设施继续签发免费配额。

(3) 当设施按照(1)(c)点被重新纳入共同体体系时,任何按照第十a条签发的配额应从重新纳入年开始。向这些设施签发的配额应由成员国从执行第十条(2)款竞价拍卖配额量中扣除。

全部此类设施应在剩余的交易期间内留在共同体体系内。

(4) 对于2008年到2012年包含在共同体体系内的设施,简化的监测、报告和核查要求可以在确定(1)(a)点所述三年排放期间内被应用。

二、条文析义

条文总体解释

1. 目的和依据

本条是关于重点排放单位退出名录条件,以及重点排放单位退出名录职责归属的规定。

2. 内容

本条规定主要包括两个方面的内容:

第一,规定了重点排放单位的退出条件:

"(一)连续二年温室气体排放未达到 2.6 万吨二氧化碳当量的;(二)因停业、关闭或者其他原因不再从事生产经营活动,因而不再排放温室气体的。"

此管理办法第八条明确提出"年度温室气体排放量达到 2.6 万吨二氧化碳当量(综合能源消费量约 1 万吨标准煤)及以上的企业或者其他经济组织"均将纳入全国碳交易市场管理主体。因此不符合此门槛要求的理应退出重点排放单位名录。

需要注意的是,重点排放单位的退出需要"连续二年"温室气体排放未达到 2.6 万吨二氧化碳当量。

第二,规定了重点排放单位退出名录的职责归属于省级生态环境主管部门。

相关建议

第一,此条虽然明确了重点排放单位的退出条件,但与 2020 年 12 月 30 日发布的《2019—2020 年全国碳排放权交易配额总量设定与分配实施方案(发电行业)》中不纳入配额管理机制的判定标准并不一致。考虑到管理办法指导的是包括电力行业在内的八大行业,在很多细节的规定上不如《2019—2020 年全国碳排放权交易配额总量设定与分配实施方案(发电行业)》详细,因此针对发电企业是否应该纳入重点排放单位名单的问题,建议仍参考《2019—2020 年全国碳排放权交易配额总量设定与分配实施方案(发电行业)》中的相关要求。

第二,进一步明确导致重点排放单位退出的其他原因的规定。如,主体仍然存在,所有生产经营设施已经转让,不再占有排放温室气体的设施等,以及重点排放单位合并后,生产设施的转移导致的经营活动不再排放温室气体的情况等。

第三,本条没有明确省级生态环境主管部门对相关温室气体排放单位从重点排放单位名录中移出后的排放监控工作。建议进一步加强移出后的监控工作。在移出后,省级生态环境主管部门应继续进行监控。一旦再符合纳入条件,要重新纳入重点排放单位名录。

第四,本条没有明确省级生态环境主管部门将相关温室气体排放单位从重点排放单位名录中移出的时间、移出后续动作、相关配额的处理方式。为了提高管理办法的可操作性,建议进一步完善相关体系,对移出时间、后续动作、相关配额的处理方式等作出规定。

第十二条

温室气体排放单位申请纳入重点排放单位名录的,确定名录的省级生态环境主管部门应当进行核实;经核实符合本办法第八条规定条件的,应当将其纳入重点排放单位名录。

一、国内外立法例

地方立法例

《上海市碳排放管理试行办法》(2013年11月):
第五条(配额管理制度)
本市建立碳排放配额管理制度。年度碳排放量达到规定规模的排放单位,纳入配额管理;其他排放单位可以向市发展改革部门申请纳入配额管理。
……

二、条文析义

条文总体解释

1. 目的和依据

本条是关于核实重点排放单位的规定,并明确核实重点排放单位申请纳入名录的职责归属于省级生态环境主管部门。

2. 内容

此管理办法第八条已明确规定重点排放单位的纳入要求：属于全国碳排放交易市场覆盖行业、年度温室气体排放量达到 2.6 万吨二氧化碳当量。

因此省级生态环境主管部门应当遵守此规定，严格按照此要求对重点排放单位进行核实。经核实符合本办法第八条规定条件的，应当将其纳入重点排放单位名录。

相关建议

本条没有规定不符合本办法第八条规定条件但自愿申请纳入重点排放单位名录的具体处理规则。基于推动双碳目标实现的原则，建议参照上海的做法，制定鼓励自愿申请纳入重点排放单位名录的相应条款。对于覆盖行业范围内且低于重点排放单位排放标准的企业，也应该鼓励其进入碳交易市场。

第十三条

纳入全国碳排放权交易市场的重点排放单位，不再参与地方碳排放权交易试点市场。

一、国内外立法例

全国立法例

《2019—2020 年全国碳排放权交易配额总量设定与分配实施方案（发电行业）》：

八、其他说明

（一）地方碳市场重点排放单位

对已参加地方碳市场 2019 年度配额分配但未参加 2020 年度配额分配的重点排放单位，暂不要求其参加全国碳交易市场 2019 年度的配额分配和清缴。对已参加地方碳市场 2019 年度和 2020 年度配额分配的重点排放单位，暂不要求其参加全国碳交易市场 2019 年度和 2020 年度的配额分配和清缴。

本方案印发后,地方碳市场不再向纳入全国碳交易市场的重点排放单位发放配额。

二、条文析义

条文总体解释

1. 目的和依据

本条规定了参与全国碳排放交易市场的重点排放单位没有参与相关省(市)地方碳排放交易试点市场的义务。

2. 内容

本条明确了重点排放单位无须重复履行碳排放配额清缴义务。与其他国家不同,中国在建立全国统一的碳市场之前,组织了北京、天津、上海、重庆、湖北(武汉)、广东(广州)、深圳等7个省市进行碳交易试点。每个试点市场由当地的主管部门根据本地情况制定规则。采用地方高度自治的方式,既可以调动地方参与碳市场的积极性,又能使碳市场呈现百花齐放的状态,进而从中选择更优的适用于全国的统一市场模式,为全国碳市场建设提供有益的经验。

当前碳排放交易试点省市都已经建立起了本地区的交易制度体系,需要做好与全国市场的衔接。本条明确规定,参与全国碳排放交易市场的重点排放单位,不重复参与相关省(市)碳排放交易试点市场的排放配额分配和清缴等活动。

3. 适用范围

只适用于全国碳排放配额交易,CCER仍然在各地方市场进行交易。

关键概念解释

从全国来看,根据国家统一部署,2017年中国启动全国性的碳交易市场。碳市场的试点工作在两省五市(广东省、湖北省、北京市、天津市、上海市、重庆市、深圳市)开展,各试点地区正在结合试点经验加紧完善管理体系和交易规则。与此同时,非试点地区也在积极筹备。全国碳排放交易市场启动后,年发放配额约45亿吨,其中70%来自非试点地区。同时,大部分非试点地区碳排放核查统计基础相对薄弱、对碳减排以及碳交易的认识也较为有限。不论从必要性还是紧迫性来看,非试点市场加紧做好参与碳交易市场的准备工作,对于全国碳交易市场建设的顺利推进至关重要。

1. 试点碳市场

2011年10月,国家发改委办公厅下发了《关于开展碳排放权交易试点工作的通知》(发改办气候〔2011〕2601号),批准北京、天津、上海、重庆四大直辖市,外加湖北、广东、深圳等7省市,开展碳排放交易试点工作。2019年,7个试点碳市场陆续出台了碳排放交易相关的新政策,对碳交易机制、监管机制、配额分配机制等进行了调整和完善,使其更科学合理。

中国7个碳交易试点共纳入企事业单位2 000余家,包括高耗能工业企业,及部分试点地区的交通运输业企业,服务业企业和大型公共建筑等,年发放配额合计约12亿吨二氧化碳当量,规模仅次于EU-ETS。目前中国碳配额交易以满足履约需求为主,因此成交集中在履约期前的1—3个月,占全年总成交量的一半左右。这在一定程度上导致"市场拥堵"、配额价格上涨,提高了企业的履约成本。

中国试点碳市场横跨了东、中、西部地区,区域经济差异较大,制度设计上也有区别,导致交易活跃度、价格波动性等市场表现不同,这些试点经验为全国碳交易市场的建设提供了丰富的借鉴。碳交易试点为建设全国碳交易市场建设营造了良好的舆论环境,提升了企业和公众实施碳管理、参与碳交易的理念和行动能力,锻炼培养了人才队伍,推动逐渐形成碳管理产业,更重要的是逐渐摸索出建设符合中国特色的碳交易体系的模式和路径,为设计、建设、运行管理切实可行、行之有效的全国碳交易市场提供了宝贵经验。

一是强化碳交易立法,完善管理机制。碳交易试点工作推进顺利、减排成效显著的地区通常是碳交易立法层级较高、碳市场建设工作管理有力的地区。碳交易立法是碳市场建设的难点和重点,高层级、强有力的碳交易立法为实现碳市场减排目标提供法律保障,不仅确保了碳交易政策的稳定性,使碳市场建设有法可依,还有利于加强对碳交易活动的监管,加强对违规和未履约重点排放单位的处罚力度。另外,碳市场建设是一项复杂的系统工程,涉及部门多,覆盖行业广。各级领导,特别是高层领导应高度重视碳市场建设,建立高效的碳市场建设管理及其协调机制,加强各部门之间及其与企业之间的协同和联动,将有力地推进碳市场建设和稳定发展。

二是强化排放监测,严格排放核查。碳交易的前提是碳排放的准确量化,因此确保碳排放数据质量是碳交易体系的内在要求和生命力保障,而强化排放监测、严格排放核查是确保数据质量的重要手段。强化排放监测应构建分行业、分层级的排放监测技术体系,明确排放监测技术、设备和频率等要求,规范监测工作流程。严格排放核查首先要制定出台严格细化的核查员、核查机构、核查活动管理规范;其次要建立核查全流程监管机制,即建立核查机构内部审核制度,建立核查评估机制,加强事中、事后监管,实现对核查机构、核查员、核查活动的长效化、全流程、标准化监管;再次是严格限制核查机构的经营范围,加强核查行业自律,提高核查机构违规、违法成本,加大处罚力度,杜绝关联交易。

三是合理确定总量,从紧分配配额。配额分配是碳市场建设的核心问题和难点,是重点排放单位最关注的问题。制定排放配额分配方案和开展配额分配工作时,应坚持"效果好、效率高、全透明、相对公平"的原则。采用"自下而上"和"自上而下"相结合的方法确定碳市场总量更适合中国国情,有助于处理好经济发展和碳减排之间的矛盾。配额总量应适度从紧,有助于确保配额的稀缺性。配额分配尽可能采用比较合理的基准线法,初期配额分配应以免费分配为主,在经济相对发达、大气污染治理任务紧迫的地区可尝试部分配额有偿拍卖的方式,有助于推动重点排放单位碳减排以及与大气污染物协同减排,有利于鼓励先进、淘汰落后,有助于防止过多发放排放配额和活跃碳市场。配额分配方法可以结合温室气体控制目标变化和市场建设需求进行调整,但要注意调整的节奏和幅度,需要保持配额分配技术方案的稳定性。

四是构建预警机制,加强市场监管。碳市场政策性强,且与能源、钢铁、石化等基础产业及其市场相关度高,一旦碳市场发生风险,极容易被放大,并引发系统性风险。试点碳市场总体运行平稳有序,但也暴露出潜在的市场风险,包括政策风险、市场操纵风险、舆情风险等。部分试点碳市场虽然制定了风险应急预案,但在具体实施中仍面临着合规使用财政资金、部门协调、实施方责权匹配等问题。全国碳交易市场必须建立各部门协同的风险预警机制,持续跟踪市场情况、及时识别风险、准确评估风险、及时预警风险,建立风险处置预案库并及时有效处置风险,做到防患于未然,将市场风险危害降低到最小程度。

五是加强能力建设,构建成效评估机制。构建能力建设长效机制,编制统一培训教材,加强师资队伍建设,针对管理部门、重点排放单位、核查机构持续开展能力培训,加强培训成效考核评估,不断加强各部门、重点排放单位和核查机构的基础能力。制定科学合理的评价指标体系,评估碳市场顶层设计的合理性,评估碳市场运行的有效性,评估碳市场的减排成效。通过评估分析,发现碳市场基础制度设计与建设、支撑系统建设与运维管理、市场监管中存在的问题,以此为导向,有的放矢,探索有效的解决办法,不断完善碳交易体系[1]。

2. 非试点地方碳市场

在试点碳市场工作开展以来,四川、福建等省非试点地方也在积极发展碳市场。2016年1月,国家发改委发布《关于切实做好全国碳排放权交易市场启动重点工作的通知》,对全国碳交易市场建设,尤其是非试点地区的工作做了具体部署。

2016年12月16日,四川碳市场开市,四川成为全国非试点地区第一个、全国第八个拥有国家备案碳交易机构的省份,交易平台为四川省联合环境交易所。开市当天首批10笔交易363 000吨核证自愿减排量,金额近400万元,平均价格11元/吨。另外,四川省发展改革委与西藏自治区发展改革委碳排放交易市场建设战略合作框架协议以及四川联合环境交易所与16家能力建设培训机构签约。

福建省作为全国首批生态文明建设先行示范区,在完成"规定动作"的同时,积极探索适合本地区实际特点和发展目标的碳交易管理体制。2014年4月,国务院将福建确定为第一个生态文明建设先行示范区,2016年6月,中央深改组通过了《国家生态文明试验区(福建)实施方案》,进一步明确了福建生态文明建设的总体部署。而碳市场无疑是生态文明建设的重要组成部分。2016年12月22日,福建省碳排放交易开市,交易平台为海峡股权交易中心,成为全国第九家自愿减排交易机构。纳入对象为电力、石化、化工、建材、钢铁、有色、造纸、航空、陶瓷9个行业2013年至2015年中任意一年综合能耗达1万吨标准煤(含)的277家企业。首日开盘价33元/吨,最高价35.62元/吨,成交量78.8万吨,成交金额1 828万元。碳市场启动之前,福建林业碳汇产品首发上市,

---

[1] 李俊峰,张昕.全国碳市场建设有七大当务之急[J].中国城市能源周刊,2021-1-14.

发挥森林资源优势,推出在省内碳市场可交易的林业碳汇项目。

相关建议

第一,本条没有明确界定地方碳排放交易试点市场。实际上,除了7个试点省市外,福建等地区也进行了碳交易市场。因此,建议进一步明确纳入全国碳排放交易市场的重点排放单位,不再参与福建等非试点地方的碳排放交易。没有纳入全国碳交易市场的单位可以继续在地方碳市场进行交易,之后逐渐转入全国碳交易市场。

第二,本条没有明确地方碳排放交易试点市场向全国碳排放交易市场过渡的方向。为了推动地方碳排放交易试点市场的持续发展,宜尽快出台具体过渡细则。

第三章 分配与登记

第十四条

生态环境部根据国家温室气体排放控制要求,综合考虑经济增长、产业结构调整、能源结构优化、大气污染物排放协同控制等因素,制定碳排放配额总量确定与分配方案。

省级生态环境主管部门应当根据生态环境部制定的碳排放配额总量确定与分配方案,向本行政区域内的重点排放单位分配规定年度的碳排放配额。

一、国内外立法例

欧盟立法例

欧洲议会和欧盟理事会第 2003/87/EC 号指令(2003 年 10 月):
第九条 共同体内配额数量(Community-wide quantity of allowances)

至 2013 年开始,每年签发的共同体内配额总量应呈线性递减趋势。该趋势应起始于 2008 年到 2012 年时间段的中点。配额分配数量应参照成员国遵循欧盟委员会关于成员国国家分配方案决议在 2008 年到 2012 年间年均配额签发总量的 1.74% 的要求按照线性比例递减。

遵循共同体关于各成员国于 2008 年至 2012 年间国家分配方案的决议,2013 年度共同体内绝对配额总量应由成员国已签发或即将签发的配额数量决定,并且应在 2010 年 6 月 30 日公布。

欧盟委员会应评估线性因子,并在合适的情况下于 2020 年向欧洲议会和欧盟理事会提交修改建议以便在 2025 年可以采纳新的决议。

第九 a 条　共同体内配额数量的修正（Adjustment of the Community-wide quantity of allowances）

(1) 对于按照第二十四条(1)款的要求,在 2008 年到 2012 年间包含在共同体体系内的设施,自 2013 年 1 月 1 日起签发的配额数量应参考设施涵盖在体系内的年均排放签发配额量,并按照第九条的线性函数进行修正。

(2) 对于从 2013 年以后涵盖在共同体体系并开始运营附件一所列活动的设施,成员国应保证设施的经营者向相应权力机构提交已经证明并通过独立核查的排放数据,以便权力机构可参考此数据对应签发的共同体内配额数量进行修正。

任何此类数据应按照第十四条(1)款的要求在 2010 年 4 月 30 日前提交至相应权力机构。

如果所提交的数据可以得到有效保证,权力机构应在 2010 年 6 月 30 日前通知欧盟委员会,同时将预定签发的配额量（已按第九条所述线性因子修正）做相应修正。在设施有二氧化碳以外温室气体排放的情况下,权力机构可因虑及参考设施的减排潜力而报告更少的排放。

(3) 欧盟委员会应在 2010 年 9 月 30 日公布按第一段和第二段要求的修正过的配额量。

(4) 对于按照第二十七条排除在共同体体系以外的设施,2013 年 1 月 1 日签发的共同体内配额数量应作减少,以反映 2008 年到 2012 年期间内此类设施经核查的年均排放。修改应按照第九条所述线性因子完成。

全国立法例

1.《碳排放权交易管理暂行办法》(2014 年国家发改委发布)：

第八条　国务院碳交易主管部门根据国家控制温室气体排放目标的要求,综合考虑国家和各省、自治区和直辖市温室气体排放、经济增长、产业结构、能源结构,以及重点排放单位纳入情况等因素,确定国家以及各省、自治区和直辖市的排放配额总量。

第十三条　省级碳交易主管部门依据第十二条确定的配额免费分配方法和标准,提出本行政区域内重点排放单位的免费分配配额数量,报国务院碳交易主管部门确定后,向本行政区域内的重点排放单位免费分配排放配额。

2.《2019—2020年全国碳排放权交易配额总量设定与分配实施方案(发电行业)》见附录二。

地方立法例

1.《北京市碳排放权交易管理办法(试行)》(2014年5月):

第五条　根据国家和本市国民经济和社会发展计划确定的碳排放强度控制目标,科学设立年度碳排放总量控制目标,核算年度配额总量,对本市行政区域内重点排放单位的二氧化碳排放实行配额管理。

对新建及改扩建固定资产投资项目逐步实施碳排放评价和管理。

第十二条　市发展改革委结合本市碳排放控制目标,根据配额核定方法及核查报告,核定并发放重点排放单位的年度配额;并根据谨慎、从严的原则对重点排放单位配额调整申请情况进行核实,确有必要的,可对配额进行调整。

2.《福建省碳排放权交易管理暂行办法》(2020年8月):

第十条　省人民政府碳排放权交易主管部门根据本省温室气体控制总体目标,结合经济增长、产业转型升级、重点排放单位情况等因素,设定年度碳排放配额总量,制定碳排放配额分配和管理细则,报省人民政府批准后向社会公布。

第十一条　省人民政府碳排放权交易主管部门应当根据行业基准水平、减排潜力和重点排放单位历史碳排放水平等因素,经征求相关行业主管部门意见后,制定碳排放配额具体分配方案;设区的市人民政府碳排放权交易主管部门根据分配方案核定本行政区域重点排放单位的免费分配配额数量,通过注册登记系统向本行政区域的重点排放单位免费发放。

碳排放配额实行动态管理,每年确定一次。

3.《广东省碳排放管理试行办法》(2020年5月):

第十条　本省配额发放总量由省人民政府按照国家控制温室气体排放总体目标,结合本省重点行业发展规划和合理控制能源消费总量目标予以确定,并定期向社会公布。

配额发放总量由控排企业和单位的配额加上储备配额构成,储备配额包括新建项目企业配额和市场调节配额。

第十一条 省生态环境部门应当制定本省配额分配实施方案,明确配额分配的原则、方法,以及流程等事项,经配额分配评审委员会评审,并报省人民政府批准后公布。

配额分配评审委员会,由省生态环境部门和省相关行业主管部门,技术、经济及低碳、能源等方面的专家,行业协会、企业代表组成,其中专家不得少于成员总数的三分之二。

第十二条 控排企业和单位的年度配额,由省生态环境部门根据行业基准水平、减排潜力和企业历史排放水平,采用基准线法、历史排放法等方法确定。

4.《湖北省碳排放权管理和交易暂行办法》(2014年6月):

第十一条 在碳排放约束性目标范围内,主管部门根据本省经济增长和产业结构优化等因素设定年度碳排放配额总量、制定碳排放配额分配方案,并报省政府审定。

碳排放配额总量包括企业年度碳排放初始配额、企业新增预留配额和政府预留配额。

第十三条 每年6月份最后一个工作日前,主管部门根据企业历史排放水平等因素核定企业年度碳排放初始配额,通过注册登记系统予以发放。

5.《上海市碳排放管理试行办法》(2013年11月):

第六条(总量控制)

本市碳排放配额总量根据国家控制温室气体排放的约束性指标,结合本市经济增长目标和合理控制能源消费总量目标予以确定。

……

第七条(分配方案)

市发展改革部门应当会同相关部门制定本市碳排放配额分配方案,明确配额分配的原则、方法以及流程等事项,并报市政府批准。

配额分配方案制定过程中,应当听取纳入配额管理的单位、有关专家及社会组织的意见。

第八条(配额确定)

市发展改革部门应当综合考虑纳入配额管理单位的碳排放历史水平、行业特点以及先期节能减排行动等因素,采取历史排放法、基准线法等方法,确定各单位的碳排放配额。

6.《深圳市碳排放权交易管理暂行办法》(2014年3月):

第十条 本市碳排放权交易实行目标总量控制。全市碳排放权交易体系目标排放总量(以下简称目标排放总量)应当根据国家和广东省确定的约束性指标,结合本市经济社会发展趋势和碳减排潜力等因素科学、合理设定。

第十四条 主管部门应当根据目标排放总量、产业发展政策、行业发展阶段和减排潜力、历史排放情况和减排效果等因素综合确定全市碳排放权交易体系的年度配额总量(以下简称年度配额总量)。

第十七条 管控单位为电力、燃气、供水企业的,其年度目标碳强度和预分配配额应当结合企业所处行业基准碳排放强度和期望产量等因素确定。

管控单位为前款规定以外其他企业的,其年度目标碳强度和预分配配额应当结合企业历史排放量、在其所处行业中的排放水平、未来减排承诺和行业内其他企业减排承诺等因素,采取同一行业内企业竞争性博弈方式确定。

建筑碳配额的无偿分配按照建筑功能、建筑面积以及建筑能耗限额标准或者碳排放限额标准予以确定。

预分配配额原则上每三年分配一次,每年第一季度签发当年度的预分配配额。配额预分配的方法和规则由主管部门制定,报市政府批准后实施,并且应当在主管部门门户网站以及碳排放权交易公共服务平台网站公布。配额预分配的结果由主管部门报市政府批准后下发。

第十八条 主管部门应当预留年度配额总量的百分之二作为新进入者储备配额。

新建固定资产投资项目,预计年碳排放量达到三千吨二氧化碳当量以上的,项目单位应当在投产前向主管部门报告项目碳排放评估情况。主管部门按照该单位所在行业的平均排放水平、产业政策导向和技术水平等因素在投产当年对其预分配配额,待投产年度的实际统计指标数据核准后由主管部门在下一年度重新对其预分配的配额进行调整。

第十九条 主管部门应当在每年5月20日前,根据管控单位上一年度的实际碳排放数据和统计指标数据,确定其上一年度的实际配额数量。

管控单位的实际配额数量按照下列公式计算:

（一）属于单一产品行业的，其实际配额等于本单位上一年度生产总量乘以上一年度目标碳强度；

（二）属于其他工业行业的，其实际配额等于本单位上一年度实际工业增加值乘以上一年度目标碳强度。

主管部门应当根据确定后的实际配额数量，对照管控单位上一年度预分配的配额数量，相应进行追加或者扣减，但追加配额的总数量不得超过当年度扣减的配额总数量。符合本办法第十八条规定情形的管控单位，其配额追加不受此限制，但追加的配额应当来源于新进入者储备配额。

配额调整的具体管理办法由主管部门另行制定，报市政府批准后实施。

7.《天津市碳排放权交易管理暂行办法》（2020年6月）：

第六条　市生态环境局会同相关部门，根据碳排放总量控制目标，综合考虑历史排放、行业技术特点、减排潜力和未来发展规划等因素确定配额总量。

8.《重庆市碳排放权交易管理暂行办法》（2014年3月）：

第七条　本市实行配额总量控制制度。配额总量控制目标在国家和本市确定的节能和控制温室气体排放约束性指标框架下，根据企业历史排放水平和产业减排潜力等因素确定。

第八条　主管部门应当会同相关部门制定本市碳排放配额管理细则，根据配额总量控制目标、企业历史排放水平、先期减排行动等因素明确配额分配的原则、方法及流程等事项。

配额管理细则制定过程中，应当听取市政府有关部门、配额管理单位、有关专家及社会组织的意见。

主管部门在年度配额总量控制目标下，结合配额管理单位碳排放申报量和历史排放情况，拟定年度配额分配方案，通过登记簿向配额管理单位发放配额。

二、条文析义

条文总体解释

1. 目的和依据

本条的目的有三点：一是明确碳排放配额总量确定和配额分配方案制定

的责任主体；二是明确碳排放配额总量确定和配额分配方案的依据与考虑因素；三是明确省级生态环境主管部门向本行政区域内的重点排放单位分配规定年度碳排放配额的职能。

2. 内容

本条规定的主要内容包括以下三个方面：

第一，规定了碳排放配额总量确定和配额分配方案制定的责任主体是生态环境部。

第二，规定了生态环境部制定碳排放配额总量确定和配额分配方案的依据与考虑因素。即生态环境部根据国家温室气体排放控制要求，综合考虑经济增长、产业结构调整、能源结构优化、大气污染物排放协同控制等因素，制定碳排放配额总量确定与分配方案。

第三，规定了省级生态环境主管部门向本行政区域内的重点排放单位分配规定年度碳排放配额的职能。省级环境管理部门只有向本行政区域内的重点排放单位分配规定年度的碳排放配额的权限，没有调整配额的权限。

本条明确了在3060目标下，碳排放配额总量确定、配额分配方案制定和配额分配执行是按照自上而下和自下而上相结合的原则来进行的。由生态环境部制定碳排放配额总量确定与分配方案。然后，省级生态环境主管部门需根据本行政区域内重点排放单位2019—2020年的实际产出量以及本方案确定的配额分配方法及碳排放基准值，核定各重点排放单位的配额数量；将核定后的本行政区域内各重点排放单位配额数量进行加总，形成省级行政区域配额总量。将各省级行政区域配额总量加总，最终确定全国配额总量。最后，省级生态环境主管部门向本行政区域内的重点排放单位分配规定年度的碳排放配额。

关键概念解释

1. 配额总量

配额总量是一国或者地区经济社会在固定时间内（通常为一年），一定覆盖范围内的各种排放源排放的二氧化碳配额总和，代表允许排放的最大额度。一单位配额代表组织或个人可以排放一吨二氧化碳。根据区域范围的不同可以分为国家配额总量和地方配额总量。国家配额总量，是一个国家在一定期间内可以排放的二氧化碳总量。国家配额总量主要是由该国政府根据国际协议下的排放控制义务,确定本国的排放总量。国家配额总量的确定更多体现的是本国利益,而不仅仅是一个科学范畴的问题。一般情况下,国家确定本国的配额总量时会考虑本国的国际义务,自身排放总量和经济发展情况等因素。地方配额总量,是某个地方一定期间内可以排放的二氧化碳总量。地方配额总量主要是由本地政府根据一国的配额总量来进行确定。

碳排放配额总量目标的设定主要涉及到三个方面的关键工作:

一是碳排放配额的总量值确定。总量的多少直接关系到碳市场的运行和排放交易机制减排激励作用的正常发挥。各个区域配额总量的确定,取决于其承担的国际法律义务或自主减排承诺,需根据经济发展与保护环境平衡原则、成本和效益原则,综合考虑各地区温室气体排放、经济增长、产业结构、能源结构、控排企业承受力与竞争力等因素。

二是总量设定的模式。总量确定的方式通常有两种:自上而下和自下而上。自上而下的模式即在顶层设计时,从上面确定一个排放上限或总量,然后下一层面根据上一层面的排放总量来确定其排放总量。目前,欧盟 EU ETS 第三阶段主要采用自上而下的模式。自下而上的模式则是根据下一层面的排放总量或控制目标总量来计算上一层面的排放上限或总量。采用这种方式设定排放总量时,通过先盘查纳入到管控范围的企业的排放总量,再根据原则性的排放总量规定,确定地区或交易圈的排放总量。各试点地区虽然在原则上都规定了确定碳排放总量的方法,但在设定总量时主要还是采用自下而上的模式。

总量设定的方式会对最终设定的总量值产生影响。以 EU ETS 为例。EU ETS 在第一阶段采用了自下而上的总量设定方式,即以企业自报为依据,并且出于对本国企业的保护,在数据核算时也大多倾向于宽松的标准,导致了配额过剩的现象。在第一阶段,EU ETS 配额许可量过度分配了 7.8%,在第二阶段同样过度分配了 7.4%。过量的供应直接带来了碳价的长期低迷,间接导致了欧盟减排措施效率低下和减排技术进步缓慢。

三是总量结构的比例设定。总量结构的比例设定决定了总量中应当包括的既有分配配额部分和储备配额部分。储备配额机制是总量结构设计的必要组成部分,也是进行事后总量调整的主要手段。比如,EU ETS 预留了配额总量的5%,为新进入EU ETS的企业储备,专门用于产能增加的排放配额需求部分。

2. 影响排放因素

(1) 经济发展

经济发展是推动化石能源燃烧进而产生碳排放的主要因素。自改革开放以来,中国经济取得了令人瞩目的成就,中国一跃成为世界第二大经济体。在快速发展过程中,中国已然成为世界上最大的能源消耗和二氧化碳排放国。然而,中国过去的发展过多依赖碳能源的消耗,这是二氧化碳排放量显著增加的重要原因。因此,中国在实现经济平稳增长的同时,必须控制化石能源的使用。需要注意的是,中国各地区之间的能源消耗存在差异性。东部地区呈现高能耗、高收入的发展特征,西部地区虽然呈现高能耗发展态势,但是经济发展质量较低,一方面由于西部地区经济基础较为薄弱,工业基础设施较为落后;另一方面由于东部地区的地理优势,对外贸易频繁,加速了地区现代化进程。

(2) 产业结构调整

产业结构调整不仅是解决环境治理问题与经济结构转型的关键环节,也是协调生态环境与绿色发展的重要路径。第二产业始终是国民经济最主要的产业,对能源消耗的需求量巨大。因此,在发展第二产业的过程中,应加快淘汰落后产能,积极培育和发展科技含量高、能源利用少、经济效益好的新兴产业,走新型的工业化道路。与此同时,优化产业结构,努力促进产业结构调整。积极推进产业结构向节能型、高级化发展,并逐渐从以重工业为主的产业转向以服务业等第三产业为主的产业。

现阶段产业结构调整主要来自清洁行业贡献,环境管制并没有实现污染行业的结构优化。我们应充分认识清洁行业和污染行业结构调整的差异性,采取差异化的环境管制政策。根据清洁行业和污染行业的结构差异性,因地制宜地采取差异化环境政策。对污染行业以行政命令为主,严格控制排污量、提高排放标准、强化排污者责任,将减排目标落实到行业、企业层面,淘汰高污染、高耗能、产能落后的"僵尸企业",以严格的环境管制倒逼企业节能减排、创新清洁生产模式。对清洁行业以激励性环境政策或市场调节机制为主,实现要素资源向清洁行业的重新配置,不断扩大清洁行业规模,逐步实现污染行业向清洁行业和高新技术行业的转型升级[1]。

(3) 能源结构优化

随着中国工业化进程的加快,能源需求也日益增长。然而,以煤炭为主的能源消费结构会对环境带来严重负外部性影响,应对环境污染与气候变暖是全世界面临的共同挑战。优化能源消费结构不但利于实现能源产业协调发展、保证国家能源安全,同时能在一定程度上降低碳排放强度。在明确一个国家未来经济发展所需要的能源需求量后,需要进一步确定增加的能源需求量如何在各种能源上的分配,这就是能源产业结构优化需要解决的问题。

为优化能源结构,首先要制定能够促使低碳经济发展的法律法规,为能源结构优化提供基础。其次要创新能源供应结构及消费结构。能源的不合理供给应用必然会导致整个能源结构发生变化。通过能源消费结构与供应结构的创新,可以更加科学合理地进行能源利用,实现能源利用率的有效提升。在此基础上,促使以往的能源利用情况得以改变,使能源结构的优化更好实现,进而为能源经济发展提供支持与基础。在能源消费方面,应当依据实际需求对各种能源进行充分合理利用,使能源价值充分发挥,从而使能源结构更加科学合理。再次,丰富能源种类,以多种方式发展新能源。在对新能源开发过程中,需要结合当前各种能源应用的实际情况以及社会上对能源的实际需求进行能源开发,推动能源结构的优化[2]。

(4) 大气污染物排放协同控制

a. 中国面临温室气体减排与大气污染物减排的双重压力。

当前,中国已经成为全球温室气体排放量最多的国家,环境保护工作面临着巨大的压力和挑战,特别是大气环境形势总体依然十分严峻,以雾霾、光化学烟雾等污染事件为代表的区域性、复合型大气污染日益突出。不同于欧美发达国家,其低碳发展是继环境质量已经得到了改善之后出现的新问题,而中国当前则需要同时面对环境改善和低碳发展。随着气候变化越来越显著,加之大气污染的程度在加剧,这就使得在选择环境治理措施时,必须采取综合排放政策,双管齐下,同时减少温室气体和污染物的排放。

---

[1] 邓芳芳,王磊.环境管制倒逼产业结构调整的机制研究——基于污染行业与清洁行业分解的新视角[J].生态经济,2020,36(06):142—150.
[2] 王明阳.能源经济及能源结构优化对策[J].科技经济导刊,2019,27(34):102.

b. 碳排放与大气污染物排放的同根同源、相互作用。

以二氧化碳为主的温室气体与大气污染物之间存在着紧密的联系,大气污染与碳排放存在着同根同源、相互作用的重要关系,并且两者之间的防治及应对方法也具有一定的同质性。

一方面,大气污染物通常来自与二氧化碳等温室气体相同的经济活动,化石能源消费是空气污染物、碳排放的主要来源,因此,两者排放(消费)趋势之间存在密切的关系。另一方面,许多空气污染物也会改变辐射强度,导致升温效应,例如,黑炭和甲烷,或冷却效应;例如,二氧化硫排放和随后形成的硫酸盐气溶胶。尽管温室气体减排对于控制大气污染有着重要作用,但并不是完全的正作用关系。在某些特定情况下,改善空气质量的措施可能会导致加剧气候变化。还有一些治理措施需要良好的过程控制,对治理技术要求较高,否则在减少温室气体排放的同时也会增加能源消耗。

考虑到大气污染与碳排放的密切关联与同根同源性,从2013年"大气十条"实施起,中国煤炭消费呈逐年下降趋势,在能源消费总量中的比重持续数年下降,碳排放总量增速基本为零,提前实现了2020年碳排放强度下降40%—45%的承诺,带来了显著的协同减排效益。2015年中国修订通过的《大气污染防治法》首次提出了大气污染物与温室气体协同控制。碳排放与大气污染物排放的同根同源及相互作用,使得以主要大气污染物排放和二氧化碳排放"双减"为目标的协同控制策略成为一项经济有效的环境治理选择。

c. 协同治理的实现路径。

实现大气污染物与温室气体在治理过程中的协同效应,其路径主要围绕三个方面:源头控制、过程控制、末端控制。所谓源头控制,即通过政策制度、宣传号召等降低社会各界对能源消费等高污染、高排放领域的需求,来实现大气污染物与温室气体的协同减排。例如,"十二五"和"十三五"规划中引入了一些行为调整,如绿色消费、低碳生活方式、绿色供应链和循环经济的发展。过程控制即通过清洁生产和技术进步来提高能源利用率,降低化石能源消耗及大气污染物产生量。末端控制指的是加大污染源及排放源的治理制度。末端控制方式不具备成本效益和减少潜力[①]。

---

① 高壮飞.长三角城市群碳排放与大气污染排放的协同治理研究[D].浙江:浙江工业大学,2019:1—9.

相关建议

第一,总量的确定严格按照 3060 目标,按时间点逐步分解。3060 目标是确定全国碳排放交易配额总量的直接依据和最终依据。全国碳排放交易配额总量必须根据 2030 年前中国二氧化碳排放总量达到峰值和 2060 年前实现碳中和的目标确定。控制碳排放总量是全国碳排放交易市场建立的最初和最终的目的,交易是降低减碳社会成本的路径,要摆正两者之间的关系。地方碳市场试点过程中出现了两者的错位,过于强调交易,而忽略了控制碳排放总量的功能。全国碳排放交易市场必须全面树立以服务碳排放总量控制为目的的思路,根据 3060 目标按阶段进行目标和路径分解。3060 目标并不是一个模糊概念,而是一个具体的、清晰的可计算的碳排放总量目标,全国碳排放交易配额总量应该根据纳入全国碳排放交易范围重点排放单位应该承担的减排任务,按照减排时间表和工作任务表进行具体确定,并按时间点逐步分解。

第二,进一步完善目前电力行业的总量确定和碳排放配额分配方案。根据现在的配额分配方案,目前的总量确定和分配方式采用自下而上模式来确定。这种方式不适应于全国的温室气体排放控制。为了实现总体控制目标、更好地执行总量管理,建议总量的确定逻辑逐步由自下而上转向自上而下:可以在 2030 年之前按照自下而上的方式进行;2030 年之后,再采用自上而下的模式。

第三,在年初分配碳排放配额。为提高碳市场流动性,减少碳配额分配时间对碳价格的影响,建议在年初分配碳排放配额。

第十五条

碳排放配额分配以免费分配为主,可以根据国家有关要求适时引入有偿分配。

一、国内外立法例

欧盟立法例

欧洲议会和欧盟理事会第 2003/87/EC 号指令(2003 年 10 月):

第十条　配额竞价拍卖(Auctioning of allowances)

(1) 自2013年起,成员国应将所有未按照第十a条和第十c条免费分配的配额竞价拍卖。到2010年12月31日,欧盟委员会应决定并公开预计竞价拍卖的配额量。

(2) 各成员国竞价拍卖的配额总量应由以下内容组成:

(a) 分发到成员国的88%的竞价拍卖配额总量的分配比例。它应与2005年共同体体系经核查排放的比例或2005年到2007年平均值比例中较高者相同;

(b) 10%的竞价拍卖配额量应以促进共同体团结和发展为目的,分发到特定成员国,因此此类成员国按照(a)点要求进行的所有竞价拍卖配额量将遵循附件二a所列比例提高;

(c) 2%的竞价拍卖配额总量分发特定成员国。此类成员国2005年温室气体排放至少低于该成员国《京都议定书》要求的基准年排放量20%以下。此类分发百分比的细则在附件二b中提供。

按(a)点要求,对于2005年没有参与到共同体体系下的成员国,此类成员国的比例按照其2007年在共同体体系下经核查的排放来计算。

如有必要,(b)点和(c)点所述百分比应成比例修正以保证10%和2%指标的可执行。

(3) 成员国应确定配额竞价拍卖所得收益的使用方式。至少50%由第二段所述竞价拍卖所得收益[包括所有按照第二段(b)点和(c)点所得收益或与其相当的金融价值]应用于以下一个或多个方面:

(a) 降低温室气体排放,包括参与全球能效和可再生能源基金,以及在波兹南气候变化大会(COP14和COP/MOP4)上启动的"适应基金";应对气候变化影响及资助减排和应对气候变化的研发和示范项目,包括参与欧洲战略能源技术计划和欧洲技术平台框架下的倡议;

(b) 开发可再生能源以满足共同体到2020年20%能源来自可再生能源的承诺,并且开发其他技术,完成向安全、可持续和低碳经济的转化,帮助实现共同体到2020年能效提高20%的承诺;

(c) 在认可国际气候变化协议的发展中国家进行避免森林砍伐和提高造林和再造林的措施、技术转移的措施和促进应对气候变化不利影响的措施;

(d) 共同体内的林业碳汇；

(e) 环境安全的二氧化碳捕捉和地质储藏（特别是在固体化石燃料能源基地和一系列的工业行业和子行业，包括第三世界国家）；

(f) 鼓励低排放和公共运输；

(g) 资助本指令包含行业的能效和清洁技术研究和开发；

(h) 为中低收入家庭提供提高能效和热效的服务或在社会关怀层面上提供金融支持的措施；

(i) 支付管理共同体体系的行政开销。

如成员国完成以下政策的制定和执行，则可被视作履行了本款的要求：当成员国执行了财政或金融上的扶持政策（特别包括在发展中国家和国家内部财政政策），且该政策具有金融影响力，能够实现第一段所述与第二段中50%竞价配额拍卖所得等价值的收益[包括第二段(b)点和(c)点所列全部收益]。

成员国应在决议No280/2004/EC要求提交的报告内通告欧盟委员会收益的用途和为满足此段要求所作出的行动。

(4) 至2010年6月30日，欧盟委员会应制定规则来规定竞价拍卖的时间、执行和其他细则，以保证竞价拍卖会以公开、透明、和谐和非歧视性的原则进行。鉴此，竞价拍卖在程序上应该是可预测的（特别在时间、竞价拍卖频率和预计供应配额量上）。

竞价拍卖的设计应保证：

(a) 经营者，特别是共同体体系下包含的任何中小企业，应享有完全、公平和平等的参与权利；

(b) 所有参与者在同时间可以接触到相同信息，参与者不得损害竞价拍卖的运行；

(c) 竞价拍卖的组织和参与应具备成本有效性并且避免不必要的行政费用和

(d) 小规模排放者享有接触到配额的权利。

旨在通过补充方式修改本指令非必要元素的措施，应按照第二十三条(3)款审议通过的法定程序进行。

成员国应报告每次竞价拍卖的执行适当性，特别是公平性和公开性、透明性、价格信息和技术以及运行方面信息。相关报告应在相应竞价拍卖前一个月提交并在欧盟委员会网站上公示。

（5）欧盟委员会应监测每年欧盟碳市场的表现。欧盟委员会应向欧洲议会和欧盟理事会提交报告通报碳市场的表现，报告应包括竞价拍卖的执行、流动性和交易量。如必要，成员国应保证任何相关信息会在欧盟委员会完成报告前两个月提交给欧盟委员会。

第十 a 条　协调免费配额分配的共同体内过渡原则（Transitional Community-wide rules for harmonised free allocation）

......

（4）按照指令 2004/8/EC，应经济、公正且免费地向区域供热和高效热（冷）电联产设施提供配额。在 2013 年以后，供热生产设施所得总配额应按照第九条所述线性因子每年修正。

......

（7）按照第九条和第九 a 条款的规定，2013 年到 2020 年共同体内部配额总量的 5% 应预留给新进入者，这也是向进入者分配配额的最大量。共同体内部配额的储备没有在 2013 年到 2020 年分配于新进入者或未执行此条第八段、第九段和第十段时，应由成员国竞价拍卖，但要考虑到成员国内设施在此储备中受益的程度、第十条（2）款、第十条（4）款以及细节和时间等执行规定。

分配应按照第九条所述线性因子修正。

免费配额不得给予任何新进入的电力生产者。

......

（11）受制于第十 b 条，按照此条第四段到第七段要求在 2013 年免费分配的配额应为按照第一段所述确定数量的 80%。每年的免费分配应等量减少，直到 2020 年只有 30% 的配额以免费的方式分配，到 2027 年不再有免费配额分配。

全国立法例

1.《碳排放权交易管理暂行办法》（2014 年国家发改委发布）：

第九条　排放配额分配在初期以免费分配为主，适时引入有偿分配，并逐步提高有偿分配的比例。

2.《2019—2020年全国碳排放权交易配额总量设定与分配实施方案(发电行业)》：

四、配额分配方法

对2019—2020年配额实行全部免费分配，并采用基准法核算重点排放单位所拥有机组的配额量。重点排放单位的配额量为其所拥有各类机组配额量的总和。

地方立法例

1.《福建省碳排放权交易管理暂行办法》(2020年8月)：

第十二条　碳排放配额初期采取免费分配方式，适时引入有偿分配机制，逐步提高有偿分配的比例。

省人民政府碳排放权交易主管部门通过有偿分配取得的收益缴入省级财政金库，实行收支两条线管理，相关工作所需支出由省级财政统筹安排，用于促进本省减少碳排放以及相关的能力建设。

2.《广东省碳排放管理试行办法》(2020年5月)：

第十三条　控排企业和单位的配额实行部分免费发放和部分有偿发放，并逐步降低免费配额比例。

每年7月1日，由省生态环境部门按照控排企业和单位配额总量的一定比例，发放年度免费配额。

3.《湖北省碳排放权管理和交易暂行办法》(2014年6月)：

第十六条　企业年度碳排放初始配额和企业新增预留配额实行无偿分配，具体分配办法另行制定。

4.《上海市碳排放管理试行办法》(2013年11月)：

第九条(配额分配)

市发展改革部门应当根据本市碳排放控制目标以及工作部署，采取免费或者有偿的方式，通过配额登记注册系统，向纳入配额管理的单位分配配额。

5.《深圳市碳排放权交易管理暂行办法》(2014年3月)：

第十六条　配额分配采取无偿分配和有偿分配两种方式进行。

无偿分配的配额包括预分配配额、新进入者储备配额和调整分配的配额。

有偿分配的配额可以采用拍卖或者固定价格的方式出售。

6.《天津市碳排放权交易管理暂行办法》(2020年6月)：

第七条　市生态环境局会同相关部门根据配额总量,制定配额分配方案。

配额分配以免费发放为主、以拍卖或固定价格出售等有偿发放为辅。拍卖或固定价格出售仅在交易市场价格出现较大波动需稳定市场价格时使用,具体规则由市生态环境局会同相关部门另行制定。

因有偿发放配额而获得的资金,全额缴入市级国库,实行收支两条线管理。

二、条文析义

条文总体解释

1. 目的和依据

为了规定碳排放配额的分配方式,特制定本条。

2. 内容

本条规定的主要内容包括两个方面：

第一,规定了全国碳排放配额分配的分配方式,即以免费分配为主。

第二,规定了可以根据国家有关要求适时引入有偿分配。

配额的分配方式是配额分配的核心,也是各利益方综合意志的体现。分配方式直接决定了企业权利义务的大小,对企业的利益影响重大,有些企业因分配获得了巨大的利益,有些企业则因分配增加了负担。另外,分配方式决定了企业分配的总量能否得到有效控制。分配方式的重要性决定了必须通过法律的方式给予规定。但是,分配的方法是各方利益妥协的产物,体现了不同时期各方实力的角逐。在碳排放交易市场发展初期,政府为了顺利启动市场,对企业采取了妥协和谦让的政策,在分配方式上一般采用免费分配。而在启动一段时间后,逐渐采取部分有偿的分配方式,最终采取全部有偿的拍卖方式进行分配。

关键概念解释

1. 配额分配

碳排放配额分配方法和标准由生态环境部制定公布。配额分配的目的和原则如下：

① 基本目的：确定企业的碳排放目标，实现区域碳排放控制，体现产业结构调整方向。

② 分配单位：碳排放配额——企业在规定时间内允许的二氧化碳排放量，以吨为计量单位。

③ 分配对象：纳入交易范围的重点排放单位。

④ 分配原则：统一分配、兼顾公平与效率、阶段性与渐进性、适应产业结构调整方向。

2. 配额免费分配

免费分配，即政府将碳排放总量通过一定的计算方法免费分配给企业。直观地看，有偿分配似乎比免费分配更能达到激励企业减排的目的，因为有偿分配使得企业支付了成本，而免费分配的过程中企业没有成本支出。但是，这种观点忽略了企业的机会成本，如果企业的减排成本低于市场交易的配额价格，则企业可在通过减排达到配额约束后将免费的配额出售并获得收益。在碳市场有效的情况下，免费分配也可以达到激励减排的目的。从国际经验来看，大部分碳交易体系都没有采取纯粹的拍卖或纯粹的免费分配。

在配额市场建立初期，免费分配比有偿分配更容易推行。由于是无偿取得配额，且剩余的配额又可以到市场上进行交易获得额外收益，因此免费分配在推行过程中容易被现有的碳排放企业所接受。另外，各国温室气体排放约束制度和发展阶段不一致，对于处于国际竞争环境中的本国企业来说，如果竞争对手不需要支付排放成本，本国企业将会在国际竞争环境中处于劣势地位，而免费配额的发放可以帮助本国企业解决这一问题。

免费分配的方法主要有历史法、基准线法、历史强度法等。

(1) 历史法

历史法(也称祖父法)以企业过去的碳排放数据为依据进行分配，一般选取过去 3—5 年的均值来减小产值波动带来的影响。大部分碳交易体系在初期采用历史法进行免费分配。欧盟排放交易体系(EU-ETS)的第一、第二阶段中，绝大部分成员国采用历史法进行分配。东京都碳交易体系也以历史排放量为依据进行配额分配。

历史法的主要优点是：配额免费发放很大程度上削弱了排放企业抵制参

与交易的意愿,同时也刺激了市场主体参与交易的积极性。此外,由于排放主体所获配额总量以其历史排放水平为基准,可以满足企业生产的需求,一般情况下不会给企业的经营带来过大的影响。而且由于碳排放配额可作为有价值的可转让凭证,企业如果降低了排放量,还可以出售剩余的配额以获得利润,这使企业能够充分享受排放交易市场所赋予的减排灵活性。历史法的上述优点,使其成为立法者和排放企业在市场设立初期接受程度最高的配额发放方式,可以有效避免在碳市场建立初期对经济发展产生过大的负面影响。

但是,历史法也存在公平和效率方面的不足。第一,碳排放配额的获得基于企业的历史排放水平,历史排放越多所获排放配额越高。如果企业前期开展了减排行动,反而会导致所获排放配额绝对数量减少。这对于前期开展减排行动的企业是不公平的,无疑将打击企业的自主减排积极性。第二,由于不同行业的排放在一国的排放总量中所占比重不同,其减排潜力存在明显的差异。历史法无法体现行业排放和减排潜力的差异化,不能很好地调动不同行业减排的差异化努力,也难以充分带动市场更好地配置减排资源。第三,对市场新进主体也会存在不公平。与市场已有主体相比,市场新进主体往往倾向于使用最新的技术,也具有更高的能源效率。然而,在历史法的分配方式下,新进主体获取配额反而更难,这对其来说是不公平的。第四,免费发放有悖于污染者付费的环境法基本原则。同时,免费发放的配额包含一定的市场价值,不利于资源流向低碳产业,也不利于低排放技术的研发和推广。

(2)基准线法

基准线法的分配思路与历史法完全不同,减排绩效越好的企业通过配额分配获得的收益就越大。典型的基准线法基于"最佳实践"的原则,基本思路是将不同企业(设施)同种产品的单位产品碳排放由小到大进行排序,选择其中前10%作为基准线(也可以选取前30%成行业平均值,这个比例并不是固定的)。每个企业(设施)获得的配额等于其产量乘以基准线。因此,单位产品碳排放低于基准线的企业(设施)将获得超额的配额,可以在市场上出售;而单位产品碳排放高于基准线的企业(设施)获得的配额不足,将成为买家,从而形成对减排绩效好的企业的奖励。EU-ETS第三阶段开始就对部分免费分配的配额采用基准线分配方法。美国加州碳交易市场的免费配额也是基于这种方法,基准线等于不同企业单位产品碳排放平均值的90%。

相对于"历史法","基准线法"的最大优点就是避免"历史法"中可能会产生"鞭打快牛"效果的缺陷,最大限度地体现了碳配额分配中的公平原则,发挥碳市场激励企业减排的目的。但是实施"基准线法"的难度较大,不仅要考虑如何确定不同行业、不同设施、不同生产流程中的基准值,对企业生产范围、设备数量和计量方式的数据都有很高的要求,容易受主观因素的影响。因此"基准线法"主要应用于工艺流程相对统一、排放标准相对一致的行业,如电力行业。

(3) 历史强度法

历史强度法是指根据排放单位的产品产量、历史强度值、减排系数等分配配额的一种方法。市场主体获得的配额总量以其历史数据为基础,根据排放单位的实物产出量（活动水平）、历史强度值、年度减排系数和调整系数四个要素来计算。如中国部分试点采用的是以前几个年度的二氧化碳平均排放强度作为基准值。该方法介于基准线法和历史总量法之间,是在碳市场建设初期,行业和产品标杆数据缺乏的情况下确定碳配额的过渡性方法。

3. 配额有偿分配

(1) 固定价格法

固定价格法（或称直接购买法）,是指排放主体以固定价格直接向政府购买初始配额。固定价格法是有偿分配的一种方式,这种方式在碳排放交易市场非常少见。该种分配方式具有以下几个特点：一是配额是全部有偿的。政府分配给排放主体的配额全部都是有偿的,排放主体对所有取得的配额都必须购买。二是配额的价格是由政府制定的固定价格。政府根据治理的成本核算出配额的价格,然后按照这个价格固定出售给排放企业。随着治理成本的变化,该价格也可以进行调整。三是排放企业剩余的配额政府可以进行回购。因破产、关停并转、转产等原因没有使用配额的,政府可以以不低于出售的价格进行回购。目前,澳大利亚的配额分配采取的是该分配方式。江苏省的排污权交易计划中配额的初始分配采取的也是固定价格的分配方式。江苏省环保厅出台的《江苏省太湖流域主要水污染物排污权有偿使用和交易试点排放指标申购核定暂行管理办法》规定,所有排放化学需氧量的接管企业都必须到当地环保部门申购排放指标。同时,按照项目通过环评的时间给配额设定了不同的价格。2008年11月20日前,已通过环评审批,年排放化学需氧量在

10吨以上的工业企业,化学需氧量指标按2 250元/吨征收,年排放化学需氧量在10吨以上的接管企业(按污水厂出水浓度核算)、接纳污水中工业废水量大于80%(含80%)的城镇污水处理厂化学需氧量指标按1 300元/吨征收。2008年11月20日及以后,通过环评审批的新、改、扩建项目,排污单位(包括接管企业)新增化学需氧量指标,按4 500元/吨/年征收。直接购买的配额,价格主要是以治污成本为依据计算出来的,所以往往价格比较高,对于企业来说成本压力较高。较高的定价对于排放总量控制和减少起到很大的作用,但是对于市场而言基本上缺乏了交易的空间,无法形成流动性的市场。因此,现有的碳排放交易市场很少采用直接购买方式分配配额。

(2) 配额拍卖

配额拍卖,是指政府通过拍卖的方式出售初始配额。通过拍卖的方式发放碳排放配额,在一定程度上弥补了免费发放的历史法所导致效率和公平的缺失,可以更好发挥出碳交易市场有效配置减排资源的作用。拍卖可以用于买卖或交易独特的单件物品(如艺术品)、不同的多件物品(如通信频段使用权)和多件同质物品(如大宗花卉、电力等)。碳排放配额除了发放的年份以外,并无其他不同。配额发放后,可以在该年使用,或在允许储存的情况下用于将来的年份。这些配额都可能在一次拍卖中售出。因此碳排放配额拍卖属于同质多物品拍卖。

a. 碳排放配额拍卖的优势

与免费分配相比,拍卖分配具有以下优势:第一,有利于提高配额市场的流动性,降低市场参与者风险。在免费分配下,排放主体是无偿取得配额,取得配额后更多的是采取保守的措施,最主要目的在于履约,对于交易的参与、配额的价格以及配额的资产运作并不关心,配额闲置在排放主体手中,在市场中流通的配额很少,造成市场流动性缺乏,市场的价格也不能真实反映供需,碳排放交易市场的作用无法充分发挥。而在拍卖分配情形下,排放主体取得配额时支付了相应成本,排放主体为了降低成本和获得更好的利益,特别注重交易市场的参与,使持有的配额得到最大化的资产利用,从而提高市场流动性。第二,促进价格发现,避免配额价格大幅波动。配额免费分配情况下,配额的价格取决于配额总量,配额总量趋紧,价格就会较高,配额总量趋松,价格就会较低。配额的价格基本上不能反映排放的治理成本,价格的波动巨大。

如欧盟 EU ETS 市场,配额价格最高可达近 100 欧元,最低跌到 1 欧元以下。价格的巨大波动使得排放主体和投资机构的市场预期不明确,导致市场参与度越来越低。第三,防止市场操纵,有利于建立正常的市场秩序。免费分配情形下,配额主要集中在高排放企业,市场流动性欠缺,加大了排放企业操纵市场的风险。第四,有利于激励企业进行减排技术的研发和应用。通过拍卖获取初始配额增加了企业成本,迫使企业不断研发新的减排技术,减少排放。较高的配额价格也诱使企业应用减排技术,或者通过加强能源管理促进减排。

b. 配额拍卖机制设计的标准

有效的碳排放配额拍卖设计或规则应满足两个一般标准:首先,这种机制设计必须能够支持配额市场的运作效率。具体体现为:第一,促进价格发现,即市场将出清价格定在边际减排成本附近的能力;第二,改进配额市场的流动性,通过促进价格发现和减低市场参与者风险,提高市场流动性;第三,避免配额市场价格波动;第四,避免扰动其他市场,例如电力市场、资本市场和商品市场;第五,避免合谋和市场操纵;第六,降低参与拍卖的实际成本,以此增加参与拍卖的人数;第七,鼓励投标者按其真实估价出价,使那些对配额估值最高的人胜出。其次,它必须公平。如果不能满足这两个一般标准,则无法实现碳排放交易的目标。具体体现为:拍卖向较大范围内的参与者开放;拍卖规则和胜出者的确定是透明的;对大、中、小竞价者公平对待。

c. 配额拍卖机制

配额拍卖机制设计对于配额价格以及交易市场有着重要影响,拍卖机制设计需要考虑价格形成机制、出价次数、配额拍卖比例、拍卖配额归属履约期、成交价的确定方式等要素。

要素一是拍卖价格的形成机制。标准类型的拍卖是指在拍卖中,或者是潜在购买者中的最高竞买人获胜,或者是潜在出售方中的最低竞价竞买人获胜。标准类型拍卖一般被分为公开和封闭拍卖。公开拍卖时,投标人会知道自己竞争对手的出价,而在封闭拍卖中投标人则不知道。公开拍卖的案例主要有升价拍卖(即英国式拍卖),也有降价拍卖(即荷兰式拍卖)。封闭式拍卖包括第二价格密封报价拍卖和第一价格密封报价拍卖。拍卖作为一个有吸引力的分配机制必须确保分配效率,同时符合投标人追求私人利益的本质。不同的投标方式,投标人的好恶不一样,最终形成的价格也不一样。

要素二是拍卖的出价次数。允许多轮出价为"动态"拍卖；只允许一次出价为"封闭"拍卖或"静态"拍卖。动态拍卖的特点，在于允许竞价者根据其他竞价者的出价，调整自己的下一轮出价，直至最终完成市场出清。反之，静态拍卖则只有一次出价。也因为这个原因，在静态拍卖中，某一竞标者的出价须让其他竞标者知道，密封提交即可，所以称为"封闭拍卖"。动态拍卖在价格发现上成效更好。但是，如果二级市场运作良好的话，价格发现功能就不必成为碳排放配额拍卖的首要考虑因素。因为价格发现的功能将主要由二级市场承担。并且动态拍卖无论对拍卖者还是竞价者而言，执行起来都更为复杂，管理成本更高。比起动态拍卖，静态拍卖或封闭拍卖由于对于竞价者而言没有重复价格和数量信号出现，因此可以起到约束合谋行为的作用，这一点在参加拍卖的竞价者人数少或竞争性不足时尤为重要。基于这些理由，在中国排放配额拍卖设计的起始阶段，可以选择一轮报价的封闭拍卖，这种拍卖方式有利于鼓励真诚出价、防止共谋行为和市场扭曲，同时具有简约透明的优点，能够更有利于市场公平且特别促进中国小企业的参与[1]。

要素三是配额拍卖的比例。拍卖配额的比例是拍卖中的决定性因素。按照配额拍卖的比例，可以将配额拍卖方式分为部分拍卖和全部拍卖。如果配额全部以拍卖方式出售，投标人的参与度很高，价格也会被推高。而在配额部分免费，部分拍卖的情况下，各投标人参与度就比较低，价格都不是很高。

部分拍卖，是指部分配额通过拍卖的方式发放。在碳排放交易市场启动初期，基本上都采取部分拍卖方式。欧盟 EU ETS 的第一阶段和第二阶段，欧盟允许在有限的程度内拍卖配额。中国地方碳交易试点广东、湖北都在初始分配时进行了拍卖。广东规定，根据配额分配总体方案，每季度组织一次有偿配额竞价发放，发放对象为控排企业、新建项目企业。控排企业每年必须按规定购买足额有偿配额，若累计购买的有偿配额量没有达到规定，其免费配额不可流通且不可用于上缴。该规定在实行一年之后进行了修改，采取控排企业自主决定是否有偿购买。除电力行业外的工业行业控排企业有偿配额购买比例原则上不高于 3%；电力行业控排企业的有偿配额比例将逐步提高，2020 年达到 50% 以上。

---

[1] 张小平.排放权配额拍卖规则的域外经验与中国模式[J].地方立法研究,2019,4(02):70—90.

全部拍卖,即配额全部以拍卖方式出售。欧盟规定,2027年取消全部免费配额,全部实行拍卖。美国区域温室气体行动设计时规划的是免费分配和拍卖相结合的方式,除了几种例外情况外,在执行中各州几乎全部通过拍卖方式。

混合模式即可以随时间的推进逐步提高拍卖的比例,即"渐进混合模式",也可以针对不同的行业采用不同的分配方法,在此称为"行业混合模式"。渐进混合模式在体系建立初期对全部配额,或绝大部分配额进行免费分配,以减少企业的抵触情绪,在碳交易市场运行一段时间以后,逐步提高拍卖的比例,向完全拍卖过渡。渐进混合模式既可以在初期鼓励企业更多地参与碳交易市场,又可以逐步实现碳交易市场设计的经济学初衷。行业混合模式则充分考虑了不同行业的特征,对容易转嫁成本的行业采用拍卖或有偿分配的方式,对碳密集型和容易受竞争力影响的行业则采用免费分配的方式予以补偿,鼓励其参与碳交易市场。两种混合模式都是可行性较强的折中模式。

要素四是拍卖的配额归属履约期。按拍卖的配额归属履约期可分为现货拍卖和预先拍卖。现货拍卖,是指可用于当前履约期的配额拍卖。欧盟的配额拍卖都是现货拍卖。中国地方碳交易试点的配额拍卖也均是现货拍卖。

预先拍卖,是指拍卖未来履约期使用的配额。美国区域温室气体行动第一履行期时,拍卖机构拍卖取得的配额包括了当期现货配额和未来期履约配额,两者各50%。未来期履约配额包括了1/8的提前1年期配额、1/8的提前2年期配额、1/8的提前3年期配额和1/8的提前4年期配额。

要素五是拍卖成交价的确定。即竞价的胜出者是按自己的报价结算还是按他们胜出时市场的出清价格结算。按自己报价结算,被称为"歧视价格"。因为各个竞价者的结算价格不同,所以称为"歧视"。按出清价格结算,被称为"统一价格"。出清价格一般是拍卖胜出者的最低报价或拍卖失败者的最高报价。将上述2×2维度的划分组合起来,得到4种拍卖方式。(需要指出的是,在多轮出价的拍卖中,由于出价的方式不同,又可以进一步区分向上喊价的英式拍卖和向下喊价的荷兰式拍卖。)

国内外相关经验

1. 国内碳配额拍卖实践经验

在7个碳排放交易试点中,上海、湖北、广东、深圳、北京有配额拍卖的实践。其中,拍卖最为活跃、最为常态化的是广东和上海。湖北和深圳迄今只有一次拍卖。总结国内试点市场的碳配额拍卖实践,有以下经验值得全国碳交易市场借鉴:

第一,采用统一价格的封闭拍卖方式。在上海、湖北、广东、深圳、北京5个试点碳市场中,北京、上海、广州、深圳均选择了统一价格的封闭拍卖方式。具体规则如下:在设立拍卖底价的基础上组织一轮集中封闭报价,在底价之上的报价均为有效出价。按报价从高到低的原则,确定哪些竞价者胜出、获得其所申报数量的配额,一直到配额售完为止。此时最低一个报价,如果仍在拍卖底价之上,即为有效的市场出清价格,所有胜出的竞买者,均按此价格而非竞价中的报价结算。

当有效竞买数量小于预定拍卖数量时,北京、上海和深圳认定拍卖有效,按实际竞买数量成交。湖北拍卖规则的精神与此类似。而广东的规则在这个问题上先后采取了不同的处理方法。在2015年9月8日前,亦即《广东省2015年度碳排放配额有偿发放方案》公布之前,这样的竞买有效。而在该方案发布之后,此类竞买无效。

笔者认为,有效竞买数量小于预定拍卖数量时拍卖是否有效的处理,主要出于以下权衡:如果以鼓励交易、活跃市场、筹集收入为优先考虑事项,且拍卖间隔期较长,宜将此类拍卖认定为有效,按实际竞买数量成交;而如果要保证配额的稀缺性、避免市场参与主体误解市场信号且拍卖间隔期较短的话,宜将此类拍卖认定为无效。

第二,拍卖配额功能,不仅可以用于一级市场分配,而且可以发挥二级市场的调节功能。拍卖本是碳排放配额初始分配的一种有偿分配方式。由于拍卖具有向市场输入流动性的功能,因此也可以将拍卖用于调控二级市场。在上海试点碳市场的配额拍卖中,将拍卖的功能限定在初级市场,明确限制竞买的配额只能用于竞买人本单位年度履约清缴,不能用于市场交易;而广东在2014年以后,允许投资机构参与竞价拍卖,并且不限制拍卖后配额的用途,因此活跃二级市场的意图更为明显。

第三,拍卖底价可以依照配额功能而进行差异化设置。在排放配额拍卖中,设置底价有助于降低价格风险,并减少共谋的可能。5个试点都规定拍卖应有底价。底价的设定方式有主观和客观之分。在湖北和2013—2014年的广东,底价是碳排放交易主管机关主观决定的。在上海、后期的广东以及深圳,底价是根据市场行情设定的,体现了一级市场和二级市场的互动,是一种客观设定底价的方法。在北京的规则中,用于配额调整的拍卖其底价不受市场行情约束,而用于市场调控的拍卖则根据市场行情设定底价,体现了用于初期市场的配额拍卖底价主观设定、用于市场调控的配额拍卖底价客观设定的思路,是两种设定底价方式的结合使用,既保留了灵活供给配额的政策空间,又限制了碳排放交易主管部门的自由裁量余地,值得在全国碳交易市场规则设计中吸收采纳。

第四,明确最大交易量的限制规则。统一价格拍卖容易产生囤积行为,因此对最大交易量要有所限制。北京、广东、深圳的拍卖规则中对此均有明确规定,上海则通过限制拍卖所得配额的用途对此进行了间接限制。未来在全国市场拍卖的规则设计中,应当对此予以体现。具体的最大交易量的限制方法,可以根据市场形势、市场结构、交易主体特征等具体设计。

第五,根据市场情况,不断优化拍卖规则。广东碳市场的碳排放配额拍卖最为活跃与其不断动态优化拍卖规则有着密不可分的关系。

在拍卖的强制性要求方面,试点第一年,广东要求所有控排企业都必须参与拍卖,而且只有拍卖了3%的配额后,免费发放的97%的配额才会被激活生效。从第二年开始,只有新建企业才被要求必须参与拍卖才能激活免费配额,对一般控排企业在免费发放(电力行业企业95%,其他行业企业97%)的基础上,可以自愿的方式参与拍卖。

在拍卖底价的设置方面,第一阶段,2013年采用了强制购买政策,快速建立价格信号。受到60元/吨CO_2竞价底价的引导,全年度二级市场配额价格大部分时间维持在50~70元/吨区间。第二阶段,2014年放松了竞价机制管制,建立了配额回收机制,引入机构投资者,采用阶梯上升底价,提高电力企业购买比例。第三阶段,2015年配额有偿发放不设底价,采取政策保留价,通过采用竞价公告日的前三个自然月广东碳市场配额挂牌点选交易加权平均成交价的80%作为2015年度首次竞价的最低有效价格。再如,在2014年4月的拍卖中,360万吨配额分三次拍卖,前一次未售出的配额结转下次,形成一种序贯拍卖。而在2015履约年度,则明确当期未能成功发放的有偿配额,省发展改革委将收回,原则上不再投放市场,从而使连续两次拍卖之间,购买者竞买数量和竞买报价相互干扰、相互影响的概率大幅下降①。

2. 国外碳配额分配实践经验

(1) 欧盟的配额分配方法

欧盟在不同的交易阶段采取不同的分配方式,第一、第二阶段主要采用的是免费分配方式,第三阶段开始采用拍卖为主的分配方式。配额分配方式直接规定在欧盟颁布的排放交易指令中。

在第一、第二阶段(2005—2007年、2008—2012年),各成员国通过"国家分配方案"进行配额分配,欧盟委员会审核(有驳回原方案,并降低配额的权力),以免费分配为主(基于历史排放的"祖父法"),规定第一阶段拍卖最多5%的配额,第二阶段拍卖最多10%的配额,实际分别是0.13%和3%。各成员国被要求在2005年3月31日前提交第一阶段的国家分配方案(实际提交从2005年2月到2006年初),第二阶段要求至少提前18个月提交,欧盟委员会用6个月审查。

在第一阶段和第二阶段,欧盟允许在有限的程度内拍卖配额。《2009排放交易修改指令》规定从第三阶段(2013—2020年)开始拍卖作为配额分配的基本方法。电力行业和碳捕获、运输与储存行业从2013年开始实行全部拍卖。其他行业逐渐降低免费发放比例,提高拍卖比例。欧盟统一的针对其他行业的免费发放(基于基准线法):高能耗且面临国际竞争的行业获得100%免费配额;其他行业获得80%,到2020年免费配额降到30%,2027年取消全部免费配额。

另外,在各成员国之间如何获取拍卖配额的数量。根据指令规定,拍卖的排放配额总数的88%按照各成员国温室气体排放量占欧盟温室气体排放总量的比例分配,排放量的计算以2005年或2005—2007年的平均值中较高的为准;拍卖配额总数的10%以照顾低收入国家和经济快速发展的国家的原则分配,具体分配比例由指令附件Ia列出;剩余的拍卖配额的2%分配至2005年其温室气体排放量较《京都议定书》所规定的基准年排放量至少减排20%的国家。

---

① 张小平.排放权配额拍卖规则的域外经验与中国模式[J].地方立法研究,2019,4(02):70—90.

(2) 美国加州的配额分配方法

加州空气资源委员会通过的《加利福尼亚州总量控制与排放交易规则》规定了配额分配方式,分配方式主要包括免费分配和拍卖。

初始大量免费分配,随时间推移更多地使用拍卖方式来分配。a.电力部门分配。分配到电力输送单位(非发电厂,以避免消费者电价的突然上涨);基于历史排放和销售的"祖父法";要求电力输送单位使用这些配额产生的价值服务于消费者的利益,如账单补贴或其他节能减排措施[①]。b.工业行业分配。大部分免费(以帮助工业实现转型并防止排放转移);基于行业"基准法"和产出(output)分配;将随着对碳价的逐渐适应而减少免费分配,防止排放转移的水平。

除用于配额价格控制储备和免费分配给工业和电力输送部门外,剩余部分将被拍卖(每季度一次)。初期拍卖以单轮、统一价格和暗标拍卖的方式进行,拍卖底价为10美元/吨,未来的拍卖底价以高于通胀率5%的比例提升。

相关建议

第一,加快制定有偿分配的规定。建议将有偿分配作为全国碳交易市场的主要配额分配方式,加快制定有偿分配比例逐步增加的规定,尽快提高有偿分配比例,实现总量控制,提高传统能源的使用成本。

第二,充分发挥拍卖机制的作用。建议尽快通过拍卖机制进行有偿分配,确定拍卖比例、拍卖底价、拍卖方式等关键问题。由于拍卖是一种有效的配额分配方式,建议不再制定配额分配的技术方法,直接通过拍卖来发放配额。

第三,在实施拍卖机制后,定期评估碳交易市场的运行情况,包括拍卖的运作情况、流动性和交易量等,动态调整配额拍卖机制。

第十六条

省级生态环境主管部门确定碳排放配额后,应当书面通知重点排放单位。

---

① Anderson B., Di Maria C. Abatement and allocation in the pilot phase of the EUETS[J]. Environmental and Resource Economics, 2010, 48:83—103.

重点排放单位对分配的碳排放配额有异议的,可以自接到通知之日起七个工作日内,向分配配额的省级生态环境主管部门申请复核;省级生态环境主管部门应当自接到复核申请之日起十个工作日内,作出复核决定。

一、国内外立法例

地方立法例

1.《广东省碳排放管理试行办法》(2020年5月):

第三十条 控排企业和单位对年度实际碳排放量核定、配额分配等有异议的,可依法向省生态环境部门提请复核。对年度实际碳排放量核定有异议的,省生态环境部门应当委托核查机构进行复查;对配额分配有异议的,省生态环境部门应当进行核实,并在20日内作出书面答复。

2.《湖北省碳排放权管理和交易暂行办法》(2014年6月):

第二十二条 企业对碳排放配额分配、抵销或者注销有异议的,有权向主管部门申请复查,主管部门应当在20个工作日内予以回复。

3.《上海市碳排放管理试行办法》(2013年11月):

第十五条(年度碳排放量的审定)

市发展改革部门应当自收到第三方机构出具的核查报告之日起30日内,依据核查报告,结合碳排放报告,审定年度碳排放量,并将审定结果通知纳入配额管理的单位。碳排放报告以及核查、审定情况由市发展改革部门抄送相关部门。

有下列情形之一的,市发展改革部门应当组织对纳入配额管理的单位进行复查并审定年度碳排放量:

(一)年度碳排放报告与核查报告中认定的年度碳排放量相差10%或者10万吨以上;

(二)年度碳排放量与前一年度碳排放量相差20%以上;

(三)纳入配额管理的单位对核查报告有异议,并能提供相关证明材料;

(四)其他有必要进行复查的情况。

二、条文析义

条文总体解释

1. 目的和依据

本条是关于省级生态环境主管部门的配额分配义务、复核义务以及重点排放单位配额分配申诉权的规定。

2. 内容

本条规定的主要内容包括以下三个方面：

第一，规定了省级生态环境主管部门的配额分配通知义务，即省级生态环境主管部门确定碳排放配额后，应当书面通知重点排放单位。

第二，规定了重点排放单位配额分配的申诉权利，增加了企业与政府沟通的渠道，同时为全国碳排放交易市场配额分配和管理相关制度的进一步完善提供支持。重点排放单位对分配的碳排放配额有异议的，可以自接到通知之日起七个工作日内，向分配配额的省级生态环境主管部门申请复核。

第三，规定了省级生态环境主管部门在配额分配复核方面的义务，即省级生态环境主管部门应当自接到复核申请之日起十个工作日内，作出复核决定。

相关建议

第一，进一步完善配额分配的流程。公民享有在健康、舒适和优美的环境中生存和发展的权利，即公民环境权。碳排放配额的分配关系到每个单位及公众的权利。因此，在配额分配方案确定前应有征求意见的程序，征求重点排放单位和公众的意见。此外，建议在确定方案时，充分发挥民主集中制的优势，完善听证等行政流程以及相关立法程序。

第二，进一步明确申请复核的条件和复议的流程。可以参考上海试点碳市场的规定，明确重点排放单位申请复核的条件，以及行政复议的流程。规定在省级生态环境主管部门作出复核决定后，重点排放单位仍有异议的，具有向生态环境部行政复议的权利，并明确相关流程。

第十七条

重点排放单位应当在全国碳排放权注册登记系统开立账户,进行相关业务操作。

一、国内外立法例

欧盟立法例

欧洲议会和欧盟理事会第 2003/87/EC 号指令(2003 年 10 月):

第十九条 注册处(Registries)

(1) 在 2012 年 1 月 1 日后签发的配额应在共同体注册处注册,以便其按照第三段所述委员会规则执行关于维护在成员国所开账户持有、分配、放弃和注销配额的程序。

各成员国应履行《联合国气候变化框架公约》或《京都议定书》授权下的运行指令。

(2) 任何人都可以持有配额。注册处向公众开放,且应分别设立独立账户来记录个人的配额持有情况及配额签发和转移的来源和去向。

......

全国立法例

《碳排放权交易管理暂行办法》(2014 年国家发改委发布):

第十七条 注册登记系统为国务院碳交易主管部门和省级碳交易主管部门、重点排放单位、交易机构和其他市场参与方等设立具有不同功能的账户。参与方根据国务院碳交易主管部门的相应要求开立账户后,可在注册登记系统中进行配额管理的相关业务操作。

地方立法例

《深圳市碳排放权交易管理暂行办法》(2014 年 3 月):

第四十条 持有碳排放配额的管控单位、其他组织和个人应当在登记簿进行注册登记。

管控单位和其他组织办理注册登记时,应当向主管部门提供下列资料:

(一)法人登记证书;

(二)税务登记证书;

(三)法定代表人身份证明;

(四)首席账户代表和一般账户代表的身份证明和联系方式。

法定代表人授权或者委托他人办理的,应当同时提供授权委托书以及办理人的身份证明和联系方式。

第四十一条 个人办理注册登记时,应当向主管部门提供下列资料:

(一)申请人的身份证明;

(二)账户代表身份证明和联系方式。

委托他人办理的,应当同时提供授权委托书以及办理人的身份证明和联系方式。

二、条文析义

条文总体解释

1. 目的和依据

本条是关于重点排放单位配额登记账户开立的规定。

2. 内容

在进行碳交易时,重点排放单位应当开立三个账户:登记账户、资金账户、交易账户。在全国碳排放权注册登记系统开立登记账户,记载其配额情况。相关业务操作只是跟登记系统有关。

注册登记系统中的信息是判断全国碳排放配额归属的最终依据。

首先,重点排放单位、机构和个人向注册登记机构提出开户申请并提交开户资料,注册登记机构审核通过后在注册登记系统开立登记账户。重点排放单位、机构和个人通过登记账户持有全国碳排放配额,该账户用于记录全国碳排放配额的持有、转移、清缴履约和注销等情况以及其他依法应当登记的事项信息。

生态环境部和省级主管部门按照规定,通过注册登记系统将排放配额分配至重点排放单位的登记账户。

关键概念解释

1. 登记账户

碳排放配额登记账户,通过全国碳排放权注册登记系统开立,该账户用于管理政府分配的碳排放配额,并履行碳排放配额清缴义务。重点排放企业每个配额账户设操作管理员1名,拥有本账户的一般权限,负责注册登记系统操作;审核管理员1名,拥有本账户的管理权限,负责注册登记系统操作的审核。该账户开户资料由注册登记机构代为收取和审核。

2. 资金账户

注册登记机构选择符合条件的商业银行作为结算银行,并在结算银行开立交易结算资金专用账户,用于存放结算资金及相关款项。即通过银行将款项从付款单位账户划转入收款单位账户。

3. 交易账户

碳排放配额交易账户由碳排放交易所在全国碳排放权交易系统开立,该账户用于一级市场竞价购买政府有偿发放的碳排放配额和二级市场碳排放交易。控排企业每个交易账户需指定碳排放交易责任人1名,负责交易系统的账户管理与交易操作。该账户开户资料由交易所代为收取和审核。

相关建议

本条仅对重点排放单位的配额登记账户开立作出了规定。建议增加其他主体开立碳排放配额登记账户的相关规定。笔者认为,重点排放单位的登记账户可设置登记科目和交易科目,而其他主体的登记账户只设置交易科目。

第十八条

重点排放单位发生合并、分立等情形需要变更单位名称、碳排放配额等事项的,应当报经所在地省级生态环境主管部门审核后,向全国碳排放权注册登记机构申请变更登记。全国碳排放权注册登记机构应当通过全国碳排放权注册登记系统进行变更登记,并向社会公开。

一、国内外立法例

欧盟立法例

欧洲议会和欧盟理事会第 2003/87/EC 号指令（2003 年 10 月）：

第七条　设施变动（Changes relating to installations）

经营者应向权力机构通报任何改变设施属性和功能的计划，任何扩展或显著降低能力的计划，这些活动可能会被要求更新温室气体排放许可。如必要，权力机构可要求经营者更新温室气体排放许可。在设施经营者身份改变的情况下，权力机构应更新许可以保证新经营者名称和地址的正确性。

全国立法例

《碳排放权交易管理暂行办法》（2014 年国家发改委发布）：

第十五条　重点排放单位关闭、停产、合并、分立或者产能发生重大变化的，省级碳交易主管部门可根据实际情况，对其已获得的免费配额进行调整。

地方立法例

1.《福建省碳排放权交易管理暂行办法》（2020 年 8 月）：

第十六条　重点排放单位因增减设施、合并、分立或者生产发生重大变化等因素，导致碳排放量与年度碳排放量相差 20% 以上的，应当向设区的市人民政府碳排放权交易主管部门报告；设区的市人民政府碳排放权交易主管部门应当对配额进行重新核定，并报省人民政府碳排放权交易主管部门，由省人民政府碳排放权交易主管部门在注册登记系统中对相关信息进行变更登记。

第十七条　重点排放单位注销、停止生产经营或者迁出本省行政区域的，应当在完成关停或者迁出手续前 3 个月内提交所属履约年对应运营期内的碳排放报告和核查报告，并按照要求提交与履约运营期内碳排放量相当的配额。

重点排放单位分立的，应当在完成分立登记之日起 10 个工作日内申请配额的转移登记；未按照规定申请配额转移登记的，原重点排放单位履约义务由分立后的单位共同承担。

重点排放单位合并的,应当在完成合并登记之日起10个工作日内申请配额的转移登记,原重点排放单位履约义务由合并后的单位承担。

2.《广东省碳排放管理试行办法》(2020年5月):

第十四条　控排企业和单位发生合并的,其配额及相应的权利和义务由合并后的企业享有和承担;控排企业和单位发生分立的,应当制定配额分拆方案,并及时报省、地级以上生态环境部门备案。

第十五条　因生产品种、经营服务项目改变,设备检修或者其他原因等停产停业,生产经营状况发生重大变化的控排企业和单位,应当向省生态环境部门提交配额变更申请材料,重新核定配额。

第十六条　控排企业和单位注销、停止生产经营或者迁出本省的,应当在完成关停或者迁出手续前1个月内提交碳排放信息报告和核查报告,并按要求提交配额。

3.《湖北省碳排放权管理和交易暂行办法》(2014年6月):

第十七条　企业因增减设施,合并、分立及产量变化等因素导致碳排放量与年度碳排放初始配额相差20%以上或者20万吨二氧化碳以上的,应当向主管部门报告。主管部门应当对其碳排放配额进行重新核定。

4.《上海市碳排放管理试行办法》(2013年11月):

第十条(配额承继)

纳入配额管理的单位合并的,其配额及相应的权利义务由合并后存续的单位或者新设的单位承继。

纳入配额管理的单位分立的,应当依据排放设施的归属,制定合理的配额分拆方案,并报市发展改革部门。其配额及相应的权利义务,由分立后拥有排放设施的单位承继。

5.《深圳市碳排放权交易管理暂行办法》(2014年3月):

第二十四条　管控单位与其他单位合并的,其配额及相应的权利义务由合并后存续的单位或者新设立的单位承担。

管控单位分立的,应当在分立时制定合理的配额和履约义务分割方案,并在作出分立决议之日起十五个工作日内报主管部门备案。未制定分割方案或者未按时报主管部门备案的,原管控单位的履约义务由分立后的单位共同承担。

第二十五条　管控单位迁出本市行政区域或者出现解散、破产等情形时,应当在办理迁移、解散或者破产手续之前完成碳排放量化、报告与核查,并提交与未完成的履约义务相等的配额。管控单位提交的配额数量少于未完成的履约义务的应当补足;预分配配额超出完成的履约义务部分的百分之五十由主管部门予以收回,剩余配额由管控单位自行处理。

第四十三条　经初始登记的配额或者核证自愿减排量,有下列情形之一的,应当办理转移登记:

(一)买卖;

(二)赠与;

(三)继承;

(四)公司合并、分立导致的转移;

(五)人民法院、仲裁机构判决或者裁定的强制性转移;

(六)依照法律、法规规定作出的其他强制性转移。

第四十四条　因买卖的原因需要办理转移登记的,交易双方应当通过交易机构的交易系统向登记簿提交申请,由登记簿自动完成转移登记。

因买卖以外其他的原因需要办理转移登记的,相关权利人应当向主管部门申请办理非交易转移登记,并提交下列资料:

(一)转移登记申请书;

(二)申请人身份证明;

(三)配额或者核证自愿减排量发生转移的证明材料。

第四十七条　管控单位分立的,应当在完成商事登记之日起十个工作日内申请配额的转移登记;未按规定申请配额转移登记的,原管控单位的履约义务由分立后的单位共同承担。

管控单位合并的,应当在完成商事登记之日起十个工作日内申请配额的转移登记。

6.《天津市碳排放权交易管理暂行办法》(2020年6月):

第十二条　纳入企业解散、关停、迁出本市时,应注销与其所属年度实际运营期间所产生实际碳排放量相等的配额,并将该年度剩余期间的免费配额全部上缴市生态环境局。

纳入企业合并的,其配额及相应权利义务由合并后企业承继。纳入企业分立的,应当依据排放设施的归属,制定合理的配额和遵约义务分割方案,在规定时期内报市生态环境局,并完成配额的变更登记。

7.《重庆市碳排放权交易管理暂行办法》(2014年3月):

第十一条 配额管理单位发生排放设施转移或者关停等情形的,由主管部门组织审定其碳排放量后,无偿收回分配的剩余配额。

二、条文析义

条文总体解释

1. 目的和依据

本条是关于重点排放单位变更登记条件、流程、权力机构的规定。

2. 内容

本条主要规定了以下三个方面的内容:

第一,规定了重点排放单位需要申请变更登记的条件,即重点排放单位发生合并、分立等情形需要变更单位名称、碳排放配额等事项时,需要申请变更登记。

第二,规定了管理重点排放单位变更登记的权力机构。变更登记应当报经所在地省级生态环境主管部门审核后,向全国碳排放权注册登记机构申请。

第三,规定了重点排放单位需要申请变更登记的流程。具体包括:一是报经所在地省级生态环境主管部门审核;二是向全国碳排放权注册登记机构申请变更登记;三是由全国碳排放权注册登记机构通过全国碳排放权注册登记系统进行变更登记,并向社会公开。

关键概念解释

1. 合并

公司的合并,是指两个以上的公司,通过订立合同,依法定程序,合并为一个公司。公司之间合并,可以强化原公司的竞争能力,扩大生产经营规模,促进社会化大生产的发展。

公司合并具有以下法律效力：一是公司的注销、设立和变更。在公司的新设合并和吸收合并中，因参与合并而丧失法人资格的公司，无须进行清算即可进行注销登记；新设立的公司则应重新制定公司章程、召集创立大会，办理相应的设立登记；在公司的吸收合并中，吸收他方而继续存在的公司，因股东、公司资本、公司章程都发生了变化，则应进行相应的变更登记。二是公司权利与义务的概括转让。公司按照法定的条件与程序进行合并时，因合并而注销的公司，其权利与义务一并转移给合并后续存的公司或新设立的公司。续存的公司或新设立的公司承受的权利与义务既包括实体上的权利与义务，也包括程序上的权利与义务。三是公司股东资格的当然继承。公司按照法定的条件与程序进行合并后，参加合并的各公司股东，可以按照合并协议的有关规定，当然转换为合并后续存公司或新设立公司的股东。不同意合并的股东，有权请求公司按合并时的公平价格，收买其持有的股份，放弃合并后续存公司或新设立公司的股东资格。

按照《2019—2020年全国碳排放权交易配额总量设定与分配实施方案（发电行业）》的规定，重点排放单位之间合并的，由合并后存续或新设的重点排放单位承继配额，并履行清缴义务。合并后的碳排放边界为重点排放单位在合并前各自碳排放边界之和。重点排放单位和未纳入配额管理的经济组织合并的，由合并后存续或新设的重点排放单位承继配额，并履行清缴义务。2019—2020年的碳排放边界仍以重点排放单位合并前的碳排放边界为准，2020年后对碳排放边界重新核定。

2. 分立

公司的分立，是指一个公司依法定程序分开设立为两个以上的公司。公司分立主要采取两种方式进行：第一，公司将其部分财产或业务分离出去另设一个或数个新的公司，原公司继续存在，即派生分立。第二，公司将其全部财产分别归于两个以上的新设公司中，原公司的财产按照各个新成立的公司的性质、宗旨、经营范围进行重新分配，原公司解散，即新设分立。

按照《2019—2020年全国碳排放权交易配额总量设定与分配实施方案（发电行业）》的规定，重点排放单位分立的，应当明确分立后各重点排放单位的碳排放边界及配额量，并报其生产经营场所所在地省级生态环境主管部门确定。分立后的重点排放单位按照本方案获得相应配额，并履行各自的清缴义务。

3. 关停或搬迁

除了合并、分立外，重点排放单位如果发生关停或搬迁的，也需要申请变更。按照《2019—2020年全国碳排放权交易配额总量设定与分配实施方案（发电行业）》的规定，重点排放单位关停或迁出原所在省级行政区域的，应在作出决议之日起30日内报告迁出地及迁入地省级生态环境主管部门。关停或迁出前一年度产生的二氧化碳排放，由关停单位所在地或迁出地省级生态环境主管部门开展核查、配额分配、交易及履约管理工作。如重点排放单位关停或迁出后不再存续，2019—2020年剩余配额由其生产经营场所所在地省级生态环境主管部门收回，2020年后不再对其发放配额。

4. 变更

公司变更是指公司设立登记事项中某一项或某几项的改变。公司变更的内容，主要包括公司名称、住所、法定代表人、注册资本、公司组织形式、经营范围、营业期限、有限责任公司股东或者股份有限公司发起人的姓名或名称的变更。

相关建议

本条规定，重点排放单位发生合并、分立等情形需要变更单位名称、碳排放配额等事项的，应当报经所在地省级生态环境主管部门审核。但是，本条没有明确省级生态环境主管部门审核变更的内容及原则，笔者认为，在审核变更时，省级生态环境主管部门根据权利义务一致原则，进行实质性审核，而不是形式性审核。

本条规定，全国碳排放权注册登记机构应当通过全国碳排放权注册登记系统进行变更登记，并向社会公开。笔者认为，应由省级生态环境主管部门向社会公开变更登记，而不是全国碳排放权注册登记机构。

第十九条

国家鼓励重点排放单位、机构和个人，出于减少温室气体排放等公益目的自愿注销其所持有的碳排放配额。

自愿注销的碳排放配额，在国家碳排放配额总量中予以等量核减，不再进行分配、登记或者交易。相关注销情况应当向社会公开。

一、国内外立法例

全国立法例

《碳排放权交易管理暂行办法》(2014年国家发改委发布)：

第二十二条 出于公益等目的,交易主体可自愿注销其所持有的排放配额和国家核证自愿减排量。

地方立法例

《深圳市碳排放权交易管理暂行办法》(2014年3月)：

第四十八条 有下列情形之一的配额,主管部门应当在登记簿及时进行注销：

(一) 当年度配额拍卖中流拍的配额；
(二) 每个配额预分配期结束时价格平抑储备配额中未出售的配额；
(三) 根据本办法第二十五条规定由主管部门收回的配额；
(四) 管控单位用于履约的配额；
(五) 有效期届满的配额；
(六) 市场参与主体自愿注销的配额；
(七) 其他依法应当注销的情形。

核证自愿减排量有下列情形之一的,主管部门应当在登记簿进行扣减,并报国家注册登记簿进行注销：

(一) 管控单位将其用于履约；
(二) 市场参与主体自愿将其注销；
(三) 其他依法应当予以注销的情形。

二、条文析义

条文总体解释

1. 目的和依据

本条是关于配额自愿注销管理的规定。

2. 内容

本条主要规定了以下两个方面的内容：

第一，规定了配额自愿注销的目的，即出于减少温室气体排放等公益目的进行自愿注销。

第二，规定了自愿注销的碳排放配额的处理规则，即自愿注销的碳排放配额，在国家碳排放配额总量中予以等量核减，不再进行分配、登记或者交易。相关注销情况应当向社会公开。

关键概念解释

1. 自愿注销

注销即撤销、消除，取消登记在册的事项。

在碳排放交易中，注销可以分为两类：履约注销和自愿注销。企业在使用碳排放配额后有剩余，或者未使用碳排放配额，可以用于出售。除了出售以外，企业也可以选择自愿注销取得的碳排放配额。对于企业而言，按照注销配额的账面余额将碳排放资产转出。如果企业是自愿注销无偿取得的碳排放配额的，无需作账务处理。

2. 等量核减

核减即审核并进行裁减。这里的等量核减，即在国家碳排放配额总量中减去企业自愿注销的配额量。

相关建议

第一，进一步完善自愿注销的程序与自愿注销数量的规定。本条没有规定自愿注销的程序与自愿注销数量，不利于自愿注销的具体实施。建议首先完善自愿注销的程序。其次，考虑到自愿注销会带来碳排放配额供给的减少，为了防止集中大量自愿注销等极端情况对市场的冲击，需要在规定自愿注销范围时，明确一个合理的自愿注销量。因此，建议完善对自愿注销数量的相关规定，可以将自愿注销数量跟最大持仓量挂钩。

第二，进一步完善自愿注销的鼓励措施。自愿注销行为是应该鼓励的行为，建议完善自愿注销的鼓励措施。对于自愿注销的主体，应开具注销证明。

第四章 排放交易

第二十条

全国碳排放权交易市场的交易产品为碳排放配额,生态环境部可以根据国家有关规定适时增加其他交易产品。

一、国内外立法例

全国立法例

《碳排放权交易管理暂行办法》(2014年国家发改委发布):

第十八条 碳排放权交易市场初期的交易产品为排放配额和国家核证自愿减排量,适时增加其他交易产品。

地方立法例

1.《北京市碳排放权交易管理办法(试行)》(2014年5月):

第十五条

……

交易产品包括碳排放配额、经审定的碳减排量等,本市探索创新碳排放交易相关产品。

2.《福建省碳排放权交易管理暂行办法》(2020年8月):

第十八条 碳排放权交易的产品包括碳排放配额、国家核证自愿减排量以及本省鼓励探索创新的碳排放权交易相关产品等。

3.《湖北省碳排放权管理和交易暂行办法》(2014 年 6 月)：

第二十四条　碳排放权交易市场的交易品种包括碳排放配额和中国核证自愿减排量(CCER)。

鼓励探索创新碳排放权交易相关产品。

4.《上海市碳排放管理试行办法》(2013 年 11 月)：

第十九条(配额交易制度)

本市实行碳排放交易制度，交易标的为碳排放配额。

本市鼓励探索创新碳排放交易相关产品。

碳排放交易平台设在上海环境能源交易所(以下称"交易所")。

5.《深圳市碳排放权交易管理暂行办法》(2014 年 3 月)：

第五十四条　交易所开展的碳排放权交易品种包括碳排放配额、核证自愿减排量和相关主管部门批准的其他碳排放权交易品种。

鼓励创新碳排放权交易品种。

6.《重庆市碳排放权交易管理暂行办法》(2014 年 3 月)：

第二十条　交易品种为配额、国家核证自愿减排量及其他依法批准的交易产品，基准单元以"吨二氧化碳当量(tCO2e)"计，交易价格以"元/吨二氧化碳当量(tCO2e)"计。

二、条文析义

条文总体解释

1. 目的和依据

本条是关于全国碳排放交易市场交易产品的规定。

2. 内容

本条规定了以下三个方面的内容：

第一，规定了全国碳排放交易市场的交易产品是碳排放配额，它既包括本年度履约分配的碳排放配额，也包括重点排放单位以前年度留存的碳排放配额。

第二，规定了全国碳排放交易市场的交易产品是碳排放配额现货，不包括期货、期权等各种金融衍生品。

第三，规定了生态环境部可以根据国家有关规定适时增加其他交易产品。

关键概念解释

1. 碳排放权交易市场

碳排放权交易市场（碳排放交易市场）可分为一级市场和二级市场。一级市场是指配额被政府或监管当局创造并进入市场，政府以拍卖的方式（排除免费分配配额的部分）在市场当中将配额出售；二级市场则是不同的市场参与者，以不同的交易方式，对不同的碳产品进行交易。

二级市场的参与者主要包括履约企业和金融机构。可交易的碳产品则包括配额本身和配额的衍生产品。根据交易产品的不同，碳排放市场又可以分为碳排放配额现货交易市场和衍生品市场。配额一般是在现货市场根据现货买卖价格进行交易，企业或者个人通过经纪商或者碳交易所，或者场外进行直接的相互买卖。碳配额衍生产品则以碳配额期货、期权、远期合约和互换掉期产品等形式在交易所或场外市场进行交易，并由清算机构负责交割和清算。在欧盟和美国的碳市场当中，碳配额的拍卖、现货和期货产品都已经上架并进行交易。

2. 交易产品

虽然当前全国碳排放交易市场的交易产品仅仅是碳排放配额现货。但是，从前期各个碳排放交易试点地区的发展来看，各试点市场的碳交易产品主要包括碳排放配额和核证自愿减排量（CCER）等现货产品，以及在此基础上发展而来的碳金融衍生产品。政府在总量控制的前提下将排放配额发放给各企业；同时，减排成本高的企业也可以通过购买其他企业富余碳排放配额或CCER的方式，从而以最低成本完成减排目标。

（1）配额交易

配额交易指买方直接购买卖方已经获得的碳排放许可配额。这些许可配额是政府部门在《京都议定书》或者其他国内"总量管制和交易制度"之下创建和分配（或拍卖）的指标。不同碳市场之间并不兼容，因此不同的碳市场具有不同的交易品种。例如，《京都议定书》规定的"分配数量单位"（Assigned Amount Units，AAUs）、欧盟排放交易体系规定的"欧盟指标"（European Union Allowances，EUAs）、北京市碳排放权电子交易平台规定的"碳排放配额"

(Beijing Emission Allowance，BEA)、湖北碳排放交易中心规定的"湖北配额"(Hubei Emission Allowance，HBEA)。这种配额交易既具有一定的灵活性，又履行了环保责任，使得法定的参与者能够通过交易，以较小的成本达到减少温室气体排放的要求。

随着越来越多的人将目光投向碳排放市场，碳排放市场需求也迅速扩大，基于碳配额的金融衍生品也不断出现。根据《国务院关于进一步促进资本市场健康发展的若干意见》，国家提出要推动发展碳排放配额等交易工具，银监会发布的《关于构建绿色金融体系的指导意见》中提出了有序发展碳远期、碳掉期、碳期权、碳租赁、碳债券、碳资产证券化和碳基金等碳金融产品和衍生工具，探索研究碳排放配额期货交易的意见。

（2）项目交易

项目交易(Project-based Trade)指买方购买来自某温室气体减排项目活动的排放信用，也就是相比于不执行这个项目而言，该项目的执行能够产生额外的经核证的温室气体减排量。买卖双方主要交易的是《京都议定书》的"清洁发展机制"和"联合履约"项目所产生的"核证减排量"(CERs)和"减排单位"(ERUs)。

中国核证减排量(CCER)指的是采用经国家主管部门备案的方法学，由经国家主管部门备案的审定机构审定和备案的项目产生的减排量，单位为"吨二氧化碳当量"。自愿减排项目减排量经备案后，在国家登记簿登记并在经备案的交易机构内交易。

目前，基于"总量管制和交易制度"的强制碳排放交易市场允许购入一定比例项目产生的"碳信用"来帮助重点排放单位达到排放的合规性，这种机制被称为"抵销机制"。一般来说，只要签发了以项目为基础的信用额，并最终交付了该信用和满足了减排要求，这些信用实质上就等同于许可配额。以项目为基础的信用具有一定的风险，如法规要求、项目开发和执行问题，以及审批时间和费用方面的交易成本。

国内外相关经验

国外尤其是欧盟的碳金融市场机制相对比较成熟，碳金融市场形成了覆盖项目咨询、开发，配额与减排项目上市交易等领域，由项目开发机构、咨询机构、金融机构、能源企业参与的完整链条；推出了排放配额交易、减排项目交易、期货、期权、掉期、碳资产证券化等丰富的金融产品，增强了碳金融市场的流动性。在日益产品多样化的全球碳金融体系中，尤其是欧盟和美国，碳交易市场上约98%的交易量都是来自期货和期权。

1. 碳期货

碳期货是以碳排放配额现货合约为标的资产的期货合约。碳期货合约交易占据了国际碳交易市场近90%的交易额。国际上主要的碳期货产品有以下多种：

一是欧洲气候交易所的碳金融期货合约(ECX CFI)。这是在欧盟排放交易体系下低成本的金融担保工具。二是碳排放配额期货。这是由交易所统一制定、实行集中买卖、规定在将来某一时间和地点交割一定质量和数量的期货标准合约，其价格是在交易所内以公开竞价方式达成的，包括欧盟碳排放配额期货(EUA Futures)、美国的区域温室气体减排配额期货(RGGI Futures)、加州碳排放配额期货(California Carbon Allowance Futures)等。三是经核证的减排量期货(CER Futures)，欧洲气候交易所为了适应不断增长的市场需要而推出，以避免CER价格大幅波动带来的风险。

2. 碳期权

碳期权是指在将来某个时期或者确定的某个时间，能够以某一确定的价格出售或者购买碳排放配额的选择权。该权利的购买方既可以行使在约定期限内买入或卖出标的商品或金融工具的权利，也可以放弃该权利。当买方决定行使该权利时，卖方必须按约定履行义务。如果过了约定的期限，买方未行使权利，则期权作废，交易双方的权利与义务也随之解除。按行使期权的时限不同，碳期权可分为欧式期权和美式期权；按买方行权方向的不同可分为看涨期权和看跌期权；按期权交易的场所不同，可分为场内期权和场外期权。国际上主要的碳期权产品有三类：

一是碳排放配额期货期权，包括欧盟排放配额期货期权(EUA Future Options)、美国的区域温室气体减排配额期权(RGGI Options)、加州碳排放配额期权(California Carbon Allowance Options)等。二是经核证的减排量期货期权(CER Future Options)，包括清洁发展机制下衍生的CER期货看涨或者看跌期权。三是JI机制下衍生的ERU期货看涨或看跌期权。

3. 碳基金

碳基金是指由政府、金融机构、企业或个人投资设立的专门基金,致力于在全球范围购买碳信用或投资于温室气体减排项目,经过一段时期后给予投资者碳信用或现金回报,以帮助改善全球气候变暖。2000年,世界银行发行了首只投资减排项目的碳原型基金(Prototype Found),共募集资金1.8亿美元。世界银行已经与世界各国政府联合推出多只基金,目前,世界银行碳金融单位(CFU)代表参与方管理着12个碳基金和机构:碳原型基金、生物碳基金、西班牙碳基金、社会发展碳基金、意大利碳基金、荷兰CDM机构、荷兰欧洲碳机构、丹麦碳基金、联合国伞形碳机构、欧洲碳基金、森林碳汇合作机构和碳合作机构。目前全球60%的碳基金在碳交易市场从事碳信用指标的买卖,30%的份额以直接融资的方式为相关项目提供资金支持。

除了以上主要的碳金融产品,还有应收碳排放配额的货币化、碳保险等碳金融产品。应收碳排放配额的货币化是CDM市场交易的一种补充,因为原始的CDM交易属于一种远期交易,交易双方只能在项目完成后才能得到回报,这无疑增加了资金的时间成本,而应收碳排放配额货币化的出现,实现了碳排放配额的证券化,增加了资金的流动性和风险。碳衍生产品的保险和担保则是一种为了碳管理项目中所面临风险的金融产品。

相关建议

建议增加相应条款,适时增加金融衍生产品的交易。因为碳金融是碳交易体系应对气候变化,通过市场机制的方式降低碳排放、优化能源结构,促进低碳发展最有效的方式。

碳金融市场对促进全国碳排放交易市场的发展具有以下功能:一是价格发现的功能。碳金融市场配额与减排项目的交易机制逐渐优化,碳期货与期权衍生品的不断创新与发展,不仅可以较好地弥补现货市场流动性不足的缺陷,以多样化的金融产品和金融服务,吸引投资机构,提高活跃程度,而且可以及时、准确地反映碳交易信息,促进合理碳排放配额价格的形成,为碳交易市场的各类参与主体提供决策支持。二是风险规避的功能。由于碳交易市场发展时间短,机制还不成熟与完善,价格波动剧烈,为市场参与主体带来了极大的风险。在碳金融市场,市场交易主体可以通过购买碳期货、期权等金融产品,开展套期保值等方式规避碳交易市场的价格波动风险,从而促进碳交易市场的活跃与发展。三是传递信息、降低交易成本的功能。碳金融可以发挥其中介能力和信息优势,为碳排放配额的使用者和供应者寻找合适的卖家和买家。这一方面解决了买卖双方信息不对称的问题,另一方面也降低了供需双方搜寻和核实成本、监督成本等交易成本。四是融资功能。一般来讲,由于减排项目的资金需求大、投资回收期长,减排企业仅靠自身能力难以筹集到减排项目所需的足额资金,导致减排项目难以正常进行。通过碳金融的发展,引入低碳融资、碳质押、绿色债券、碳资产证券化等碳金融产品,可以为有需求的控排企业在节能减排或绿色发展方面打开更广阔的融资渠道,支持企业开发低碳技术,从而加速企业向低碳经济转型发展。

第二十一条

重点排放单位以及符合国家有关交易规则的机构和个人,是全国碳排放权交易市场的交易主体。

一、国内外立法例

全国立法例

《碳排放权交易管理暂行办法》(2014年国家发改委发布):

第十九条 重点排放单位及符合交易规则规定的机构和个人(以下称交易主体),均可参与碳排放权交易。

地方立法例

1.《北京市碳排放权交易管理办法(试行)》(2014年5月):

第十五条 本市实行碳排放权交易制度,交易主体是重点排放单位及其他自愿参与交易的单位。

……

2.《福建省碳排放权交易管理暂行办法》(2020年8月):

第十九条 碳排放权交易的主体包括纳入碳排放配额管理的重点排放单

位以及其他符合交易规则且自愿参与碳排放权交易的公民、法人或者其他组织。

3.《广东省碳排放管理试行办法》(2014年3月)：

第二十二条　本省实行配额交易制度。交易主体为控排企业和单位、新建项目企业、符合规定的其他组织和个人。

4.《湖北省碳排放权管理和交易暂行办法》(2014年6月)：

第二十三条　碳排放权交易主体包括纳入碳排放配额管理的企业、自愿参与碳排放权交易活动的法人机构、其他组织和个人。

5.《上海市碳排放管理试行办法》(2013年11月)：

第二十一条（交易参与方）

纳入配额管理的单位以及符合本市碳排放交易规则规定的其他组织和个人，可以参与配额交易活动。

6.《深圳市碳排放权交易管理暂行办法》(2014年3月)：

第五十一条　管控单位以及符合本市碳排放权交易规则规定的其他组织和个人，可以参与碳排放权交易活动。

7.《天津市碳排放权交易管理暂行办法》(2020年6月)：

第十九条　纳入企业及符合交易规则规定的机构和个人，依据本办法可参与碳排放权交易或从事碳排放权交易相关业务。

8.《重庆市碳排放权交易管理暂行办法》(2014年3月)：

第二十一条　配额管理单位、其他符合条件的市场主体及自然人可以参与本市碳排放权交易，但是国家和本市有禁止性规定的除外。

二、条文析义

条文总体解释

1. 目的和依据

本条是对参与全国碳排放交易市场交易主体的规定。

2. 内容

本条规定了全国碳排放交易主体的类型包括三类：一是重点排放单位；二是符合国家有关交易规则的机构；三是符合国家有关交易规则的个人。在全国碳排放交易市场发展初期,个人投资者尚不成熟,应在八大重点碳排放产业的主体进入后再行进入。

关键概念解释

1. 交易主体

碳交易主体是指参与碳交易活动,享受权利和承担义务的组织和个人,是碳交易市场的基础性要素。

(1) 交易主体的分类

参与碳交易的市场主体有不同的种类:

一是根据是否直接参与碳交易,可以分为碳交易合同法律关系的主体和非碳交易合同法律关系的主体。碳交易合同法律关系的主体是指碳交易买卖合同的双方当事人,是直接参与碳交易的市场主体,包括碳产品的转让方和受让方。碳产品的转让方可以分为三类:第一类是受排放限额约束,但持有的初始分配额度使用不完的重点排放单位,它们可以通过碳市场将手中的排放指标售出。第二类是通过实施工程治理减排项目、结构调整减排项目和管理减排措施,在完成减排任务的基础上,有多余指标进行排放交易的单位。第三类是暂时不受排放限制约束的经济实体,它们可以将经核证后的减排量出售给排放量超标的交易主体,以获取经济利益。碳产品受让方包括:因实施新、改、扩建项目,将增加碳排放量,并需要获得相应碳排放指标的排放单位;因减排成本较高、区域排放总量指标限制等原因,在满足区域碳排放总量控制的前提下,通过购买碳排放权的方式以满足总量控制目标的排放单位;根据减缓气候变化和经济发展需要出资购买碳排放指标的政府部门,以及支持碳减排而出资购买碳排放指标的民间团体等。

非碳交易合同法律关系的主体是指虽然不是碳交易买卖合同的双方当事人,但为买卖合同的签订提供交易平台、咨询服务、中介服务等的单位,包括碳交易所、各类咨询服务机构、金融机构、监管部门等。其中碳交易所是为碳交易提供交易平台、规范交易模式、制定交易规则的重要市场主体。咨询服务机构包括提供技术咨询、信息服务、碳减排指标核定认证等的专业机构。碳减排指标核定认证机构是独立于买卖双方及其他利益相关方的第三方认证机构。金融机构参与碳交易主要是为碳交易活动提供资金和风险控制。金融机构在活跃市场、提高市场流动性、促进碳配额实际价格的发现、丰富产品组合、提供避险工具等方面都扮演着极为重要的角色。政府部门既可以成为碳交易合同法律关系的主体，也可以成为非碳交易合同法律关系的主体，作为非碳交易合同法律关系的主体主要是参与碳交易市场秩序的管理和引导。

二是根据交易主体地位的不同，可以分为一级市场主体和二级市场主体。一级市场又称初级市场，是市场主体获得碳产品的最初市场，主体包括实施碳排放初始分配的政府部门和获得碳排放初始指标的排放单位，它们之间的关系是管理与被管理、监督与被监督的关系。二级市场是一级市场的延伸和拓展，包括交易所市场和场外市场。二级市场的主体具有广泛性和多元性，各主体之间是横向的平权型关系。

三是根据减排市场的强制程度分为强制减排市场主体、项目减排市场主体和自愿减排市场主体。强制减排市场主体主要是被纳入总量控制计划的排放者、参与到买卖当中来的批发商、零售商、经纪公司、政府及非政府组织等。项目减排市场主体是指买卖来自某碳减排项目活动的排放信用，如买卖双方交易《京都议定书》的"清洁发展机制"和"联合履约"项目所产生的"核证的减排量（CERs）"和"减排单位（ERUs）"。自愿减排市场主体是参与民间自愿碳交易活动的主体。按消费者购买目的，自愿碳市场可以分为抵销市场和非抵销市场。

（2）市场准入

市场主体的准入制度是主体参与碳交易，实际取得权利、承担义务的前提条件，主要是规定市场主体的适格条件，包括市场主体资格的实体条件和取得主体资格的程序条件。碳交易主体资格的实体条件包括权利能力和行为能力，具有一般民事主体的权利能力和行为能力是碳交易主体最基本的要求。碳交易主体资格的程序条件则主要采取许可的形式。碳排放主体和非碳排放主体的适格条件并不相同。对于碳排放主体来说，其主体资格有严格的要求：首先是这些排放者需取得碳排放许可证；其次是排放者的生产活动必须符合国家产业政策和环境功能区总体规划，不能采用国家明令淘汰的生产设备、生产工艺;最后是排放者每年定期进行碳排放备案登记,不存在违法排放和碳交易违约记录。例如,美国RGGI管制的排放源必须取得二氧化碳排放许可才具有排放资格。排放源必须在2009年1月1日之前,或新设排放源正式运作12个月前,向主管机关递交二氧化碳排放许可申请书,获得许可资格后,还须取得排放配额或抵换配额才可以排放二氧化碳。对于非碳排放主体参与碳交易的情况,其主体资格的条件则没有严格的限制。如环境保护团体或个人为抵销或注销购买碳排放配额参与碳交易。政府或有关部门参与碳交易是基于碳市场的宏观调控或用于开展重大项目的建设,以及在符合规定的情况下进行的碳排放配额的无偿收回及回购。

碳交易涵盖的主体范围通常考虑以下因素:一是排放量的大小,能为总体目标的实现做出多大的贡献;二是行业需求量大小,效率如何,能否对市场做出较快的反应;三是是否存在价格传递机制,也就是说成本能否转移;四是行业的能力,是否具备管理能力,保证法律政策目标的实现;五是行业的意愿;六是行业排放数据的可获得性,有成熟的监测技术及手段,保障数据的准确性[①]。

相关建议

本条提出,符合国家有关交易规则的机构和个人,也是全国碳排放交易市场的交易主体。笔者建议,进一步明确本条中"符合国家有关交易规则"具体是指哪些交易规则。笔者认为,应由交易所指定相关交易规则,报生态环境部批准后,出台相关交易规则,明确机构和个人成为全国碳排放交易市场的交易主体的相关规定。

此外,建议进一步完善相关规定,明确金融机构、个人进入碳市场的规则与时间节点,尽快形成多元化的市场主体。多元化的市场主体是碳市场稳定和活跃的基础和前提。国外碳交易市场的实践发展表明,碳市场的分工更加细化,衍生服务拓展迅速,参与碳市场的主体越来越多,参与方式和参与动机也更加复杂。交易主体的多元化既是碳市场运行的规律,也是发展的趋势。

---

① 彭本利,李挚萍.碳交易主体法律制度研究[J].中国政法大学学报,2012,(02):47—53,159.

因此，中国应加快形成多元化的市场主体。

第二十二条

碳排放权交易应当通过全国碳排放权交易系统进行，可以采取协议转让、单向竞价或者其他符合规定的方式。

全国碳排放权交易机构应当按照生态环境部有关规定，采取有效措施，发挥全国碳排放权交易市场引导温室气体减排的作用，防止过度投机的交易行为，维护市场健康发展。

一、国内外立法例

地方立法例

1.《北京市碳排放权交易管理办法（试行）》（2014 年 5 月）：

第十七条　交易应当采用公开竞价、协议转让以及符合国家和本市规定的其他方式进行。

本市适时开展跨区域交易。

2.《福建省碳排放权交易管理暂行办法》（2020 年 8 月）：

第二十条　碳排放权交易应当在省人民政府确定的交易机构内进行，省人民政府碳排放权交易主管部门对其业务实施监督管理。

碳排放权交易应当采用公开竞价、协议转让或者符合国家和本省规定的其他方式进行。

3.《广东省碳排放管理试行办法》（2020 年 5 月）：

第二十条　省生态环境部门采取竞价方式，每年定期在省人民政府确定的平台发放有偿配额。

竞价发放的配额，由现有控排企业和单位、新建项目企业的有偿发放配额加上市场调节配额组成。

第二十四条　配额交易采取公开竞价、协议转让等国家法律法规、标准和规定允许的方式进行。

4.《湖北省碳排放权管理和交易暂行办法》(2014年6月)：

第二十五条　碳排放权交易应当在指定的交易机构通过公开竞价等市场方式进行交易。

5.《上海市碳排放管理试行办法》(2013年11月)：

第二十三条(交易方式)

配额交易应当采用公开竞价、协议转让以及符合国家和本市规定的其他方式进行。

6.《深圳市碳排放权交易管理暂行办法》(2014年3月)：

第二十条　采取拍卖方式出售的配额数量不得低于年度配额总量的百分之三。市政府可以根据碳排放权交易市场的发展状况逐步提高配额拍卖的比例。

管控单位和碳排放权交易市场的投资者可以参加配额拍卖。

配额拍卖的具体管理办法由主管部门另行制定，报市政府批准后实施。

第二十一条　价格平抑储备配额包括主管部门预留的配额、新进入者储备配额和主管部门回购的配额，其中主管部门预留的配额为年度配额总量的百分之二。

价格平抑储备配额应当以固定价格出售，且只能由管控单位购买用于履约，不能用于市场交易。

价格平抑储备配额的具体管理办法由主管部门另行制定，报市政府批准后实施。

第二十二条　主管部门每年度可以按照预先设定的规模和条件从市场回购配额，以减少市场供给、稳定市场价格。

主管部门每年度回购的配额数量不得高于当年度有效配额数量的百分之十。

配额回购的具体管理办法由主管部门另行制定，报市政府批准后实施。

第五十六条　交易应当依法采用现货交易、电子拍卖、定价点选、大宗交易、协议转让等方式进行。

7.《重庆市碳排放权交易管理暂行办法》(2014年3月)：

第二十四条　本市碳排放权交易采用公开竞价、协议转让及其他符合国家和本市有关规定的方式进行。

二、条文析义

条文总体解释

1. 目的和依据

为了明确全国碳排放交易的场所、方式以及全国碳排放交易机构的职责,特制定本条。

2. 内容

本条规定主要包括以下三个方面的内容:

第一,规定了全国碳排放交易的场所,即碳排放交易应当统一通过全国碳排放交易系统在场内进行,禁止场外交易。

第二,规定了全国碳排放交易的方式,即全国碳排放交易可以采取协议转让、单向竞价或者其他符合规定的方式。其中,协议转让包括挂牌协议交易及大宗协议交易。

第三,规定了全国碳排放交易机构的职责。本条规定,全国碳排放交易机构具有维护碳市场健康发展的职责。交易机构应按照生态环境部有关规定,采取有效措施,发挥全国碳排放交易市场引导温室气体减排的作用,防止过度投机的交易行为,维护市场健康发展。

关键概念解释

1. 交易方式

全国碳排放交易按照集中统一原则在交易机构管理的全国碳排放交易系统中进行。根据相关规定,全国碳排放交易可采取单向竞价、协议转让及其他交易方式。

(1) 单向竞价

单向竞价是指一方提出买卖申请,多个对手方按照规定加价或减价后达成一致意见并成交的交易方式。根据商务部、中国人民银行、证监会印发的《商品现货市场交易特别规定(试行)》(商务部令〔2013〕3号),单向竞价是指"一个买方(卖方)向市场提出申请,市场预先公告交易对象,多个卖方(买方)

按照规定加价或者减价,在约定交易时间内达成一致并成交的交易方式"。中国上海、重庆等石化产品交易中心及部分试点碳市场采用单向竞价或类似的交易模式。

在全国碳交易市场,单向竞价是指交易主体向交易机构提出卖出或买入申请,交易机构发布竞价公告,多个意向受让方或者出让方按照规定报价,在约定时间内通过交易系统自主竞价并成交的交易方式。

(2)双向竞价

双向竞价则是指竞价不仅以讨价还价的方式在买卖双方之间展开,买方与买方之间、卖方与卖方之间也进行竞价。如买方愿以一个高于其他买方的价格委托买入一定数量的金融产品,其将获得优先买入权。如卖方愿以低于其他卖方的价格卖出一定数量的金融产品,其将获得优先出售权。因此,买卖双方出价的高低,亦即所谓的价格优先原则是其能否优先成交的先决条件。

(3)协议转让

协议转让是指交易双方协商达成一致意见并确认成交的交易方式。全国碳市场中,协议转让包括挂牌协议交易及大宗协议交易。其中,挂牌协议交易是指交易主体通过交易系统提交卖出或者买入挂牌申报,意向受让方或者出让方对挂牌申报进行协商并确认成交的交易方式。大宗协议交易是指交易双方通过交易系统进行报价、询价并确认成交的交易方式。

2. 投机

按照《新帕尔格雷夫经济学辞典》的定义,投机是指"为了再出售(或再购买)而不是为了使用而暂时买进(或暂时售出)商品,以期从价格变化中获利"的经济行为。由于从价格变化中获利必须把握好买卖时机,因此称之为"投机"。可见,投机是根据对市场的判断,把握机会,利用市场出现的价差进行买卖从中获得利润的交易行为。证券市场上通常把买入后持有较长时间的行为,称为投资,而把短线客称为投机者。

相关建议

第一,本条赋予了全国碳排放交易机构有维护市场健康发展的职责,但没有规定其维护市场健康发展的措施。建议进一步明确全国碳排放交易机构维护市场健康发展的有效措施类型。

第二,考虑到双向竞价交易能增强市场流动性,活跃市场,更有利于碳价格的公平发现,建议全国碳交易市场应逐步由单向竞价交易转向双向竞价交易,充分发挥市场机制的作用。

第三,为了提供碳交易市场的流动性,建议赋予全国碳排放交易机构鼓励交易的职能,并建立流动性提供商制度。流动性提供商既是特定资产的买方又是卖方,也可以直接向市场下达订单。流动性提供商可以确保价格更稳定,对冲市场风险,并增强市场流动性。

第二十三条

全国碳排放权注册登记机构应当根据全国碳排放权交易机构提供的成交结果,通过全国碳排放权注册登记系统为交易主体及时更新相关信息。

一、国内外立法例

全国立法例

《碳排放权交易管理暂行办法》(2014年国家发改委发布):

第二十四条　国家确定的交易机构的交易系统应与注册登记系统连接,实现数据交换,确保交易信息能及时反映到注册登记系统中。

地方立法例

1.《上海市碳排放管理试行办法》(2013年11月):

第二十六条(资金结算和配额交割)

碳排放交易资金的划付,应当通过交易所指定结算银行开设的专用账户办理。结算银行应当按照碳排放交易规则的规定,进行交易资金的管理和划付。

碳排放交易应当通过登记注册系统,实现配额交割。

2.《深圳市碳排放权交易管理暂行办法》(2014年3月):

第五十八条　交易所统一组织交易清算和交收。交易资金实行第三方存管,存管银行应当按照交易所制定的交易规则和其他有关规定进行交易资金的管理与拨付。交易系统与登记薄(簿)应当实现信息互联,及时完成交易品种的清算和交收。

3.《天津市碳排放权交易管理暂行办法》(2013年12月):

第十七条 本市建立碳排放权交易制度。配额和核证自愿减排量等碳排放权交易品种应在指定的交易机构内,依据相关规定进行交易。交易机构的交易系统应及时记录交易情况,通过登记注册系统进行交割。碳排放权交易纳入全市统一公共资源交易平台。

二、条文析义

条文总体解释

1. 目的和依据

本条是关于注册登记机构更新相关信息义务的规定。

2. 内容

本条规定主要包括以下两个方面的内容:

第一,规定了全国碳排放交易机构管理的全国碳排放交易系统提交的成交结果是全国碳排放权注册登记系统更新相关信息的依据。

第二,规定了注册登记机构更新相关信息的义务,即全国碳排放权注册登记机构应当根据全国碳排放交易机构提供的成交结果,通过全国碳排放权注册登记系统为交易主体及时更新相关信息。

全国碳排放权注册登记系统与全国碳排放交易系统是两个相互独立的系统,按照各自管理职能进行系统间的数据交换。交易过程与登记系统无关,登记系统只记录交易的结果。注册登记结算机构按照货银对付的原则,在当日交收时点,根据交易系统的成交结果,以交易主体为结算单位,通过注册登记结算系统进行全国碳排放权与资金的逐笔全额清算交收。实现全国碳排放权持有、转移、清缴履约和注销的登记。

相关建议

本条规定全国碳排放权注册登记机构应当根据全国碳排放交易机构提供

的成交结果来更新相关信息,但没有进一步明确相关细则。笔者认为,应进一步明确全国碳排放交易机构提供的成交结果是全国碳排放权注册登记系统更新相关信息依据。具体原因如下:第一,在交易系统达成的交易原则上不可修改,否则会对全日交易造成混乱。第二,参照证券市场的成熟做法,清算交收责任由登记结算机构承担。因此,在清算交收出现问题时首先由登记结算机构承担交收责任,再向违规方追责,在对交易市场影响最小的前提下,保障当日清算交收的顺利完成。

第二十四条

全国碳排放权注册登记机构和全国碳排放权交易机构应当按照国家有关规定,实现数据及时、准确、安全交换。

一、国内外立法例

全国立法例

《碳排放权交易管理暂行办法》(2014年国家发改委发布):

第二十四条 国家确定的交易机构的交易系统应与注册登记系统连接,实现数据交换,确保交易信息能及时反映到注册登记系统中。

二、条文析义

条文总体解释

1. 目的和依据

为了明确规定碳排放交易中,全国碳排放权注册登记机构和全国碳排放权交易机构的共同义务,特制定本条。

2. 内容

本条规定了全国碳排放权注册登记机构和全国碳排放权交易机构的共同义务,即实现数据及时、准确、安全交换。全国碳排放权注册登记机构是管理登记系统的责任主体,全国碳排放交易机构是管理交易系统的主体。注册登记机构在当日交收时点,根据交易系统的成交结果,以交易主体为结算单位,通过注册登记系统进行全国碳排放权与资金的逐笔全额清算交收,实现全国碳排放权持有、转移、清缴履约和注销的登记。注册登记机构和交易机构之间应按国家有关规定,建立管理协调机制,实现注册登记结算系统与交易系统连接,确保两个系统数据和信息及时、准确、安全、有效交互。

相关建议

本条规定了全国碳排放权注册登记机构和全国碳排放交易机构应当按照国家有关规定,实现数据及时、准确、安全交换。建议进一步明确按照国家哪些规定来实现数据及时、准确、安全交换,并进一步规定注册登记机构和交易机构在数据对接与互联互通方面的职责。

第五章　排放核查与配额清缴

第二十五条

重点排放单位应当根据生态环境部制定的温室气体排放核算与报告技术规范,编制该单位上一年度的温室气体排放报告,载明排放量,并于每年3月31日前报生产经营场所所在地的省级生态环境主管部门。排放报告所涉数据的原始记录和管理台账应当至少保存五年。

重点排放单位对温室气体排放报告的真实性、完整性、准确性负责。

重点排放单位编制的年度温室气体排放报告应当定期公开,接受社会监督,涉及国家秘密和商业秘密的除外。

一、国内外立法例

欧盟立法例

欧洲议会和欧盟理事会第2003/87/EC号指令(2003年10月):

第十四条　排放的监测和报告(Monitoring and reporting of emissions)

(1)至2011年12月31日,按照附件四所列监测和报告原则,欧盟委员会应为附件一所列活动制定排放的检测和报告规则,同时欧盟委员会应为满足第三条3e款或3f款的吨公里数据制定监测和报告规则。监测和报告当中的各温室气体全球变暖潜力值应由欧盟委员会明确。

旨在通过补充方式修改本指令非必要元素的措施,应按照第二十三条(3)款审议通过的法定程序进行。

（2）第一段所述规则应考虑最新和最准确的科学证据，特别是来自联合国政府间气候变化专门委员会（IPC）的证据，同时明确对高耗能工业经营者报告与受到国际竞争产品生产排放报告的要求。规则应明确对信息进行独立核查的要求。

这些要求可以包括与产品生产相关的共同体体系内电力产生的排放水平。

（3）成员国应保证各设施经营者或飞机经营者自2010年1月1日起监测日历年内设施或飞行的排放，并按照第一段所述在各年结束后向权力机构报告。

（4）第一段所述内容可以包括要求使用电子化系统和数据交换格式来协调监测计划、年度排放报告以及经营者、核查者和权力机构之间沟通。

第十五a条　信息披露和专业机密（Disclosure of information and professional secrecy）

成员国和欧盟委员会应保证所有与配额分配量有关的决议和报告，以及排放监测、报告和核查信息在第一时间内披露，以保障信息获取的非歧视性。

除非凭借适用法律、法规或行政条款，包含专业机密的信息可以不为他人或机构披露。

全国立法例

《碳排放权交易管理暂行办法》（2014年国家发改委发布）：

第二十六条　重点排放单位应根据国家标准或国务院碳交易主管部门公布的企业温室气体排放核算与报告指南，以及经备案的排放监测计划，每年编制其上一年度的温室气体排放报告，由核查机构进行核查并出具核查报告后，在规定时间内向所在省、自治区、直辖市的省级碳交易主管部门提交排放报告和核查报告。

地方立法例

1.《北京市碳排放权交易管理办法（试行）》（2014年5月）：

第十条　报告单位应当在规定的时间内按照要求向市发展改革委提交上年度碳排放报告。重点排放单位应当同时报送本年度碳排放监测计划，并按计划组织实施。

2.《福建省碳排放权交易管理暂行办法》（2020年8月）：

第二十五条　重点排放单位应当根据省人民政府碳排放权交易主管部门

发布或者认可的标准，编制上一年度碳排放报告，于每年2月底前经设区的市人民政府碳排放权交易主管部门审核后，报省人民政府碳排放权交易主管部门。不得虚报、瞒报、拒绝履行碳排放报告义务。

省人民政府碳排放权交易主管部门应当利用在线监测平台开展相关工作。

3.《广东省碳排放管理试行办法》(2020年5月)：

第七条　控排企业和单位、报告企业应当按规定编制上一年度碳排放信息报告，报省生态环境部门。

控排企业和单位应当委托核查机构核查碳排放信息报告，配合核查机构活动，并承担核查费用。

对企业和单位碳排放信息报告与核查报告中认定的年度碳排放量相差10%或者10万吨以上的，省生态环境部门应当进行复查。

省、地级以上市生态环境部门对企业碳排放信息报告进行抽查，所需费用列入同级财政预算。

4.《湖北省碳排放权管理和交易暂行办法》(2014年6月)：

第三十三条　每年2月份最后一个工作日前，纳入碳排放配额管理的企业应当向主管部门提交上一年度的碳排放报告，并对报告的真实性和完整性负责。

5.《上海市碳排放管理试行办法》(2013年11月)：

第十二条(报告制度)

纳入配额管理的单位应当于每年3月31日前，编制本单位上一年度碳排放报告，并报市发展改革部门。

年度碳排放量在1万吨以上但尚未纳入配额管理的排放单位应当于每年3月31日前，向市发展改革部门报送上一年度碳排放报告。

提交碳排放报告的单位应当对所报数据和信息的真实性、完整性负责。

6.《深圳市碳排放权交易管理暂行办法》(2014年3月)：

第二十八条　管控单位应当根据本办法的规定提交年度碳排放报告；管控单位属于工业企业的，还应当提交统计指标数据报告。

年度碳排放报告应当由管控单位依据温室气体排放量化、报告标准进行编制，并于每年3月31日前通过本市温室气体排放信息管理系统提交给主管部门。统计指标数据报告应当依据市统计部门的规范要求进行统计、编制，并于每年 3 月 31 日前提交给市统计部门。

管控单位统计指标数据的统计口径应当与碳排放量化、报告、核查的口径保持一致。

管控单位应当在每季度结束后十个工作日内,通过本市温室气体排放信息管理系统提交上一季度的碳排放报告。

第三十条　管控单位应当对其碳排放和统计指标数据报告的真实性、准确性和规范性负责,不得提供虚假数据或者与核查机构互相串通提供虚假数据。管控单位不得连续三年委托同一家碳核查机构或者相同的碳核查人员进行核查。

7.《天津市碳排放权交易管理暂行办法》(2020 年 6 月):

第十四条　本市实施二氧化碳重点排放源报告制度。年度碳排放达到一定规模的企业(以下称报告企业)应于每年第一季度编制本企业上年度的碳排放报告,并于 4 月 30 日前报市生态环境局。报告企业应当对所报数据和信息的真实性、完整性和规范性负责。报告企业排放规模标准由市生态环境局会同相关部门制定。

第十五条　……

纳入企业于每年 4 月 30 日前将碳排放报告连同核查报告以书面形式一并提交市生态环境局。

8.《重庆市碳排放权交易管理暂行办法》(2014 年 3 月):

第十五条　配额管理单位应当在规定时间内向主管部门报送书面的年度碳排放报告,同步通过电子报告系统提交。

配额管理单位对碳排放报告的完整性、真实性和准确性负责。

二、条 文 析 义

条文总体解释

1. 目的和依据

本条是关于重点排放单位温室气体排放报告编制与报送义务的规定。为了明确温室气体排放报告编制主体的编制义务,排放报告的规范性要求,年度温室气体排放报告定期公开的要求,特制定本条。

2. 内容

本条明确了温室气体排放报告编制与报送义务的相关规定,主要内容包括以下六个方面:

第一,规定了温室气体排放报告的编制主体,即重点排放单位是温室气体排放报告的编制主体。

第二,规定了温室气体排放报告的编制频率,即每年编制其上一年度的温室气体排放报告。

第三,规定了温室气体排放报告的报送时间和接收机构,即每年3月31日前报生产经营场所所在地的省级生态环境主管部门。

第四,规定了温室气体排放报告所涉数据的保存时间:排放报告所涉数据的原始记录和管理台账应当至少保存五年。

第五,规定了温室气体排放报告的规范性要求与责任主体。温室气体排放报告应具备真实性、完整性、准确性,重点排放单位对排放报告的真实性、完整性、准确性负责。

第六,规定了温室气体排放报告的公开要求。年度温室气体排放报告应当定期公开,接受社会监督,涉及国家秘密和商业秘密的除外。

关键概念解释

1. 温室气体排放报告编制

温室气体排放报告编制是重点排放单位按照国家下发的《温室气体排放报告核算与核查指南》的要求和规定,编制本单位的温室气体排放报告,为碳排放配额的分配提供数据支持。温室气体排放报告的主要内容如下:

(1) 报告主体基本信息

报告主体基本信息应包括报告主体名称、报告年度、单位性质、所属行业、组织或分支机构、地理位置(包括注册地和生产地)、成立时间、发展演变、法定代表人、填报负责人及其联系方式等。对企业法人边界、产品及生产工艺流程,以及排放源识别过程和结果的详细说明(必要时请附表和图)。

(2) 温室气体排放量

报告主体应以二氧化碳当量的形式报告本企业在整个报告期内的温室气

体排放总量,并分别以质量单位报告化石燃料燃烧二氧化碳排放量、碳酸盐使用过程二氧化碳排放量、工业废水厌氧处理甲烷排放量、甲烷回收与销毁量、二氧化碳回收利用量、企业净购入电力和热力隐含的二氧化碳排放量,以及指南未涉及但二氧化碳当量排放对报告主体温室气体排放总量的贡献大于1%的其他排放源。

(3) 活动水平数据及来源说明

报告主体应结合核算边界和排放源的划分情况,分别报告所核算的各个排放源的活动水平数据,并详细阐述它们的监测计划及执行情况,包括数据来源或监测地点、监测方法、记录频率等。

(4) 排放因子数据及来源说明

报告主体应分别报告各项活动水平数据所对应的含碳量或其他排放因子计算参数,如实测则应介绍监测计划及执行情况,否则说明它们的数据来源、参考出处、相关假设及其理由等。

(5) 其他希望说明的情况

分条阐述企业希望在报告中说明的其他问题或对报告指南的修改建议。

2. 核查指南

为加强企业温室气体排放控制,规范全国碳排放交易市场发电行业重点排放单位的温室气体排放核算与报告工作,生态环境部组织编制了国家环境保护标准《企业温室气体排放核算方法与报告指南发电设施(征求意见稿)》。

该指南制定的目的是加强企业温室气体排放控制,规范全国碳排放交易市场发电行业重点排放单位的温室气体排放核算与报告工作。该指南规定了发电设施的温室气体排放核算边界与排放源、化石燃料燃烧排放核算要求、购入电力排放核算要求、排放量汇总计算、生产数据核算要求、监测计划技术要求、数据质量管理要求、排放定期报告要求等。

相关建议

第一,本条规定了重点排放单位编制的年度温室气体排放报告应当定期公开,但没有规定公开的地点和时间,建议进一步明确排放报告公开地点、时间等具体规定。

第二,本条没有规定排放报告查询的相关规则,建议进一步明确。

第二十六条

省级生态环境主管部门应当组织开展对重点排放单位温室气体排放报告的核查，并将核查结果告知重点排放单位。核查结果应当作为重点排放单位碳排放配额清缴依据。

省级生态环境主管部门可以通过政府购买服务的方式委托技术服务机构提供核查服务。技术服务机构应当对提交的核查结果的真实性、完整性和准确性负责。

一、国内外立法例

欧盟立法例

欧洲议会和欧盟理事会第2003/87/EC号指令（2003年10月）：
第十五条　核查和任命（Verification and accreditation）
成员国应保证经营者和飞机经营者按照第十四条（3）款要求所提交的报告已经按照附件五所列指标和欧盟委员会按照此条制定的条款核查，且已告知权力机构。

至每年3月31日，成员国应保证若其报告未能按照附件五所列指标和欧盟委员会按照此条制定的条款在当年取得满意的核查结果，则该经营者和飞机经营者不得继续转移配额。该限制一直持续到经营者或飞机经营者的报告得到满意核查结果为止。

欧盟委员会可以为飞机经营者执行第十四条（3）款所述和应用第三条3e和3f所述核查制定细则（包括第二十三条（2）款所述规则程序）。

至2011年12月31日，欧盟委员会应基于附件五所列原则制定排放报告核查细则，并指导核查者。为保证授权机构之间的相互认可和同行评价，欧盟委员会应尽量明确对核查者的任命和取消任命的条件。

旨在通过补充方式修改本指令非必要元素的措施，应按照第二十三条（3）审议通过的法定程序进行。

全国立法例

《碳排放权交易管理暂行办法》(2014年国家发改委发布):

第三十条　省级碳交易主管部门应每年对其行政区域内所有重点排放单位上年度的排放量予以确认,并将确认结果通知重点排放单位。经确认的排放量是重点排放单位履行配额清缴义务的依据。

地方立法例

1.《北京市碳排放权交易管理办法(试行)》(2014年5月):

第十一条　市发展改革委应当对符合本市规定条件的第三方核查机构予以备案,建立第三方核查机构目录库,并加强动态管理。

重点排放单位应当委托目录库中的第三方核查机构对碳排放报告进行核查,并按照规定向市发展改革委报送核查报告。

第三方核查机构应当按照相关规定开展核查工作。

2.《福建省碳排放权交易管理暂行办法》(2020年8月):

第二十六条　省人民政府碳排放权交易主管部门可以委托第三方核查机构对重点排放单位的碳排放报告进行第三方核查。重点排放单位应当配合第三方核查机构开展核查工作,并按照要求提供相关材料,不得拒绝、干扰或者阻挠。

第三方核查机构应当按照省人民政府碳排放权交易主管部门的要求开展碳排放核查工作,出具核查报告,并履行保密义务。核查报告应当真实准确。

省人民政府碳排放权交易主管部门可以对核查报告进行抽查。核查、抽查费用从省级一般公共预算中予以安排。

3.《广东省碳排放管理试行办法》(2020年5月):

第八条　在本省区域内承担碳排放信息核查业务的专业机构,应当具有与开展核查业务相应的资质,并在本省境内有开展业务活动的固定场所和必要设施。

从事核查专业服务的机构及其工作人员应当依法、独立、公正地开展碳排放核查业务,对所出具的核查报告的规范性、真实性和准确性负责,并依法履行保密义务,承担法律责任。

4.《湖北省碳排放权管理和交易暂行办法》(2014年6月)：

第三十四条　主管部门委托第三方核查机构对纳入碳排放配额管理的企业的碳排放量进行核查。

第三十五条　第三方核查机构应当独立、客观、公正地对企业的碳排放年度报告进行核查，在每年4月份最后一个工作日前向主管部门提交核查报告，并对报告的真实性和完整性负责。

5.《上海市碳排放管理试行办法》(2013年11月)：

第十三条(碳排放核查制度)

本市建立碳排放核查制度，由第三方机构对纳入配额管理单位提交的碳排放报告进行核查，并于每年4月30日前，向市发展改革部门提交核查报告。市发展改革部门可以委托第三方机构进行核查；根据本市碳排放管理的工作部署，也可以由纳入配额管理的单位委托第三方机构核查。

在核查过程中，纳入配额管理的单位应当配合第三方机构开展工作，如实提供有关文件和资料。第三方机构及其工作人员应当遵守国家和本市相关规定，独立、公正地开展碳排放核查工作。

第三方机构应当对核查报告的规范性、真实性和准确性负责，并对被核查单位的商业秘密和碳排放数据负有保密义务。

6.《深圳市碳排放权交易管理暂行办法》(2014年3月)：

第二十九条　管控单位在提交年度碳排放报告后，应当委托碳核查机构对碳排放报告进行核查，并于每年4月30日前向主管部门提交经核查的碳排放报告。

管控单位应当于每年5月10日前将经市统计部门核定后的统计指标数据提交给主管部门。

市统计部门可以委托统计指标数据核查机构对管控单位提交的统计指标数据报告进行核查。

7.《天津市碳排放权交易管理暂行办法》(2020年6月)：

第十五条　本市建立碳排放核查制度。第三方核查机构有权要求纳入企业提供相关资料、接受现场核查并配合其他核查工作，对纳入企业的年度排放情况进行核查并出具核查报告。

纳入企业不得连续三年选择同一家第三方核查机构和相同的核查人员进

行核查。

纳入企业于每年 4 月 30 日前将碳排放报告连同核查报告以书面形式一并提交市生态环境局。

8.《重庆市碳排放权交易管理暂行办法》(2014 年 3 月)：

第十六条　主管部门在收到碳排放报告后 5 个工作日内委托第三方核查机构(以下简称核查机构)进行核查,核查机构应当在主管部门规定时间内出具书面核查报告。

在核查过程中,配额管理单位应当配合核查机构开展工作,如实提供有关文件和资料。核查机构及其工作人员应当遵守国家和本市相关规定,独立、客观、公正地开展核查工作。

核查机构应当对核查报告的规范性、真实性和准确性负责,并对配额管理单位的商业秘密和碳排放数据保密。

二、条文析义

条文总体解释

1. 目的和依据

为了明确重点排放单位温室气体排放报告核查的主体、核查结果的用途、委托核查的要求,特制定本条。

2. 内容

本条规定主要包括以下三个方面的内容：

第一,规定了核查工作的组织者。本条规定,省级生态环境主管部门是组织核查重点排放单位温室气体排放报告的主体,并有义务将核查结果告知重点排放单位。

第二,规定了核查的实施方式,确立了第三方核查制度。本条规定,省级生态环境主管部门可以根据需要,以政府购买服务的方式委托技术服务机构提供核查服务。技术服务机构应当对提交的核查结果的真实性、完整性和准确性负责。

第三,规定了被核查主体的义务。本条明确规定,核查结果应当作为重点排放单位碳排放配额清缴依据。

关键概念解释

1. 碳核查

碳核查是指第三方服务机构根据约定的核查准则对参与碳排放交易的碳排放管控单位的温室气体排放报告进行系统的、独立的评价，并形成文件的过程。重点排放单位每年要在规定时间内向主管部门提交配额或者核证自愿减排量，所提交的配额数量及其可使用的核证自愿减排量之和与其上一年度实际碳排放量相等的，视为完成履约义务。

（1）碳核查的意义

核查结果可作为确定企业碳排放配额的依据，是企业每年完成履约的重要环节，有助于企业履行社会责任，提高社会形象；具有核证效力，是企业进行碳排放交易的依据，为参与国内碳交易做准备；在组织层面对温室气体排放量进行准确的评价，并进行综合控制和管理，有利于企业的发展；有助于企业建立温室气体排放管理体系，有效管理减少重点排放环节的排放。

（2）企业开展碳核查的收益

在碳核查过程中，建立切合企业实际的温室气体管理体系，提高企业量化、监测和报告温室气体排放的有效性；获得准确完整的企业温室气体排放报告及温室气体管理体系（ISO14064）认证，提升企业形象及企业品牌价值；提高了应对国家及地区政策的风险的能力；提高了企业碳管理的能力；发现降低温室气体排放量及能源消耗的潜在机会，降低企业运行成本。

2. 核查委托

碳排放交易是一种"创建市场"的减排政策工具。与其他交易不同的是，"碳资产"产生的重要前提是人为对碳排放总量进行设定和对排放主体的有效监测。为了保证市场上交易的每一吨碳配额具有同质性，必须通过一定的监测与核查制度对排放主体的实际排放量进行有效监测和核查，以确保排放数据的可靠性和可信度。重点排放单位应当按照国务院生态环境主管部门的规定，对本单位温室气体排放情况进行监测，并每年向生产经营场所所在地的省级生态环境主管部门提交本单位上年度温室气体排放报告。

由于省级生态环境主管部门人力有限，所以需要委托拥有丰富核查经验的技术服务机构进行核查。

3. 技术服务机构

技术服务机构是指碳减排指标核定认证机构，是独立于买卖双方及其他利益相关方的第三方认证机构。在碳市场中，无论是对于碳市场中企业的实际排放还是基于项目的碳市场中减排指标的产生，都必须由第三方机构对其进行合规的审查认定，一方面认定其是否合规即具备市场资格，另一方面认定其发生数量。目前，所有的第三方认证机构都是由联合国或地区和国家政府主管机构授权并被授权者严格监督的机构。

技术服务机构以其独立、客观、公正的第三方身份，从自身专业角度出发，为政府和企业提供了技术支撑。技术服务机构应当遵守国务院生态环境主管部门制定的核查技术规程，对核查报告的真实性和准确性负责，不得弄虚作假，不得泄露重点排放单位的商业秘密。为了规范和统一不同核查机构的工作流程及要求，需要制定一个相对一致的执行标准，也就是针对企业开展碳排放核查工作的指导规范，明确提出核查机构在对企业开展碳排放核查工作时，必须遵循的几项基本要求：客观独立、公平公正、诚实守信、保守秘密、尽职专业等专业素养和道德行为方面的约束性原则。同时，对核查员的能力也需要作出详细要求，需要明确核查工作的基本程序，包括接受委托（签订协议）、核查准备（策划）、核查实施（文件评审、现场核查）、核查报告编制、内审及最终提交等步骤。此外，还需要为核查工作设计、制定一系列统一的工作文件格式，如核查计划格式、核查报告格式、核查企业基本信息表、抽样计划表、核查发现记录表等格式以及核查资料附件清单等内容。

相关建议

第一，参考欧盟等碳市场的先进经验，在条件成熟时，全国碳交易市场采用更加市场化的核查方式，提高核查效率和效果，即由排放单位委托第三方核查机构来进行温室气体排放报告核查，省级生态环境主管部门负责对核查报告进行审定。

第二，完善相关制度，出台技术服务机构是否对提交的核查结果承担连带责任的细则。本条提出，技术服务机构应当对提交的核查结果的真实性、完整性和准确性负责，但是，技术服务机构是否承担连带责任，承担什么连带责任，也应该出台相关细则。

第三,尽快出台相关制度,明确规定开展全国碳交易市场核查服务的技术服务机构设立资质条件。

第二十七条

重点排放单位对核查结果有异议的,可以自被告知核查结果之日起七个工作日内,向组织核查的省级生态环境主管部门申请复核;省级生态环境主管部门应当自接到复核申请之日起十个工作日内,作出复核决定。

一、国内外立法例

全国立法例

《碳排放权交易管理暂行办法》(2014年国家发改委发布):

第二十八条 核查机构应按照国务院碳交易主管部门公布的核查指南开展碳排放核查工作。重点排放单位对核查结果有异议的,可向省级碳交易主管部门提出申诉。

地方立法例

1.《上海市碳排放管理试行办法》(2013年11月):

第十五条(年度碳排放量的审定)

市发展改革部门应当自收到第三方机构出具的核查报告之日起30日内,依据核查报告,结合碳排放报告,审定年度碳排放量,并将审定结果通知纳入配额管理的单位。碳排放报告以及核查、审定情况由市发展改革部门抄送相关部门。

有下列情形之一的,市发展改革部门应当组织对纳入配额管理的单位进行复查并审定年度碳排放量:

(一)年度碳排放报告与核查报告中认定的年度碳排放量相差10%或者10万吨以上;

(二)年度碳排放量与前一年度碳排放量相差20%以上;

（三）纳入配额管理的单位对核查报告有异议，并能提供相关证明材料；

（四）其他有必要进行复查的情况。

2.《福建省碳排放权交易管理暂行办法》(2020年8月)：

第二十七条　重点排放单位对核查或者抽查结果有异议的，可以在收到结果后的10个工作日内向省人民政府碳排放权交易主管部门提出申请。

省人民政府碳排放权交易主管部门收到申请后，应当组织专家在20个工作日内对异议申请进行核实后作出结论，并告知异议申请人。

3.《湖北省碳排放权管理和交易暂行办法》(2014年6月)：

第三十九条　纳入碳排放配额管理的企业对审查结果有异议的，可以在收到审查结果后的5个工作日内向主管部门提出复查申请并提供相关证明材料。

主管部门应当在20个工作日内对复查申请进行核实，并作出复查结论。

4.《深圳市碳排放权交易管理暂行办法》(2014年3月)：

第三十三条　管控单位对碳核查结果有异议的，可以向主管部门申请复核。主管部门应当在受理复核申请之日起十个工作日内作出复核决定。管控单位对主管部门的复核决定有异议的，可以依法申请行政复议或者提起行政诉讼。

主管部门可以将复核工作委托专门机构实施。

5.《天津市碳排放权交易管理暂行办法》(2020年6月)：

第十六条　市生态环境局依据第三方核查机构出具的核查报告，结合纳入企业提交的年度碳排放报告，审定纳入企业的年度碳排放量，并将审定结果通知纳入企业，该结果作为市生态环境局认定纳入企业年度碳排放量的最终结论。

存在下列情形之一的，市生态环境局有权对纳入企业碳排放量进行核实或复查：

（一）碳排放报告与核查报告中的碳排放量差额超过10%或10万吨的；

（二）本年度碳排放量与上年度碳排放量差额超过20%的；

（三）其他需要进行核实或复查的情形。

6.《重庆市碳排放权交易管理暂行办法》(2014年3月)：

第十八条　主管部门根据核查报告审定配额管理单位年度碳排放量，并及时通知各配额管理单位。

核查机构核定的碳排放量与配额管理单位报告的碳排放量相差超过10%或者超过1万吨的,配额管理单位可以向主管部门提出复查申请,主管部门委托其他核查机构对核查报告进行复查后,最终审定年度碳排放量。

二、条文析义

条文总体解释

1. 目的和依据

为了明确规定重点排放单位申请复核的条件,核查结果的复核权拥有主体及其复核的时间要求,特制定本条。

2. 内容

本条规定的主要内容包括以下三个方面:

第一,规定了核查结果的复核权在省级生态环境部门。重点排放单位对核查结果有异议的,可向省级生态环境主管部门提出申请复核。

第二,规定了申请复核的时间。重点排放单位对核查结果有异议的,可以自被告知核查结果之日起七个工作日内申请复核。

第三,规定了省级生态环境部门复核的时间。省级生态环境主管部门应当自接到复核申请之日起十个工作日内,开展复核,作出复核决定。

关键概念解释

1. 核查结果的复核

复核的程序和要求如下:复核的实施可以通过材料评审和现场核查的方式进行。

复核机构的选择应避免利益冲突。实施复核的机构应选择具备能力的复核组。复核组的组成应根据备案核查员的专业领域、技术能力与经验、重点排放单位的性质、规模及排放设施的数量等确定。复核组至少由一名核查员组成。负责复核的机构应开展现场核查,通过对重点排放单位相关人员进行访问、查阅资料及抽样观察现场排放设施和监测设备,确认复核发现是否与核查报告中的核查发现一致,包括重点排放单位基本情况的核查、核算边界的核查、核算方法的核查、活动数据和排放因子的核查及抽样方案以及排放量的计算结果等。

完成材料评审和现场核查后,复核机构应编写复核报告。复核报告应当真实、客观、逻辑清晰。一般包括以下内容:对核查报告及核查结论的复核发现,如核算边界、核算方法、活动数据、排放因子以及排放量的核查与核查指南的符合性;生产数据以及其他相关数据核查的符合性。

复核结论应包括以下内容:重点排放单位核算与《核算方法和报告标准》或指南的符合性;核查机构核查报告及结论与核查指南的符合性;复核后确认的排放量及与经核查确认的排放量的差异。

相关建议

第一,进一步明确重点排放单位申请复核的条件。本条没有规定重点排放单位申请复核的条件,因此,可能导致重点排放单位滥用申诉权。建议参考上海试点的经验,进一步明确重点排放单位申请复核的条件,防止申诉权滥用,并增强条款的可操作性。

第二,进一步完善相关规定,赋予重点排放单位向生态环境部申请进一步复核的权利。在核查报告存在重大错误的情况下,应允许重点排放单位向生态环境部申请进一步复核。因此,建议进一步完善相关规定,赋予重点排放单位向生态环境部申请进一步复核的权利。

第三,本条规定没有赋予生态环境主管部门重新复查的权利。笔者认为,在生态环境主管部门发现核查结果可能存在重大错误的情况下,应该可以主动发起重新复查。因此,建议进一步完善规定,赋予生态环境主管部门重新复查的权利。

第二十八条

重点排放单位应当在生态环境部规定的时限内,向分配配额的省级生态环境主管部门清缴上年度的碳排放配额。清缴量应当大于等于省级生态环境主管部门核查结果确认的该单位上年度温室气体实际排放量。

一、国内外立法例

欧盟立法例

欧洲议会和欧盟理事会第2003/87/EC号指令(2003年10月)：

第十二条 转移、交还及取消津贴(Transfer，surrender and cancellation of allowances)

……

(3)成员国应保证在每年4月30日各设施的经营者放弃(除按照第二章签发的配额)与相应日历年内总排放量相等的配额量,总排放量为设施按照第十五条核查过的排放量。成员国应保证按此段所放弃的配额随后将被注销。

全国立法例

《碳排放权交易管理暂行办法》(2014年国家发改委发布)：

第三十一条 重点排放单位每年应向所在省、自治区、直辖市的省级碳交易主管部门提交不少于其上年度经确认排放量的排放配额,履行上年度的配额清缴义务。

地方立法例

1.《北京市碳排放权交易管理办法(试行)》(2014年5月)：

第十三条 重点排放单位应当按照规定上缴与其上年度碳排放量等量的配额,履行年度碳排放控制责任。

2.《福建省碳排放权交易管理暂行办法》(2020年8月)：

第二十九条 重点排放单位应当在每年6月底前向设区的市人民政府碳排放权交易主管部门提交不少于上年度经确认的碳排放量的排放配额,履行上年度的配额足额清缴义务。

3.《广东省碳排放管理试行办法》(2020年5月)：

第十七条 每年6月20日前,控排企业和单位应当根据上年度实际碳排放量,完成配额清缴工作,并由省生态环境部门注销。企业年度剩余配额可以在后续年度使用,也可以用于配额交易。

4.《湖北省碳排放权管理和交易暂行办法》(2014年6月):

第十九条 每年5月份最后一个工作日前,企业应当向主管部门缴还与上一年度实际排放量相等数量的配额和(或者)中国核证自愿减排量(CCER)。

5.《上海市碳排放管理试行办法》(2013年11月):

第十六条(配额清缴)

纳入配额管理的单位应当于每年6月1日至6月30日期间,依据经市发展改革部门审定的上一年度碳排放量,通过登记系统,足额提交配额,履行清缴义务。纳入配额管理的单位用于清缴的配额,在登记系统内注销。

用于清缴的配额应当为上一年度或者此前年度配额;本单位配额不足以履行清缴义务的,可以通过交易,购买配额用于清缴。配额有结余的,可以在后续年度使用,也可以用于配额交易。

6.《深圳市碳排放权交易管理暂行办法》(2014年3月):

第三十六条 管控单位应当于每年6月30日前向主管部门提交配额或者核证自愿减排量。管控单位提交的配额数量及其可使用的核证自愿减排量之和与其上一年度实际碳排放量相等的,视为完成履约义务。

管控单位出现本办法第二十五条规定情形的,应当在完成碳排放量化、报告和核查后三十个工作日内完成履约义务。

7.《天津市碳排放权交易管理暂行办法》(2020年6月):

第九条 纳入企业应于每年6月30日前,通过其在登记注册系统所开设的账户,注销至少与其上年度碳排放量等量的配额,履行遵约义务。

8.《重庆市碳排放权交易管理暂行办法》(2014年3月):

第十条 配额管理单位应当在规定时间内通过登记簿提交与主管部门审定的年度碳排放量(以下简称审定排放量)相当的配额,履行清缴义务。

配额管理单位用于清缴的配额在登记簿予以注销。

配额管理单位的配额不足以履行清缴义务的,可以购买配额用于清缴;配额有结余的,可以在后续年度使用或者用于交易。

二、条文析义

条文总体解释

1. 目的和依据

为了明确规定重点排放单位配额清缴的义务、时间、程序、数量,特制定本条。

2. 内容

本条主要内容包括以下三个方面:

第一,规定了重点排放单位负有及时、足额清缴配额的义务。

第二,规定了重点排放单位配额清缴的时间和基本程序,即重点排放单位应当在生态环境部规定的时限内,向分配配额的省级生态环境主管部门清缴上年度的碳排放配额。

第三,规定了重点排放单位配额清缴的数量,即清缴量应当大于等于省级生态环境主管部门核查结果确认的该单位上年度温室气体实际排放量。

关键概念解释

1. 清缴上年度的排放配额

从参与人角度而言,配额清缴及其确认这个步骤涉及控排企业和碳交易主管部门两方,控排企业需按时清缴配额;碳交易主管部门则需要确认配额清缴,对配额清缴进行汇总分析,最后公布配额情况等。从政府监管角度来看,建立碳市场交易的关键包括确定参与企业、分配配额、和确保企业履约三个环节,而确保履约实现更是重中之重。

清缴上年度的排放配额即指重点排放单位应在规定的时间向所在地地方人民政府生态环境主管部门提交与其上年度核定的温室气体排放量相等的配额,以完成配额清缴义务。结余配额可以出售,也可以结转使用,不足部分应当在当年12月31日前通过购买方式等取得。符合国务院生态环境主管部门规定的碳减排指标可用于履行本款规定的配额清缴义务,视同碳排放配额管理。

相关建议

第一，进一步明确重点排放单位配额清缴的时间。本条仅规定了重点排放单位应当在生态环境部规定的时限内，向分配配额的省级生态环境主管部门清缴上年度的碳排放配额，但没有明确具体的时限。实际操作时，可能存在各年清缴时间不固定、不一致的问题，不利于碳市场参与主体的交易决策，也不利于碳价格的有效形成，建议设定每年重点排放单位配额清缴的固定时间。

第二，进一步明确配额清缴的数量规定。本条规定清缴量应当大于等于省级生态环境主管部门核查结果确认的该单位上年度温室气体实际排放量。笔者认为，当清缴量大于省级生态环境主管部门核查结果确认的该单位上年度温室气体实际排放量时，会导致清缴履约义务发生改变，使得清缴履约的性质发生变化，即清缴履约从强制性质变成了自愿性质。因此，建议进一步明确配额清缴的数量规定，规定清缴量等于省级生态环境主管部门核查结果确认的该单位上年度温室气体实际排放量。

第三，进一步明确配额清缴缺口的相关规定。《2019—2020年全国碳排放权交易配额总量设定与分配实施方案（发电行业）》规定：为降低配额缺口较大的重点排放单位所面临的履约负担，在配额清缴相关工作中设定配额履约缺口上限，其值为重点排放单位经核查排放量的20%，即当重点排放单位配额缺口量占其经核查排放量比例超过20%时，其配额清缴义务最高为其获得的免费配额量加20%的经核查排放量。然而，本办法并没有涉及配额清缴缺口的相关规定，建议规定初期按《2019—2020年全国碳排放权交易配额总量设定与分配实施方案（发电行业）》明确配额清缴缺口的规定，后期则按履约量来规定配额清缴的数量。

第四，进一步明确界定配额履约时间。在各地试点过程中，重点排放单位是向省级主管部门清缴，然后配额就立即注销。但是，在全国碳交易市场，重点排放单位是向省级主管部门清缴，省级主管部门通过其在注册登记系统里的账号操作注销。注销的时间跟重点排放单位清缴的时间会存在一定的时间差。这就带来了配额注销日期、履约日期的界定标准问题，即是按重点排放单位清缴的时间来确定履约时期，还是按省级主管部门在系统里的注销日期来确定履约日期。为了规范碳市场交易秩序,需要明确界定重点排放单位的配额清缴义务结束时间。建议进一步明确配额清缴履约日期的界定标准。

第二十九条

重点排放单位每年可以使用国家核证自愿减排量抵销碳排放配额的清缴,抵销比例不得超过应清缴碳排放配额的5%。相关规定由生态环境部另行制定。

用于抵销的国家核证自愿减排量,不得来自纳入全国碳排放权交易市场配额管理的减排项目。

一、国内外立法例

欧盟立法例

欧洲议会和欧盟理事会第2003/87/EC号指令(2003年10月):

第十一a条 气候变化国际协议生效前共同体体系CERs和ERUs的使用(Use of CERs and ERUs from project activities in the Community scheme before the entry into force of an international agreement on climate change)

(1) 在不影响第二十八条(3)和(4)款的情况下,此条第二款到第七款方可应用。

(2) 成员国批准在2008年到2012年由经营者或飞机经营者使用的CER和ERU额度尚未用完或有按照第八段授予信用额使用权限的情况下,经营者可以要求权力机构向其签发2013年后有效的配额来交换2012年前的CERs和ERUs减排量。但是产生CERs、ERUs的项目种类应为有资格在共同体体系下,在2008年到2012年期间使用的项目种类。

直到2015年3月31日,权力机构都可以按照要求完成此类交换。

(3) 根据经营者或飞机经营者的CER和ERU(该CER和ERU是由成员国批准且应在2008年到2012年期间使用)尚未使用的额度或按照第八段授予信用额使用权限,权力机构可以批准经营者用2013年前注册项目在2013

年后签发的 CERs 和 ERUs 交换在 2013 年后有效的配额。

第一段应用于所有有资格在 2008 年到 2012 年在共同体体系内使用的全部项目类型所产生的 CERs 和 ERUs。

(4) 成员国批准在 2008 年到 2012 年由经营者或飞机经营者使用的 CER 和 ERU 额度尚未用完或有按照第八段授予信用额使用权限的情况下,权力机构应批准经营者用最不发达国家(LDCs)2013 年后开始项目所签发的 CERs 交换 2013 年后有效的配额。

直到共同体外国家与共同体认可相关协议或至 2020 年前(选择其中较早时间),第一段均可应用于所有有资格在 2008 年到 2012 年在共同体体系内使用项目类型所产生的 CERs。

(5) 在 2009 年 12 月 31 日前国际气候变化协议尚未缔结的情况下,根据经营者或飞机经营者的 CER 和 ERU(该 CER 和 ERU 是由成员国批准的,应在 2008 年到 2012 年期间使用的)尚未使用的额度或按照第八段授予信用额使用权限,成员国可以通过与第三国缔结协议的方式在共同体体系内使用其他来源的信用额或其他减排活动,但需要明确使用的层面。按照此类与第三国缔结的协议,经营者可以使用这些国家产生的信用额来满足自身在共同体体系内的义务。

(6) 任何第五段所述协议应提供在 2008 年到 2012 年间在共同体体系内使用的,符合共同体资格的项目类型的信用额,其中包括促进技术转移和可持续性发展的可再生能源或能效技术。任何此类协议都应提供使用基准线低于第十条 a 款所述免费分配标准或共同体法规项目所产生的信用额。

(7) 一旦国际气候变化协议达成,只有认可相应协议的第三国项目所产生信用额将会在 2013 年 1 月 1 日后被共同体体系接受。

(8) 所有现有的经营者都应被允许在 2008 年到 2020 年使用信用额,使用配额上限为其在 2008 年到 2012 年被允许的额度,下限为其 2008 年到 2012 年被分配额度的 11%。

经营者可以使用超过第一段所述 11% 的信用额,最高使用配额为其 2008 年到 2012 年免费分配额与等于 2005 年到 2007 年自身经核查排放量特定百分比的基于项目的信用额之和。

新进入者(包括在 2008 年到 2012 年内没有接收到免费配额或在 2008 年

到 2012 年没有接收到 CERs 和 ERUs 使用权限）和新行业可以最高按照以下百分比使用 CERs 和 ERUs，此比例不得低于其 2013 年到 2020 年经核查的排放量的 4.5%。飞机经营者可以按照最高百分比使用信用额，此比例不得低于其 2013 年到 2020 年经核查的排放量的 1.5%。

应采取措施辨明第一段、第二段和第三段所述确切百分比。基于第一段所述向现有经营者分发的超出指标的配额中至少 1/3 应分发于在 2008 年到 2012 年拥有最低水平免费配额和项目信用额的经营者。

这些措施应保证所有授权使用的信用额不得超过在 2008 年至 2020 年间行业减排量的 50%（与 2005 年相比），且不得超过自涵盖之日起至 2020 年新行业和航空业减排量的 50%（与 2005 年相比）。

旨在通过补充方式修改本指令非必要元素的措施，应按照第二十三条（3）款审议通过的法定程序进行。

（9）自 2013 年 1 月 1 日起，限制特定项目种类信用额的措施可以被应用。

这些措施应明确自何时起第一段到第四段所述信用额的使用将被限制。日期最早应为措施执行后 6 个月，最迟为措施执行后 3 年。

旨在通过补充方式修改本指令非必要元素的措施，应按照第二十三条（3）款审议通过的法定程序进行。在成员国要求下，欧盟委员会应考虑提交期望措施的草案。

第十一 b 条　项目活动（Project activities）

……

（2）除第三段和第四段所述外，成员国主办的项目活动应保证 ERUs 和 CERs 不得签发于本指令范围内的温室气体排放配额和温室气体减排。

（3）直到 2012 年 12 月 31 日，对于在本指令范围内减排或限制温室气体的 JI 和 CDM 项目，ERUs 和 CERs 的签发只可在设施取消等量配额的前提下进行。

（4）直到 2012 年 12 月 31 日，对于在本指令范围内减排或限制温室气体的 JI 和 CDM 项目，ERUs 和 CERs 的签发只可在等量配额从 ERUs 或 CERs 签发成员国国家账户取消的前提下进行。

……

全国立法例

《碳排放权交易管理暂行办法》(2014年国家发改委发布)：

第三十二条　重点排放单位可按照有关规定,使用国家核证自愿减排量抵消其部分经确认的碳排放量。

地方立法例

1.《北京市碳排放权交易管理办法(试行)》(2014年5月)：

第十四条　重点排放单位可以用经过审定的碳减排量抵消其部分碳排放量,使用比例不得高于当年排放配额数量的5%。

来源于本市行政区域内重点排放单位固定设施化石燃料燃烧、工业生产过程和制造业协同废弃物处理以及电力消耗所产生的核证自愿减排量不得用于抵消。

1吨当量经审定的碳减排量可抵消1吨二氧化碳排放量。

2.《福建省碳排放权交易管理暂行办法》(2020年8月)：

第三十条　鼓励重点排放单位使用经国家或者省人民政府碳排放权交易主管部门核证的林业碳汇项目自愿减排量抵消其经确认的碳排放量,也可以使用除林业碳汇外其他领域国家核证自愿减排量抵消其部分经确认的碳排放量,具体抵消办法另行规定。

3.《广东省碳排放管理试行办法》(2020年5月)：

第十八条　控排企业和单位可以使用中国核证自愿减排量作为清缴配额,抵消本企业实际碳排放量。但用于清缴的中国核证自愿减排量,不得超过本企业上年度实际碳排放量的10%,且其中70%以上应当是本省温室气体自愿减排项目产生。

控排企业和单位在其排放边界范围内产生的国家核证自愿减排量,不得用于抵消本省控排企业和单位的碳排放。

1吨二氧化碳当量的中国核证自愿减排量可抵消1吨碳排放量。

4.《湖北省碳排放权管理和交易暂行办法》(2014年6月)：

第十八条　同时符合以下条件的中国核证自愿减排量(CCER)可用于抵消企业碳排放量：

（一）在本省行政区域内产生；

（二）在纳入碳排放配额管理的企业组织边界范围外产生。

用于缴还时,抵消比例不超过该企业年度碳排放初始配额的10%,一吨中国核证自愿减排量相当于一吨碳排放配额。

5.《上海市碳排放管理试行办法》(2013年11月)：

第十七条（抵销机制）

纳入配额管理的单位可以将一定比例的国家核证自愿减排量（CCER）用于配额清缴。用于清缴时,每吨国家核证自愿减排量相当于1吨碳排放配额。国家核证自愿减排量的清缴比例由市发展改革部门确定并向社会公布。

本市纳入配额管理的单位在其排放边界范围内的国家核证自愿减排量不得用于本市的配额清缴。

6.《深圳市碳排放权交易管理暂行办法》(2014年3月)：

第三十七条　管控单位可以使用核证自愿减排量抵消年度碳排放量。一份核证自愿减排量等同于一份配额。最高抵消（销）比例不高于管控单位年度碳排放量的百分之十。

管控单位在本市碳排放量核查边界范围内产生的核证自愿减排量不得用于本市配额履约义务。

碳排放抵消的具体管理办法由主管部门另行制定,报市政府批准后实施。

7.《天津市碳排放权交易管理暂行办法》(2020年6月)：

第十条　纳入企业可使用一定比例的、依据相关规定取得的核证自愿减排量抵消（销）其碳排放量。抵消量不得超出其当年实际碳排放量的10%。1单位核证自愿减排量抵消1吨二氧化碳排放。

8.《重庆市碳排放权交易管理暂行办法》(2014年3月)：

第十二条　配额管理单位的审定排放量超过年度所获配额的,可以使用国家核证自愿减排量（CCER）履行配额清缴义务,1吨国家核证自愿减排量相当于1吨配额。

国家核证自愿减排量的使用数量不得超过审定排放量的一定比例,且产生国家核证自愿减排量的减排项目应当符合相关要求。

国家核证自愿减排量的使用比例和对减排项目的要求由主管部门另行规定。

二、条文析义

条文总体解释

1. 目的和依据

本条是关于抵销机制的规定。

2. 内容

本条的主要内容包括三个方面：

第一，规定了重点排放单位每年可以使用国家核证自愿减排量抵销碳排放配额的清缴。

第二，规定了抵销比例不得超过应清缴碳排放配额的5%。相关规定由生态环境部另行制定。

第三，规定了用于抵销的国家核证自愿减排量的条件，即用于抵销的国家核证自愿减排量，不得来自纳入全国碳排放交易市场配额管理的减排项目。

关键概念解释

1. 核证自愿减排量

国家核证自愿减排量（CCER）指的是采用经国家主管部门备案的方法学，由经国家主管部门备案的审定机构审定和备案的项目产生的减排量，单位为"吨二氧化碳当量"。自愿减排项目减排量经备案后，在国家登记簿登记并在经备案的交易机构内交易。

2. 抵销与抵销机制

抵销即指使用温室气体自愿减排项目产生的国家核证自愿减排量（CCER）或其他减排指标抵销碳排放量。

抵销机制是碳排放交易制度体系的重要组成部分。通过使用温室气体自愿减排项目产生的国家核证自愿减排量（CCER）或其他减排指标抵销碳排放量，可有效降低重点排放单位的履约成本，并促进可再生能源、林业碳汇、农村户用沼气等温室气体减排效果明显、生态环境效益突出的项目发展。碳排放交易试点地区均允许使用一定比例符合条件的CCER进行碳排放配额抵销。

抵销比例的大小关系到企业减排成本和减排积极性问题，从国内外碳交易实践来看，自愿减排量的成交价格往往低于配额价格。由此，如果抵销比例过大，那么企业就偏向于购买CCER以抵销其超额排放，从而减排的积极性就会降低；如果抵销比例过小，那么企业就要购买高价配额或者加大减排，从而企业减排成本或压力更大。所以，抵销比例的设置应当均衡考量各种因素。此外，抵销条件越严格，纳入碳交易的企业的减排成本就越大，减排效果就越明显。相较于抵销条件严格的试点而言，抵销条件不作限制的试点内企业的减排成本相对较低、减排效果相对要差。

考虑促进绿色低碳发展、生态保护补偿、碳中和等因素，在科学测算和总结试点经验的基础上，《碳排放权交易管理办法(试行)》规定全国碳交易市场重点排放单位的抵销比例不超过其经核查碳排放量的5%。

目前，中国对重点排放单位碳排放计算的边界是企业。这样，企业内设施的减排量既可以抵减全国碳排放交易市场配额，也可以成为用于抵销的国家核证自愿减排量，从而产生重复抵减的问题。欧盟碳市场以设施为排放计算边界，加之工业范围的自愿减排较小，所以不存在该问题。因此，为了避免重复计算，本条明确规定用于抵销的国家核证自愿减排量，不得来自纳入全国碳排放交易市场配额管理的减排项目。

国内外相关经验

1. 碳抵销制度的起源

抵销制度最早起源于1977年的《美国清洁空气法案》和之后建立的新排放源评估制度(New Source Review，NSR)。新排放源评估制度主要是为了解决美国环境空气标准未约束领域的生产许可问题。根据该制度，新的排放源或扩建的排放源必须抵销其增加的排放，比例为1∶1，某些特殊情况下可以达到1.5∶1。抵销可以采取两种途径达到：一种是通过自身的减排项目产生足够的减排量，另一种是从其他排放源获得减排信用(Emisssion Reduction Credits，ERCs)。

1997年签订的《京都议定书》确定的联合履约机制(JI)和清洁发展机制(CDM)是碳抵销制度的正式起源。在《京都议定书》中，发达国家具有强制减排义务。根据联合履约机制，转轨期国家和发达国家之间可以进行项目型交易。发达国家可以购买减少转轨期国家减排项目产生的排放单位(ERUs)来履行其减排义务。根据清洁发展机制,发展中国家和发达国家之间也可以进行项目型交易。发展中国家经过注册的减排项目产生的减排量,经过核证后可以进行交易。发达国家可以购买核证减排量(CERs),用于抵销其国内的温室气体减排义务。

2. 试点地区的抵销机制

各试点地区都建立了核证自愿减排的抵销机制,规定纳入碳交易试点的单位可以通过购买国家核证自愿减排量抵销其超额温室气体排放。抵销机制的设计进一步扩张了碳排放交易市场对国家核证自愿减排量的需求,进而激励了温室气体自愿减排项目的实施。各地区对于CCER的抵销能力做出了统一的规定,即1个CCER等同于1个配额,可以抵销1吨二氧化碳当量的排放,但各地区对于抵销比例和抵销条件的规定都有所不同,具体如表3所示。

表3 各试点地区的抵销机制规定

试点地区	抵销比例	抵销条件
北京	不得高于其当年排放配额的5%	利用京外项目的CCER抵消排放,不得超过当年其核发配额的2.5%,并且优先使用河北省、天津市等预备级市签署了应对气候变化、生态建设、大气污染治理等相关合作协议地区的CCER
上海	不超过该年度企业通过分配取得配额的5%	不得使用其排放边界范围内的CCER抵销
天津	抵销量不得超过其当年实际碳排放量的10%	CCER没有地域、项目类型、排放边界等限制
重庆	不得超过企业审定排放量的8%	CCER的来源没有特别限制
深圳	不得超过初始配额的10%	不得使用其排放边界范围内的CCER
广东	不得超过初始配额的10%	用于抵销的CCER至少有70%产生于广东省内的温室气体自愿减排项目;控排企业不得使用其排放边界范围内的CCER抵销碳排放
湖北	不得超过初始配额的10%	CCER产生于湖北省行政区域内;控排企业不得使用其排放边界范围内的CCER抵销

3. 欧盟的抵销机制

2004年,欧盟发布了2004/101/EC号指令,允许各个实体通过在CDM和联合履约(Joint Implementation,JI)下通过开展项目合作来获取减排信用,以抵销其部分碳排放。2004/101/EC指令,也被称为链接指令,因为其将EU ETS与京都机制连接起来。该链接指令的目的是以高成本效益和经济有效的方式来推广温室气体减排,并且通过资金支持来鼓励发展中国家和经济转型国家的可持续发展。

2008年起,欧盟引进CDM和JI作为EU ETS的抵销机制,允许运营商使用CDM或JI项目所产生的国际抵销信用来抵销部分排放量,2008—2020年期间整体的合计抵销额度不能超过这个阶段50%的减排量。

第二阶段各个成员国允许运营商使用的抵销信用数量由各国的国家分配计划(NAP)各自规定。第二阶段和第三阶段运营商可以使用的抵销信用数量之和由欧盟统一规定。欧盟在2013年11月公布了相关国际抵销数量的规定:对于在第二阶段获得免费配额的运营商,2008—2020年可以使用的国际抵销信用数量之和不得高于其在2008—2012年期间允许使用的国家信用数量或者2018—2012年期间分得的免费配额数量的11%;对于第三阶段新纳入的运营商,2008—2020年期间可以使用国际信用数量上限为2013—2020年排放量的4.5%;对于第三阶段有新增设施的运营商,2008—2020年可以使用的国际抵销信用数量之和不高于2008—2012年期间允许使用的信用数量或者2008—2012年期间分得的免费配额数量的11%或2013—2012年排放量的4.5%;对于航空运营商,2013—2020年期间可以使用的国际信用数量上限为排放量的1.5%。

相关建议

第一,进一步明确CCER抵销机制动态调整的规定。按照本条规定,CCER抵销比例不超过5%,主要的考量因素有两个:一是经常调整抵销比例会带来行政自由裁量权过大,可能产生行政权力的滥用;二是经常调整抵销比例,会导致市场预期不明确,带来市场价格的异常波动。笔者认为,在建立健全CCER抵销比例调整的体制机制后,CCER抵销比例可以并且应该动态调整。笔者建议,未来应成立专门的机构,从立法上明确调整的程序、方法。同时,考虑抵销所使用的CCER来自非控排企业,比例过大可能对排放控制目标产生影响,建议抵销比例不宜过大。

第二,进一步明确抵销的具体类型。本条仅规定了用于抵销的国家核证自愿减排量,不得来自纳入全国碳排放交易市场配额管理的减排项目,对于抵销的具体类型没有明确规定。笔者认为,应根据国内市场情况、需求确定可以抵销的具体类型。

第三,明确国家核证自愿减排量认定的边界变化问题。随着未来全国碳交易市场纳入企业范围的扩大,国家核证自愿减排量认定的范围将逐渐缩小,建议考虑未来国家核证自愿减排量的边界变化问题。

第四,进一步明确抵销机制的关键内容。具体包括抵销比例确定的时间、抵销类型确定的时间等。笔者建议,为了有效引导市场主体的决策行为,推动碳价格合理形成,应在每年年初确定抵销比例、抵销类型等关键内容。

第六章 监督管理

第三十条

上级生态环境主管部门应当加强对下级生态环境主管部门的重点排放单位名录确定、全国碳排放权交易及相关活动情况的监督检查和指导。

一、国内外立法例

地方立法例

1.《北京市碳排放权交易管理办法(试行)》(2014年5月)：

第十八条 市发展改革委应当加强对报告单位的碳排放报告、第三方核查机构的核查报告以及重点排放单位碳排放控制情况的监督检查。

2.《上海市碳排放管理试行办法》(2013年11月)：

第三十一条(监督管理)

市发展改革部门应当对下列活动加强监督管理：

(一)纳入配额管理单位的碳排放监测、报告以及配额清缴等活动；

(二)第三方机构开展碳排放核查工作的活动；

(三)交易所开展碳排放交易、资金结算、配额交割等活动；

(四)与碳排放配额管理以及碳排放交易有关的其他活动。

市发展改革部门实施监督管理时,可以采取下列措施：

(一)对纳入配额管理单位、交易所、第三方机构等进行现场检查；

(二)询问当事人及与被调查事件有关的单位和个人；

（三）查阅、复制当事人及与被调查事件有关的单位和个人的碳排放交易记录、财务会计资料以及其他相关文件和资料。

3.《重庆市碳排放权交易管理暂行办法》(2014年3月)：

第三十四条　主管部门应当对配额管理单位的碳排放报告、接受核查和履行配额清缴义务等活动，核查机构的核查行为，交易产品交割，以及其他与碳排放交易有关的活动加强监督管理。

监管部门应当对交易所的交易组织、资金结算等活动，交易主体的交易行为，以及其他与碳排放权交易有关的活动加强监督管理。

二、条文析义

条文总体解释

1. 目的和依据

为了明确上级生态环境主管部门的监督权限，以及上级生态环境主管部门对下级生态环境主管部门的监管与指导范围，特制定本条。

2. 内容

本条内容主要包括以下两个方面：

第一，规定了上级生态环境主管部门具有监督检查和指导下级生态环境主管部门行为的权限，下级生态环境主管部门有接受上级生态环境主管部门监督检查和指导的义务。

第二，规定上级生态环境主管部门对下级生态环境主管部门的监管与指导范围，即重点排放单位名录确定、全国碳排放交易及相关活动情况。此处所指的全国碳排放交易及相关活动主要有三类：核查、报送数据、清缴履约。这三类行为是省级主管部门目前具有管理权限的三类独立行为。因此，这三类行为需要国家加强对地方的监管与指导。对于其他行为，省级生态环境部门通常没有操作裁量权，按国家生态环境部门规定的程序来完成。此外，对于交易机构、交易主体等与交易活动有关的主体，也是上级生态环境主管部门监督检查的范围。

关键概念解释

1. 层级监督

层级监督是指行政机关监督纵向划分为若干层级，各层级的业务性质和职能基本相同，不同层级的监督范围自上而下逐层缩小，各层级分别对上一层级负责而形成的层级节制的监督体制。

政府内部的层级监督，具有通常性、广泛性和直接性的特点。从政府内部监督的各种类型分析，层级监督的频率远高于审计和监察等专门机关的监督。层级监督的范围最大，凡是行政执法行为，都列入它的监督视线之内。而且层级监督是以隶属关系纽带维系的，监督主体与监督对象之间具有直接、密切的联系。

层级监督构成要素包括：

第一，层级监督的主体。这主要是指上级机关和行政主管。上级机关对下级机关的监督，是通过行政首长的作用具体实现的。行政主管是一定行政机关监督体系的核心，是该体系监督权力的最高承担者。他的价值观念、素质、能力和心理的优劣关系到层级监督作用的发挥。同时，行政主管的产生方式、他们掌握监督权力的方式等层级监督体制对层级监督作用的发挥有着重要的影响。

第二，层级监督方式，即层级监督主体影响、支配层级监督客体的方式。层级监督主体可以运用自己的监督权威进行说服教育，以自己的价值观、信仰诱导或引导被监督者，赢得被监督者的情感认同，吸引他们自愿服从和主动配合监督主体的检查和督促；也可以运用监督权力进行思想控制，或用暴力强制被监督者服从；通常是将监督权力和监督权威结合运用。层级监督的方式是否适当，往往是层级监督成功与否的关键。成功的层级监督主体总是注意建立自己的监督权威，通过合法、公正的方式来影响和支配被监督者。

第三，层级监督的客体，即被监督者。被监督者在层级监督过程中不是完全被动的，被监督者是否服从和配合，是层级监督成败的关键。层级监督的一切方式、手段、过程的最终目的是让被监督者服从，没有达到这个目的，层级监督就失败了。层级监督的几个要素是互相联系的，它们的不同组合形式反映出层级监督的不同类型。

层级监督的体制分类：

一是从监督层级上分类，可分为中央政府的监督和地方政府的监督。宪法规定，国务院有权"改变或者撤销各部、各委员会发布的不适当的命令、指示和规章"，"改变或者撤销地方各级国家行政机关的不适当的决定和命令"。地方组织法规定，县级以上的地方各级人民政府有权"改变或者撤销所属各工作部门的不适当命令、指示和下级人民政府的不适当的决定、命令"。

二是从监督主体上分类，有政府监督、部门监督和行政负责人的监督之分。上级政府有权对本级政府所属的各部门和下级政府实施监督。上级政府主管部门处于业务指导地位，也有权监督下级政府相关部门。地方组织法规定：省、自治区、直辖市的人民政府的各工作部门受人民政府统一领导，并且受国务院主管部门的领导或者业务指导，自治州、县、自治县、市、市辖区的人民政府各工作部门受人民政府统一领导，并且受上级人民政府主管部门的领导或者业务指导。

2. 监管方式

国务院生态环境主管部门、地方人民政府生态环境主管部门履行监督管理职责，可以采取下列措施，重点排放单位、核查机构、其他自愿参与碳排放交易的单位和个人等不得拒绝、阻挠：

第一，对重点排放单位、核查机构、其他交易主体进行现场检查；

第二，查阅、复制有关文件资料，查询、检查重点排放单位、核查机构、其他交易主体有关信息系统和监测设施；

第三，要求重点排放单位、核查机构、其他交易主体就有关问题做出解释说明；

第四，向其他有关单位和个人调查取证。

国内外相关经验

欧盟自2005年开启碳排放交易市场以来，欧盟碳交易市场的规模快速增长，到2013年，市场规模已扩大到900亿欧元。然而，在市场快速发展过程中，也出现了一些妨碍碳市场秩序的问题，如盗窃注册系统中的配额，交易过程中的逃税和洗钱，配额重复交易，以虚假或错误的碳市场信息误导投资等。为了建立更为安全的市场环境，充分发挥碳排放交易在节能减排中的重要作用,欧盟试图完善碳市场监管立法,创新监管举措,成效较为显著。

1. 2013年前的欧盟碳市场监管

2013年之前,欧盟对碳市场现货的监管一直依赖于2003年颁布的《构建欧盟碳市场基本指令》。但是,该指令对碳现货市场的规制偏少,使得欧盟面对配额盗窃、市场停摆和跨市场洗钱等行为而束手无措。在现货监管缺位的情况下,欧盟碳市场的参与者(包括履约企业、投资者、投机者和交易平台)开发了许多类似于衍生产品性质的现货交易合约,并借此使交易行为获得金融衍生品方面的监管保护。碳金融衍生品的发展使得欧盟碳市场的主要交易产品为期货等衍生产品,而碳现货交易只是其中的一小部分。同时,碳配额的首次拍卖市场也在之前的立法中被纳入金融监管范畴。由此,碳市场的发展需要更好地对碳配额拍卖、现货交易和衍生品交易进行连续性监管。实际上,欧盟委员会认为,金融监管规则能促进整个市场的信息公开化、透明化,保障投资者利益和公平交易,同时使监管者能够更灵活、彻底的处理扰乱市场的行为。在任何的市场监管中,监管者都需要使用金融监管中所涉及到的风险解决方式和技术手段,而将金融监管规则直接适用于碳现货市场可以避免立法重叠和资源浪费。

2. 2013年后的欧盟碳市场监管

2013年开始,欧盟启动碳排放交易计划(EU-ETS)第三阶段。这个阶段制度创新的重点在于更加科学的确定配额总量和分配配额,并形成一体化的监管标准。2014年6月12日,欧盟理事会和欧洲议会共同通过了对《金融市场工具指令》(MiFID)和《反市场滥用指令》(2003/6/EC)的修改,将碳市场纳入透明和严格的金融监管范畴中。根据现有规则,监管机构可以综合性的、跨界的在碳市场中对市场滥用和违规行为进行监管,将高标准的市场透明和投资者保护制度适用于碳市场监管过程中,确保EU-ETS构建指令(Directive 2003/87/EC)、碳配额拍卖条例和金融市场监管立法的连续性,使得市场参与主体能够在统一的市场监管下,进入一级市场和二级市场,现货市场和衍生品市场。

按照新的指令,欧盟碳现货市场中的交易行为只要涉及金融交易或金融风险,都将被纳入金融监管的范畴。为了提高监管效能和监管专业化程度,避免金融交易与温室气体减排政策两者可能会产生的利益冲突,新的指令对碳现货市场的普通商品交易行为和金融交易行为分开监管,并将金融交易纳入金融监管范畴。这是因为,就监管目标、监管手段和专业技能等方面而言,金融行为监管与普通商品交易监管均有较大区别。从现有新指令看,欧盟并没有对碳现货市场当中的普通商品交易行为进行约束,如被豁免的履约企业将不受金融监管规则约束。这些企业的交易行为仍需符合2003年《构建欧盟碳市场指令》的监管规则。

考虑到碳配额的特殊性,欧盟在碳现货交易规则设计上做出了如下三个方面的安排。

一是部分履约企业参与者的豁免规则。作为碳现货市场参与者的重要成员之一,履约企业首要目的在于实现最基本的碳排放交易功能——售出因减排而多余的碳配额,或者因生产和减排之需而购入市场配额。欧盟为了保证这部分企业能够充分地参与碳市场交易,既运用金融监管规则为其营造良好的交易环境,同时又排他性地规定这些企业或参与者不受金融监管规则的严格约束,以降低其进入市场的门槛。企业只要符合使用自身账户、以减排为目的、非金融服务和非高频交易这四个条件,就可排除适用绝大部分金融监管规则。

二是其他规则的排除适用。欧盟新指令除了规定了豁免规则之外,还在《金融工具市场指令》当中规定以下四个监管规则是完全排除适用于碳排放交易的:《售股章程指令》(*Prospectus Directive*)、《透明性指令》(*Transparency Directive*)、《可转让证券共同投资计划指令》(*UCITS*)和《金融担保指令》(*Financial Collateral Directive*)。

三是信息披露规则的特别适用。虽然欧盟新指令规定了豁免规则,但碳排放履约企业并不是完全豁免于金融监管;相反,在信息披露规则上,欧盟对履约企业有特殊的考虑。欧盟《新市场滥用指令》规定,如果从事碳排放设施减排和航空业的履约企业达到指令设定的最小排放量,那么该履约企业以及关联企业就要披露相关减排信息。这则措施是为了防止大型减排企业运用自身的减排信息实施市场滥用行为[①]。

---

① 陈波.欧盟碳市场监管新发展[EB/OL].欧洲法视界,2015-11-16.

相关建议

第一,督促引导地方政府出台省级生态环境部门独立行为的配套制度。目前,对于省级主管部门具有管理权限的三类独立行为,即核查、报送数据、清缴履约,地方尚未制定相关的配套制度。因此,建议未来督促引导地方政府出台相关配套制度。

第二,进一步明确上级生态环境主管部门对下级生态环境主管部门监督检查的范围。本条对上级生态环境主管部门对下级生态环境主管部门监督检查的范围较为模糊。笔者认为,上级生态环境主管部门对下级生态环境主管部门的监督检查主要在分配、核查、报送数据、清缴履约等环节,交易环节难以进行监督检查。因此,建议根据下级生态环境主管部门的职能范围,确定上级生态环境主管部门对下级生态环境主管部门的监督检查范围。

第三十一条

设区的市级以上地方生态环境主管部门根据对重点排放单位温室气体排放报告的核查结果,确定监督检查重点和频次。

设区的市级以上地方生态环境主管部门应当采取"双随机、一公开"的方式,监督检查重点排放单位温室气体排放和碳排放配额清缴情况,相关情况按程序报生态环境部。

一、国内外立法例

地方立法例

1.《湖北省碳排放权管理和交易暂行办法》(2014 年 6 月):

第三十八条 主管部门对第三方核查机构提交的核查报告采取抽查等方式进行审查,并将审查结果告知被抽查企业。

2.《深圳市碳排放权交易管理暂行办法》(2014 年 3 月):

第三十四条 主管部门应当随机抽取一定比例的管控单位,对管控单位的碳排放报告及其委托的碳核查机构的核查报告进行抽样检查。抽查比例原则上不得少于管控单位总数量的百分之十。

主管部门应当根据管控单位碳排放报告风险等级评估结果,对风险等级高的管控单位的碳排放报告及其委托的碳核查机构的核查报告进行重点检查。

主管部门可以将检查工作委托专门机构实施。

二、条文析义

条文总体解释

1. 目的和依据

为了明确重点排放单位温室气体排放报告进行监督检查的行政义务主体、监督检查的重点和方式,特制定本条。

2. 内容

本条规定的主要内容包括以下四个方面:

第一,规定了设区的市级以上地方生态环境主管部门是对重点排放单位温室气体排放报告进行监督检查的行政义务主体;

第二,规定了监督检查的依据,即依据对重点排放单位温室气体排放报告的核查结果,确定监督检查重点和频次;

第三,规定了监督检查的方式,即"双随机、一公开";

第四,规定了监督检查的内容,即重点排放单位温室气体排放和碳排放配额清缴情况。

关键概念解释

1. 双随机、一公开

"双随机、一公开",即在核查过程中随机抽取检查对象,随机选派执法检查人员,抽查情况及查处结果及时向社会公开。

2. 核查程序

一般来说,重点排放单位温室气体排放报告核查的程序如下:

(1) 成立核查组

核查机构应根据合同评审和核查策划结果成立核查组。核查组可以是一个人或几个人组成的团队。核查组应具备以下多方面的知识。

一是有关温室气体排放方面的知识,包括:适用的温室气体术语和专业问题,如组织边界、运行边界、温室气体、全球增温潜势(GWP)、温室气体排放源、温室气体活动数据、温室气体排放因子、实质性和实质性偏差、量化方法学、数据质量等;温室气体排放的过程及与温室气体排放的量化、监测方法和报告相关的技术;适用的温室气体控制方案的要求;特定行业中与碳排放控制领域相关的法律法规及其他要求(如产业政策);适用的标准和技术要求;核查工作程序和要求;数据与信息抽样技术等。

二是数据和信息核查知识,包括:碳排放数据和信息核查与评价方法;数据与信息系统的管理;与所使用的数据和信息系统相关联的风险识别及风险评估方法;相应核查领域的工艺流程;监测技术与校正程序及其对数据质量的影响等。

三是法律法规和标准知识,包括:碳排放交易相关的政府法规、规章及规范性文件,如《碳排放权交易管理暂行办法》《碳排放权交易核查机构及核查员管理暂行办法》;碳排放交易相关 MRV 标准文件;ISO14064-1、ISO14064-3、ISO14065、ISO14066、GHG Protocol 等相关的国际标准和条约;国家认证认可的法规、规章要求。

(2) 文件审核

文件审核的目的是让核查组事先了解重点排放单位温室气体排放和管理的基本情况、开展风险评估、明确高中风险区域、在现场核查前重点排放单位需完成的整改事项和确认重点排放单位是否满足现场核查的条件。重点排放单位应给核查组提供温室气体相关文件,以便核查组开展全面的文件审核工作。重点排放单位一般需提交以下资料:单位基本信息表;温室气体排放报告(本年度和历史年度);温室气体清单(本年度和历史年度);主要工艺流程图;电力、燃气、蒸汽、热力等计量网络图;《工业能业能源购进、消费及库存表》及附表;组织平面图;组织结构图;主要耗能设施设备清单、燃料清单;与基准年相比,组织边界、运行边界发生重大变化的说明;温室气体信息管理体系(至少包括文件和记录管理程序、温室气体量化和报告程序以及数据质量管理程序三个文件);其他资料,如组织营业执照、参考的行业文献、权威机构发布的相关计算数据等。

在文件审核阶段,核查组应重点关注如下内容:查看重点排放单位的营业执照,确认其经营地位和所属行业类别,是否为辖区地理行政区域内的独立法人,核实其名称与控排企业名单上的是否一致;初步确认重点排放单位的组织边界和运行边界是否正确,特别关注与基准年相比有变化的情况,如新建、改建、扩建、合并、剥离、搬迁以及租赁外包等情况;根据重点排放单位温室气体排放规模,初步确认实质性偏差;了解工艺流程,确认其是否有工艺过程排放;了解排放源类型、活动数据证据类型和来源、排放因子选择和量化方法学等;若与历史年份温室气体排放相比排放量波动较大,应初步与组织沟通并了解原因,该部分也可在现场核查时进行分析;初步评估重点排放单位的温室气体管理水平。

核查组长根据文件审核结果,确定该重点排放单位是否具备现场核查的条件。若具备,核查组则开始进行风险分析与评价,并制订适宜的抽样计划与核查计划。

(3) 抽样计划

某些排放源证据文件多,核查耗时久,但其排放量占总排放量的比重较小,采用全证据核查不符合经济效益原则。因此,采用抽样的方法开展温室气体核查是国内外通行做法,可以在保证核查质量的前提下显著提高核查效率。

核查组应基于风险分析制订抽样计划,用来收集充足的证据,以实现商定的保证等级。因此,核查组应对重点排放单位温室气体排放数据和信息开展初步风险因素的识别计划。风险识别是对潜在的错误、遗漏和错误解释的出处和严重程度进行评价,从而识别潜在的高、中、低风险因素。对于风险评估中得出的高、中风险因素,核查组必须制定相应措施,将风险降低到低级别。

抽样计划的制订应结合组织的行业特性、核查范围、核查准则、保证等级、场所数量、各场所工艺流程差异、排放源及其证据文件类型、数量和完整性、边界变化情况、排放波动情况、先前的核查结论等,并结合代表性原则,对高、中风险因素以及潜在错误、遗漏或错误解释的风险,分别抽取一定数量的样本,开展数据核算与评估。

核查组长负责制订抽样计划。需要现场抽样的高、中风险因素,抽样文件类型以及抽样比例必须包含在抽样计划中。核查组应根据抽样计划制订现场核查计划。建立抽样计划是一个反复的过程。现场核查中,当发现温室气体信息和数据有实质性偏差和控制等方面的问题时，应对所选择的抽样方法和信息样本做出相应的更改。对抽样计划进行修订时，应考虑支持该核查方法的证据是否充足、适宜，并考虑支持重点排放单位温室气体声明的证据。

相关建议

第一，通过环境信用记录，以信用监管的方式确定监管重点和频次。2019年7月16日，国务院办公厅印发《关于加快推进社会信用体系建设构建以信用为基础的新型监管机制的指导意见》，出台该意见的目的是全面加强信用监管。其中分级、分类监管是信用监管最突出的特点。该意见提出，大力推进信用分级分类监管。在充分掌握信用信息、综合研判信用状况的基础上，以公共信用综合评价结果、行业信用评价结果等为依据，对监管对象进行分级分类，根据信用等级高低采取差异化的监管措施。"双随机、一公开"监管要与信用等级相结合，对信用较好、风险较低的市场主体，可合理降低抽查比例和频次，减少对正常生产经营的影响；对信用风险一般的市场主体，按常规比例和频次抽查；对违法失信、风险较高的市场主体，适当提高抽查比例和频次，依法依规实行严管和惩戒。

第二，进一步明确监督检查的程序规定。笔者认为，应由国家提出监督检查程序的制定要求。在此基础上，各地因地制宜，制定具体的监督检查程序。

第三十二条

生态环境部和省级生态环境主管部门，应当按照职责分工，定期公开重点排放单位年度碳排放配额清缴情况等信息。

一、国内外立法例

全国立法例

《碳排放权交易管理暂行办法》（2014年国家发改委发布）：

第三十四条 国务院碳交易主管部门应及时向社会公布如下信息：纳入温室气体种类，纳入行业，纳入重点排放单位名单，排放配额分配方法，排放配额使用、存储和注销规则,各年度重点排放单位的配额清缴情况,推荐的核查机构名单,经确定的交易机构名单等。

地方立法例

1.《福建省碳排放权交易管理暂行办法》(2020年8月):

第三十一条　省人民政府碳排放权交易主管部门应当及时向社会公布下列信息:

(一)纳入碳排放权交易的温室气体种类;

(二)纳入碳排放权交易的行业;

(三)纳入碳排放权交易的重点排放单位标准以及名单;

(四)碳排放配额的分配方法;

(五)碳排放配额使用、存储和注销的规则;

(六)年度重点排放单位的碳排放和配额清缴情况;

(七)备案的第三方核查机构名单;

(八)经确定的交易机构名单;

(九)其他依法应当公布的信息。

2.《广东省碳排放管理试行办法》(2020年5月):

第二十八条　省生态环境部门应当定期通过政府网站或者新闻媒体向社会公布控排企业和单位、报告企业履行本办法的情况。

省生态环境部门应当向社会公开核查机构名录,并加强对核查机构及其核查工作的监督管理。

3.《湖北省碳排放权管理和交易暂行办法》(2014年6月):

第二十一条　每年7月份最后一个工作日,主管部门应当公布企业配额缴还信息。

4.《深圳市碳排放权交易管理暂行办法》(2014年3月):

第六条

……

主管部门应当会同相关部门建立碳排放权交易公共服务平台网站,及时披露和公开碳排放权交易相关管理信息。

第三十八条　主管部门应当于每年7月31日前,在其门户网站和碳排放权交易公共服务平台网站,公布管控单位履约名单及履约状态。

二、条 文 析 义

条文总体解释

1. 目的和依据

本条是关于重点排放单位年度碳排放配额清缴情况信息公开的规定。

2. 内容

本条规定生态环境部和省级生态环境主管部门,应当按照职责分工,定期公开重点排放单位年度碳排放配额清缴情况等信息。生态环境部公开全国碳排放配额清缴情况等信息,而省级生态环境部门公开本区域的重点排放单位年度碳排放配额清缴情况等信息。

相关建议

碳排放配额是虚拟资产,信息公开有助于界定和明晰产权,确保交易过程公平、公正和无欺。如此,才能产生能够优化资源配置的碳价信息,达到建立碳排放交易市场的真正目的。

2013年以来陆续启动的7省市碳排放交易试点,均未强调推进信息披露制度建设。试点运行期出现了价格波动性大、市场价格发现功能发挥受限等问题,碳价走势很难由市场形成预期,这很大程度上与市场缺乏透明度相关。7个试点碳市场的地方性法规或政府规章中关于信息公开的部分,均未涉及交易者的碳排放数据、政府配额分配情况或核查机构核查信息的公开。不同试点碳市场的信息公开规则也不一样,大多数仅要求公开控制排放单位的清单以及履约/违约单位清单,而一些试点碳市场甚至还未能达到这一基本要求。本条对重点排放单位年度碳排放配额清缴情况信息公开作出了明确规定,但在以下方面有待进一步完善。

第一,进一步明确信息公开的方式。本条没有明确重点排放单位年度碳排放配额清缴情况公开的地点,建议未来进一步明确。

第二,建议进一步明确信息公开的内容。本条没有明确重点排放单位年度碳排放配额清缴情况公开的具体内容。为了提高碳市场透明度，强化社会监督，笔者建议，不仅要公开清缴的名单，还应公开每个企业的具体清缴履约情况。

第三十三条

全国碳排放权注册登记机构和全国碳排放权交易机构应当遵守国家交易监管等相关规定，建立风险管理机制和信息披露制度，制定风险管理预案，及时公布碳排放权登记、交易、结算等信息。

全国碳排放权注册登记机构和全国碳排放权交易机构的工作人员不得利用职务便利谋取不正当利益，不得泄露商业秘密。

一、国内外立法例

全国立法例

《碳排放权交易管理暂行办法》（2014年国家发改委发布）：

第三十五条　交易机构应建立交易信息披露制度，公布交易行情、成交量、成交金额等交易信息，并及时披露可能影响市场重大变动的相关信息。

地方立法例

1.《北京市碳排放权交易管理办法（试行）》（2014年5月）：

第十六条　市人民政府确定承担碳排放权交易的场所（以下简称"交易场所"），交易场所应当制定碳排放权交易规则，明确交易参与方的权利义务和交易程序，披露交易信息，处理异常情况。

交易场所应当加强对交易活动的风险控制和内部监督管理，组织并监督交易、结算和交割等交易活动，定期向市发展改革委和市金融局报告交易情况。

2.《福建省碳排放权交易管理暂行办法》（2020年8月）：

第二十一条　交易机构应当制定交易规则，报省人民政府碳排放权交易主管部门批准后实施。

交易机构应当建立交易系统,并与注册登记系统等信息平台联网。

交易机构应当建立交易信息披露制度,及时公布交易行情、成交量、成交金额等交易信息,并及时披露可能影响市场重大变动的相关信息。交易机构不得泄露交易主体的商业秘密。

交易机构应当建立和执行风险管理制度。

3.《广东省碳排放管理试行办法》(2020年5月):

第二十四条 交易平台为省人民政府指定的碳排放交易所(以下简称交易所)。交易所应当履行以下职责:

(一)制订交易规则。

(二)提供交易场所、系统设施和服务,组织交易活动。

(三)建立资金结算制度,依法进行交易结算、清算以及资金监管。

(四)建立交易信息管理制度,公布交易行情、交易价格、交易量等信息,及时披露可能导致市场重大变动的相关信息。

(五)建立交易风险管理制度,对交易活动进行风险控制和监督管理。

(六)法律法规规定的其他职责。

交易规则应当报省生态环境部门、省地方金融监督管理部门审核后发布。

4.《湖北省碳排放权管理和交易暂行办法》(2014年6月):

第二十六条 交易机构应当制定交易规则,明确交易参与方的权利义务、交易程序、交易方式、信息披露及争议处理等事项。

5.《上海市碳排放管理试行办法》(2013年11月):

第二十条(交易规则)

交易所应当制订碳排放交易规则,明确交易参与方的条件、交易参与方的权利义务、交易程序、交易费用、异常情况处理以及纠纷处理等,报经市发展改革部门批准后由交易所公布。

交易所应当根据碳排放交易规则,制定会员管理、信息发布、结算交割以及风险控制等相关业务细则,并提交市发展改革部门备案。

第二十五条(交易信息管理)

交易所应当建立碳排放交易信息管理制度,公布交易行情、成交量、成交金额等交易信息,并及时披露可能影响市场重大变动的相关信息。

第二十八条(风险管理)

市发展改革部门根据经济社会发展情况、碳排放控制形势等,会同有关部门采取相应调控措施,维护碳排放交易市场的稳定。

交易所应当加强碳排放交易风险管理,并建立下列风险管理制度:

(一)涨跌幅限制制度;

(二)配额最大持有量限制制度以及大户报告制度;

(三)风险警示制度;

(四)风险准备金制度;

(五)市发展改革部门明确的其他风险管理制度。

第三十三条(交易所)

交易所应当配备专业人员,建立健全各项规章制度,加强对交易活动的风险控制和内部监督管理,并履行下列职责:

(一)为碳排放交易提供交易场所、系统设施和交易服务;

(二)组织并监督交易、结算和交割;

(三)对会员及其客户等交易参与方进行监督管理;

(四)市发展改革部门明确的其他职责。

交易所及其工作人员应当自觉遵守相关法律、法规、规章的规定,执行交易规则的各项制度,定期向市发展改革部门报告交易情况,接受市发展改革部门的指导和监督。

6.《深圳市碳排放权交易管理暂行办法》(2014年3月):

第五十二条 深圳排放权交易所(以下简称交易所)是本市碳排放权交易活动的指定交易机构。交易所主要履行下列职责:

(一)为碳排放权交易提供交易场所、设施和服务;

(二)制定交易规则;

(三)实时披露、更新交易活动信息;

(四)设置市场监管与风险控制内部机构,监控交易系统的交易行为,预防交易风险和违规行为;

(五)配合主管部门和相关机构查处、纠正违规交易行为;

(六)主管部门规定的其他职责。

管控单位和投资机构从事碳排放权交易业务的工作人员应当取得交易所

核发的交易员资格证书。

第五十七条　交易所应当建立信息公开制度。每个交易日公布当日成交量、成交金额等交易信息。

第五十九条　交易所应当建立大额交易监管、风险警示、涨跌幅限制等必要的风险控制制度，维护市场稳定，防范市场风险。

……

7.《天津市碳排放权交易管理暂行办法》(2020年6月)：

第二十二条　交易机构应建立信息披露制度，公布碳排放权交易即时行情，并按交易日制作市场行情表，予以公布。

第二十三条　交易机构对碳排放权交易实行实时监控，按照市生态环境局要求，报告异常交易情况。

根据需要，交易机构可限制出现重大异常交易情况账户的交易，并报市生态环境局。

8.《重庆市碳排放权交易管理暂行办法》(2014年3月)：

第二十六条　交易所应当建立信息公开制度，公布交易行情、成交量、成交金额等交易信息，并及时披露可能对市场行情造成重大影响的信息。

第二十七条　交易所应当加强碳排放权交易风险管理，建立涨跌幅限制、风险警示、违规违约处理、交易争议处理等风险管理制度。

二、条文析义

条文总体解释

1. 目的和依据

为了明确全国碳排放权注册登记机构和全国碳排放交易机构在风险管理、信息披露方面的义务，以及两个机构工作人员的行为规则，特制定本条。

2. 内容

本条规定的主要内容包括以下两个方面：

第一，规定了全国碳排放权注册登记机构和全国碳排放交易机构在风险管理、信息披露方面的义务，即全国碳排放权注册登记机构和全国碳排放交易机构应当遵守国家交易监管等相关规定,建立风险管理机制和信息披露制度,制定风险管理预案,及时公布碳排放配额登记、交易、结算等信息。

第二,规定了全国碳排放权注册登记机构和全国碳排放交易机构工作人员的行为规则,即全国碳排放权注册登记机构和全国碳排放交易机构的工作人员不得利用职务便利谋取不正当利益,不得泄露商业秘密。

关键概念解释

1. 风险与风险管理

风险是指在某一特定环境下,在某一特定时间段内,某种损失发生的可能性。风险是由风险因素、风险事故和风险损失等要素组成。换句话说,风险是在某一个特定时间段里,人们所期望达到的目标与实际出现的结果之间产生的距离。风险管理是社会组织或者个人用以降低风险的消极结果的决策过程,通过风险识别、风险估测、风险评价,并在此基础上选择与优化组合各种风险管理技术,对风险实施有效控制和妥善处理风险所致损失的后果,从而以最小的成本获得最大的安全保障。

2. 碳市场的风险

(1) 法律风险

法律风险是由碳排放交易法律法规不完善所带来的,可能对参与方或公众带来利益的损害及对碳排放交易体系稳定性造成影响。法律风险存在于交易体系的各个环节。中国目前尚未出台碳交易的专项法规,对碳排放权属性等基本法律问题尚无明确界定,一定程度上给碳市场带来风险。碳排放权的正当性和合法性并没有受到法律的保障。此外,全国碳排放交易和各个碳交易试点地区针对企业无法按时履约或者未能履约的情况均制定了相应的惩罚措施,但惩罚力度亟待加强。

(2) 违约风险

违约风险一般指不能按时向证券持有人支付本息而给投资者造成损失的可能性。在碳市场中,由于信息披露等方面的不尽完善,可能存在碳配额买家的违约风险,以及由于跨区域性、信息不透明造成的交易体系或监管机制漏洞而导致的各类欺诈行为。此外,在控排企业温室气体数据监测、报告和核查的过程中也可能产生企业或核查人员故意瞒报、少报等造假行为引致的"道德风险"将会直接影响碳交易的公平性和配额分配的有效性。

（3）操作风险

违规操作是金融市场操作风险的重要诱因,主要可分为操纵市场和内幕交易。从系统技术层面来看,操作风险主要是由于人为错误、系统故障以及工作程序和内控不当等因素引起的。

在碳交易中,操纵市场主要是指部分机构投资者、个人投资者,交易平台等主体依托自身资金、信息等优势,诱导投资者在不了解碳市场情况下做出投资决定。内幕交易一般是指内幕知情人及以不正当手段获取碳交易内幕信息的其他人员,违反相关规定泄露企业核查信息、企业碳资产组成情况以及碳交易相关信息,并根据上述内幕信息进行碳金融产品买卖或者向他人提出买卖建议行为。

从系统技术层面来看,碳排放配额作为碳金融交易的基础资产是一种虚拟化的无形电子凭证,仅存在于配额和核证减排量的注册登记系统中,注册登记系统人为操作失误、系统漏洞而导致的配额盗窃及重复利用等问题都是碳市场中特有的操作风险,相较于传统金融市场该类风险的影响更为深远,而且会在短时间内迅速传播,间接引致市场风险和信用风险,造成重大经济损失。

（4）市场风险

在传统金融市场中,分析师会根据宏观经济和市场数据设定资产价格波动的合理区间,在上述区间内的价格波动被视为正常的市场调整行为,为市场提供一定流动性的同时也为市场参与者提供了操作的空间和盈利的可能性,该类价格波动将会通过大量的交易行为在市场内进行自我化解。相反,超出合理价格区间的异常波动被视为市场风险的主要标志。碳价的异常波动往往会对碳市场整体的稳定性、企业碳资产价值造成负面影响,并降低碳资产的流动性,过高的碳价将会直接增加企业的履约成本、影响企业正常的生产经营,而碳价过低则会造成企业持有碳资产的贬值、降低社会对节能减排和低碳项目的投资预期[①]。

3. 碳市场的风险管理

为推动全面风险管理的实施,建立规范、有效的风险控制体系,提高风险

---

① 王颖,张昕,刘海燕等.碳金融风险的识别和管理[J].西南金融,2019,(02):41—48.

防控能力,加强交易风险管理,维护交易各方的合法权益,维护碳排放交易市场的稳定。交易机构实行以下几种风险管理制度。

(1) 涨跌幅限制制度

为抑制市场的过度投机行为,防止交易价格出现暴涨暴跌,交易机构设定不同交易方式的涨跌幅比例,并可以根据市场风险状况对涨跌幅比例进行调整。

(2) 配额最大持仓量限制制度

交易机构规定交易主体可以持有的碳配额产品的最大数额并对交易主体的最大持仓量进行实时监控,通过限制交易主体持有的碳配额产品总量,更好地防范市场风险。

(3) 大户报告制度

交易主体的持仓量达到交易机构规定的大户报告标准的,交易主体应当向交易机构报告,便于交易所审查大户是否有过度投机和操纵市场行为以及大户的交易风险情况。

(4) 风险警示制度

交易机构可以采取要求交易主体报告情况、发布书面警示和风险警示公告、限制交易等措施,警示和化解风险。

(5) 风险准备金制度

风险准备金是指由交易机构设立,用于为维护碳排放交易市场正常运转提供财务担保和弥补不可预见风险带来的亏损的资金。风险准备金应当单独核算,专户存储。

(6) 异常交易监控制度

交易主体违反交易规则或者交易机构业务规则、对市场正在产生或者将产生重大影响的,交易机构可以对该交易主体采取限制资金或者交易产品的划转和交易、限制相关账户使用等临时措施,防止违规行为后果进一步扩大,对市场产生重大影响。

国内外相关经验

商品期货市场等金融市场都建立了较为完备的风险控制制度,主要有涨跌停板制度、持仓限额制度、大户报告制度、强行平仓制度等。另外,商品期货市场等金融市场也建立了较为完备的信息披露制度。

1. 涨跌停板制度

涨跌停板制度又称每日价格最大波动限制,即指期货合约在一个交易日中的交易价格波动不得高于或低于规定的涨跌幅度,超过该涨跌幅度的报价将被视为无效,不能成交。

2. 持仓限额制度

持仓限额制度是指期货交易所为了防范操纵市场价格的行为和防止期货市场风险过度集中于少数投资者,对会员及客户的持仓数量进行限制的制度。超过限额,交易所可按规定强行平仓或提高保证金比例。

3. 大户报告制度

大户报告制度是指当会员或客户某品种持仓合约的投机头寸达到交易所对其规定的头寸持仓限量80%以上(含本数)时,会员或客户应向交易所报告其资金情况、头寸情况等,客户须通过经纪会员报告。大户报告制度是与持仓限额制度紧密相关的又一个防范大户操纵市场价格、控制市场风险的制度。

4. 强行平仓制度

强行平仓制度,是指当会员或客户的交易保证金不足并未在规定的时间内补足,或者当会员或客户的持仓量超出规定的限额时,或者当会员或客户违规时,交易所为了防止风险进一步扩大,实行强行平仓的制度。简单地说,就是交易所对违规者的有关持仓实行平仓的一种强制措施。

5. 信息披露制度

信息披露制度是指期货交易所按有关规定公布期货交易有关信息的制度。期货交易所应当及时公布上市品种合约的成交量、成交价、持仓量、最高级与最低价、开盘价与收盘价和其他应当公布的即时行情,并应保证即时行情真实准确。期货交易所不得发布价格预测信息。未经期货交易所许可,任何单位和个人不得发布期货即时行情。

第三十四条

交易主体违反本办法关于碳排放权注册登记、结算或者交易相关规定的,全国碳排放权注册登记机构和全国碳排放权交易机构可以按照国家有关规定,对其采取限制交易措施。

一、国内外立法例

地方立法例

1.《深圳市碳排放权交易管理暂行办法》(2014年3月)：

第五十五条　市场交易主体应当遵循公平、自愿、诚实、守信的原则从事交易活动,不得有下列行为：

(一)交易已经注销的配额或者核证自愿减排量；

(二)交易非法取得的配额或者核证自愿减排量；

(三)超过自身配额、核证自愿减排量持有数量或者资金支付能力从事交易；

(四)主管部门或者交易所禁止的其他交易行为。

第七十六条　市场交易主体违反本办法第五十五条的规定,违法从事交易活动的,由主管部门责令停止违法行为,返还不当得利,并处五万元以下罚款；情节严重的,处十万元以下罚款。给其他交易方造成损失的,应当依法承担赔偿责任。

2.《重庆市碳排放权交易管理暂行办法》(2014年3月)：

第二十八条　交易所对交易行为实行实时监控,并及时向监管部门和主管部门报告异常交易情况。

交易所可以对出现重大异常交易情况的交易主体行使有关监管职权和采取必要的处理措施,并报监管部门和主管部门备案。

二、条文析义

条文总体解释

1. 目的和依据

为了明确全国碳排放权注册登记机构和全国碳排放交易机构的监督管理权限,以及交易主体违反本办法的登记、交易、结算行为时,两个机构可以采取的措施,特制定本条。

2. 内容

本条规定主要包括以下两个方面的内容:

第一,规定了全国碳排放权注册登记机构和全国碳排放交易机构的监督管理权限,即两个机构对交易主体违反本办法关于碳排放配额注册登记、结算或者交易相关规定的,都有权进行监督管理。

第二,规定了全国碳排放权注册登记机构和全国碳排放交易机构对交易主体违规处置的措施。

关键概念解释

1. 交易主体违规行为

交易主体违规行为包括交易主体通过欺诈、恶意串通、散布虚假信息等方式操纵碳排放交易的行为和其他违反相关交易管理规则的行为。一般来说,在具有会员和客户两个层级的交易市场中,对于交易主体的违规行为可采取下列措施:通报批评、限制资金或交易产品的划转、暂停或限制相关账户的买卖、暂停或限制相关业务、限制相关账户功能、取消交易资格、责令停止会员资格或终止相关业务等措施。本条仅仅规定了对交易主体的违规行为采取限制交易措施。

2. 违规违约行为的分类

(1) 违反会员管理规定行为

会员有下列会员管理规定行为之一的,交易所有权要求其限期改正。同时,可以根据情节轻重,采取谈话提醒、书面警示、通报批评、暂停或者限制相关账户交易、取消交易资格、取消会员资格等措施:

① 以欺骗手段获取会员资格或者在资格变更中具有违规情形;

② 未按规定向交易所履行报告义务;

③ 违反交易所会员联系人制度规定;

④ 未按照规定履行审核义务,为不符合开户条件的客户办理开户手续;

⑤ 以任何形式挪用客户资金;

⑥ 不按照规定缴纳各项费用;

⑦ 非代理类会员从事代理业务;

⑧ 未经交易所授权同意或超过授权范围,擅自使用交易所的标识及文字

用于经营活动；

（2）违反交易管理行为

会员或客户有下列违反交易管理规定行为之一的，交易所有权要求其限期改正。同时，可以根据情节轻重，采取谈话提醒、书面警示、通报批评、暂停或者限制相关账户交易、取消交易资格、取消会员资格等措施：

① 私下将账户借给他人使用；

② 窃取其他会员或客户成交量、成交金额等商业秘密或者破坏交易系统；

③ 未协助交易所对其客户采取限制性措施；

④ 未按规定保管有关交易、财务、会计等资料；

⑤ 涂改、伪造、买卖各种凭证或审批文件；

⑥ 假借交易之名从事非法活动；

⑦ 交易所认定的其他违规行为。

（3）会员欺诈客户行为

会员有下列欺诈客户行为之一的，交易所有权要求其限期改正。同时，可以根据情节轻重，采取谈话提醒、书面警示、通报批评、暂停或者限制相关账户交易、取消交易资格、取消会员资格等措施：

① 未按照规定向客户揭示风险；

② 向客户做获利保证；

③ 未严格按照客户委托内容进行交易；

④ 隐瞒重要事项或者使用其他不正当手段，诱骗客户发出交易指令；

⑤ 编造或故意传播虚假信息误导、欺诈客户；

⑥ 未将客户交易指令下达到交易所；

⑦ 利用客户账户为自己或他人交易；

⑧ 其他欺诈客户的行为。

（4）异常交易行为

会员或客户有下列可能影响碳排放交易价格或者交易量的异常交易行为之一的，交易所可以采取电话提醒、要求报告情况、要求提交书面承诺、约见谈话、限制相关账户交易等措施；情节严重的，交易所可以根据交易规则、本办法及风险控制管理规定等采取相应监管措施和处置措施：

① 以自己为交易对象，大量或者多次进行自买自卖，或在自己实际控制

的账户之间大量或者多次进行互为对手方交易;

② 大额申报、连续申报、密集申报或者申报价格明显偏离申报时的最新成交价格,可能影响交易价格或者误导其他客户进行交易;

③ 大量或者多次申报并撤销申报,可能影响交易价格或者误导其他客户进行交易;

④ 大量或者多次进行高买低卖交易;

⑤ 在同一价位或者相近价位大量或者频繁进行隔日反向交易的;

⑥ 在协议转让交易中进行虚假或其他扰乱市场秩序的申报;

⑦ 通过计算机程序自动批量下单、快速下单,影响交易所系统安全或者正常交易秩序;

⑧ 在计算收盘价或相关参考价格的特定时间,通过拉抬、打压或锁定等手段,影响收盘价或相关参考价格的;

⑨ 编造、传播、散布虚假信息,影响交易价格或者误导其他会员或客户的;

⑩ 涉嫌通过碳排放交易进行利益输送,且成交金额较大的;

⑪ 交易所认定的其他情形。

(5) 违反风控规定行为

会员或客户有下列违反风险控管理规定行为之一的,交易所有权要求其限期改正。同时,可以根据情节轻重,采取谈话提醒、书面警示、通报批评、暂停或者限制相关账户交易、取消交易资格、取消会员资格等措施:

① 违反最大持有量限制制度有关要求;

② 未按照规定履行大户报告义务;

③ 违反风险警示制度有关要求;

④ 其他违反交易所风控规定的行为。

(6) 违反信息管理规定行为

会员、客户、软硬件服务提供者,以及其他使用、传播交易所交易信息的机构和个人具有下列违反信息管理规定行为之一的,交易所有权要求其限期改正。同时,可以根据情节轻重,采取谈话提醒、书面警示、通报批评、暂停或者限制相关账户交易、暂停或者限制相关业务、取消交易资格、取消会员资格或终止相关业务等措施:

① 发布虚假的或者带有误导性质的信息;

② 未经交易所许可,擅自发布、使用和传播交易信息;
③ 未经交易所同意,擅自出售、转接交易信息;
④ 未经交易所授权,将交易信息用于信息使用协议载明的用途之外;
⑤ 发现传播的交易信息内容有错误,未按照规定处理;
⑥ 违反保密义务,擅自泄露不宜公开的信息;
⑦ 其他违反信息管理办法的行为。

(7) 其他违规违约行为

会员、客户等碳排放交易市场其他参与者有下列行为之一的,交易所有权要求其限期改正。同时,可以根据情节轻重,采取谈话提醒、书面警示、通报批评、暂停或者限制相关账户交易、暂停或者限制相关业务、取消交易资格、取消会员资格或终止相关业务等措施:

① 拒不配合交易所常规检查、专项调查;
② 进行虚假性、误导性或者遗漏重要事实的申报、陈述、解释或者说明;
③ 提供虚假的文件、资料或者信息。

相关建议

第一,进一步完善违规行为处理的权利机构。根据登记结算行为与交易行为的性质差异,笔者建议,明确规定违反登记结算规定的,由全国碳排放权注册登记机构牵头对交易主体的违规行为进行界定、处理;违反交易规定的,由全国碳排放交易机构牵头对交易主体的违规行为进行界定、处理。

第二,进一步区分违规行为类型,制定相应的法律规定。首先,登记结算行为与交易行为的违规特征存在差异。一般来说,登记结算中的违规行为多是违法行为,而交易中的违规行为也可能是违约行为,因此,建议进一步区分登记结算行为与交易行为的违规特征差异,并据此制定相关法律规定。其次,不同的违规行为,违规性质和违规程度也存在差异,对市场的影响程度有所不同。因此,应该区分违规行为的违规性质和违规程度,制定对应的法律规定。

第三十五条

鼓励公众、新闻媒体等对重点排放单位和其他交易主体的碳排放权交易及相关活动进行监督。

重点排放单位和其他交易主体应当按照生态环境部有关规定,及时公开有关全国碳排放权交易及相关活动信息,自觉接受公众监督。

一、国内外立法例

地方立法例

《天津市碳排放权交易管理暂行办法》(2020年6月):

第二十六条 市生态环境局应公布举报电话和电子邮箱,接受公众监督。任何单位和个人有权对碳排放权交易中的违法违规行为进行投诉或举报。市生态环境局应如实登记并按有关规定进行处理。

二、条文析义

条文总体解释

1. 目的和依据

本条是关于全国碳排放交易活动中社会监督的规定。

2. 内容

本条规定主要包括以下两个方面的内容:

第一,规定了应鼓励公众、新闻媒体等对重点排放单位和其他交易主体的碳排放交易及相关活动进行监督。

第二,规定了重点排放单位和其他交易主体自觉接受公众监督的义务,即重点排放单位和其他交易主体应当按照生态环境部有关规定,及时公开有关全国碳排放交易及相关活动信息,自觉接受公众监督。

关键概念解释

1. 社会监督

社会监督是指社会依据宪法和法律赋予的权利,以法律和社会及职业道德规范为准绳,对重点排放单位和其他交易主体的一切行为进行监督,主要有公民监督和舆论监督两种社会监督的行为主体。社会监督的主体是不具有国家权力的各政治党派、社会团体、群众组织、公民个人和大众传媒等社会力量,这是人民主权原则的直接体现。社会监督的主体由于所处位置不同,切身利益不同,所获取有关信息也不同,所作出的社会监督在某种程度上会更有力、更有效、更有说服力。这种监督的特点是非国家权力性和法律强制性,监督的实现在很大程度上取决于国家的民主化水平和有关人员的法律意识、民主观念、道德水平以及社会舆论的作用。

相关建议

进一步明确重点排放单位和其他交易主体信息公开的方式、程度以及内容。

本条仅提出重点排放单位和其他交易主体应当按照生态环境部有关规定,及时公开有关全国碳排放交易及相关活动信息,自觉接受公众监督。建议进一步明确信息公开的方式、程度以及内容。

第三十六条

公民、法人和其他组织发现重点排放单位和其他交易主体有违反本办法规定行为的,有权向设区的市级以上地方生态环境主管部门举报。

接受举报的生态环境主管部门应当依法予以处理,并按照有关规定反馈处理结果,同时为举报人保密。

一、国内外立法例

地方立法例

1.《深圳市碳排放权交易管理暂行办法》(2014年3月):

第六十八条 任何单位和个人对管控单位的碳排放量化、报告,核查机构的核查活动以及市场参与主体交易过程中的违法违规行为,有权向主管部门或者其他部门举报。受理举报的部门应当及时调查处理并将处理结果反馈举报人,同时为举报人保密。

2.《天津市碳排放权交易管理暂行办法》(2020年6月):

第二十六条 市生态环境局应公布举报电话和电子邮箱,接受公众监督。任何单位和个人有权对碳排放权交易中的违法违规行为进行投诉或举报。市生态环境局应如实登记并按有关规定进行处理。

二、条文析义

条文总体解释

1. 目的和依据

本条是关于全国碳排放交易活动中公众举报的规定。

2. 内容

本条规定主要包括以下两个方面的内容:

第一,规定了相关主体的举报权,即公民、法人和其他组织发现重点排放单位和其他交易主体有违反本办法规定行为的,有权向设区的市级以上地方生态环境主管部门举报。

第二,规定了接受举报的生态环境主管部门应履行的义务,即接受举报的生态环境主管部门应当依法予以处理,并按照有关规定反馈处理结果,同时为举报人保密。

关键概念解释

1. 举报

本条所称的举报,是指自然人、法人或者其他组织向生态环境主管部门反映重点排放单位或其他交易主体涉嫌违反本管理办法的行为。

举报作为监督的有效形式,主要具有以下作用:方便对违纪、违法、犯罪等行为的监督,任何单位和个人都可以通过举报进行检举和控告,要求予以处理;方便公民行使民主权利;专门机关通过举报可以获得大量的举报线索,有利于专门机关履行职责,尤其是监督职责;将群众监督纳入法制轨道,有利于社会的稳定。

相关建议

参考环保法的规定,进一步完善对碳排放交易活动举报的奖励等相关规定。

《中华人民共和国环境保护法》第六条和第八条规定:

第六条　一切单位和个人都有保护环境的义务,并有权对污染和破坏环境的单位和个人进行检举和控告。

第八条　对保护和改善环境有显著成绩的单位和个人,由人民政府给予奖励。

其中第六条是关于单位和个人权利义务的规定,是环境保护法基本原则——公众参与原则的体现。

公众参与原则是指环境法通过各种法定的形势和途径,鼓励公众积极参与环境保护事业,维护他们对污染和破坏环境的行为依法进行监督的权利。具体内容包括:①任何公民和社会组织都享有保护环境的权利,同时也负有保护环境的义务。②公民有对污染破坏环境的行为进行监督、检举和控告的权利。

第八条则是对公众保护环境的行为进行奖励的规定。

相比《中华人民共和国环境保护法》第六条、第八条,本办法①增加了举报的途径——向设区的市级以上地方生态环境主管部门举报,但比较笼统,建议细化举报程序,使公众和社会团体通过规范化的程序表达意见。②增加了对举报人的保护保密规定。③本办法仅强调了公民、法人和其他组织有对重点排放单位或其他交易主体涉嫌违反本管理办法的行为进行监督、举报的权利,缺少这也是公众保护环境的义务的规定。建议增加相关内容,提高全民的环境意识。④缺少对公众举报为实的行为进行奖励的规定。建议增加相关规定,增加公众共同参与治理的积极性,充分发挥公众的监督作用。

第七章 罚 则

第三十七条

生态环境部、省级生态环境主管部门、设区的市级生态环境主管部门的有关工作人员,在全国碳排放权交易及相关活动的监督管理中滥用职权、玩忽职守、徇私舞弊的,由其上级行政机关或者监察机关责令改正,并依法给予处分。

一、国内外立法例

全国立法例

《碳排放权交易管理暂行办法》(2014年国家发改委发布):

第四十五条 国务院碳交易主管部门和省级碳交易主管部门及其工作人员,未履行本办法规定的职责,玩忽职守、滥用职权、利用职务便利牟取不正当利益或者泄露所知悉的有关单位和个人的商业秘密的,由其上级行政机关或者监察机关责令改正;情节严重的,依法给予行政处罚;构成犯罪的,依法追究刑事责任。

地方立法例

1.《北京市碳排放权交易管理办法(试行)》(2014年5月):

第二十四条 承担碳排放权交易监管职责的行政部门及其工作人员,不履行本办法规定的职责,滥用职权、玩忽职守,利用职务便利牟取不正当利益的,依法追究法律责任。

2.《福建省碳排放权交易管理暂行办法》(2020年8月):

第三十九条 违反本办法规定,国家工作人员在碳排放权交易监督管理活动中滥用职权、玩忽职守、徇私舞弊的,由其所在单位、监察机关或者上级主管部门对直接负责的主管人员和其他直接责任人员依法给予处分;构成犯罪的,依法追究刑事责任。

3.《广东省碳排放管理试行办法》(2020年5月):

第四十条 生态环境部门、相关管理部门及其工作人员,违反本办法规定,有下列行为之一的,由有关机关责令改正并通报批评;情节严重的,对负有责任的主管人员和其他责任人员,由任免机关或者监察机关按照管理权限给予处分;构成犯罪的,依法追究刑事责任:

(一)在配额分配、碳排放核查、碳排放量审定、核查机构管理等工作中,谋取不正当利益的;

(二)对发现的违法行为不依法纠正、查处的;

(三)违规泄露与配额交易相关的保密信息,造成严重影响的;

(四)其他滥用职权、玩忽职守、徇私舞弊的违法行为。

4.《湖北省碳排放权管理和交易暂行办法》(2014年6月):

第五十一条 主管部门、有关行政机关及其工作人员,在碳排放权管理过程中玩忽职守、滥用职权、徇私舞弊的,依法给予行政处分;构成犯罪的,依法追究刑事责任。

5.《上海市碳排放管理试行办法》(2013年11月):

第四十三条(行政责任)

市发展改革部门和其他有关部门的工作人员有下列行为之一的,依法给予警告、记过或者记大过处分;情节严重的,给予降级、撤职或者开除处分;构成犯罪的,依法追究刑事责任:

(一)在配额分配、碳排放核查、碳排放量审定、第三方机构管理等工作中,徇私舞弊或者谋取不正当利益的;

(二)对发现的违法行为不依法纠正、查处的;

(三)违规泄露与碳排放交易相关的保密信息,造成严重影响的;

(四)其他未依法履行监督管理职责的情形。

6.《深圳市碳排放权交易管理暂行办法》(2014年3月):

第六十九条 行政机关及其工作人员在碳排放权交易管理中不得泄漏国家秘密、工作秘密或者因履行职责掌握的商业秘密、个人隐私。

第七十九条 主管部门、相关职能部门及其工作人员不依照本办法规定履行职责,在碳排放权交易管理中玩忽职守、滥用职权、徇私舞弊的,对负有责任的领导人员和直接责任人员依法给予处分;给他人造成经济损失的,依法承担赔偿责任;涉嫌犯罪的,依法移送司法机关处理。

7.《重庆市碳排放权交易管理暂行办法》(2014年3月):

第三十九条 主管部门和其他有关部门的工作人员有违法违规行为的,依法给予处分;造成经济损失的,依法承担赔偿责任;涉嫌犯罪的,移送司法机关依法处理。

二、条文析义

条文总体解释

1. 目的和依据

本条是关于主管部门工作人员责任追究的规定。

2. 内容

本条规定主要包括以下两个方面的内容:

第一,规定了对主管部门工作人员进行责任追究的范围,即生态环境部、省级生态环境主管部门、设区的市级生态环境主管部门的有关工作人员,在全国碳排放交易及相关活动的监督管理中滥用职权、玩忽职守、徇私舞弊的,应开展责任追究。

第二,规定了对主管部门工作人员进行责任追究的权利机构以及追究方式,即由主管部门的上级行政机关或者监察机关责令改正,并依法给予处分。

关键概念解释

1. 滥用职权

滥用职权是指背离法律、法规赋予的职权要求和工作的宗旨,不正当行使职权的行为。

2. 玩忽职守

玩忽职守是指对本职工作漫不经心、疏忽大意不履行或不正确履行职责的行为。

3. 徇私舞弊

徇私舞弊是指利用职务包庇、窝藏违法行为人，掩饰、隐瞒有关违法事实的行为。

第三十八条

全国碳排放权注册登记机构和全国碳排放权交易机构及其工作人员违反本办法规定，有下列行为之一的，由生态环境部依法给予处分，并向社会公开处理结果：

（一）利用职务便利谋取不正当利益的；

（二）有其他滥用职权、玩忽职守、徇私舞弊行为的。

全国碳排放权注册登记机构和全国碳排放权交易机构及其工作人员违反本办法规定，泄露有关商业秘密或者有构成其他违反国家交易监管规定行为的，依照其他有关规定处理。

一、国内外立法例

全国立法例

《碳排放权交易管理暂行办法》（2014年国家发改委发布）：

第四十三条　交易机构及其工作人员有下列情形之一的，由国务院碳交易主管部门责令限期改正；逾期未改正的，依法给予行政处罚；给交易主体造成经济损失的，依法承担赔偿责任；构成犯罪的，依法追究刑事责任：

（一）未按照规定公布交易信息；

（二）未建立并执行风险管理制度；

（三）未按照规定向国务院碳交易主管部门报送有关信息；

（四）开展违规的交易业务；

（五）泄露交易主体的商业秘密；

（六）其他违法违规行为。

地方立法例

1.《北京市碳排放权交易管理办法(试行)》(2014年5月)：

第二十三条　交易场所及其工作人员违反法律法规规章及本办法规定的,责令限期改正；对交易主体造成经济损失的,依法承担赔偿责任；构成犯罪的,依法承担刑事责任。

2.《福建省碳排放权交易管理暂行办法》(2020年8月)：

第三十五条　违反本办法第二十一条规定,交易机构及其工作人员有下列行为之一的,由省人民政府碳排放权交易主管部门责令限期改正；逾期未改正的,处以1万元以上3万元以下罚款；给交易参与者造成经济损失的,依法承担民事赔偿责任；构成犯罪的,依法追究刑事责任：

（一）未制定并执行交易规则；

（二）未公布交易信息；

（三）泄露交易主体的商业秘密；

（四）未建立并执行风险管理制度。

3.《广东省碳排放管理试行办法》(2020年5月)：

第三十八条　交易所有下列行为之一的,由省生态环境部门责令改正,并处1万元以上5万元以下罚款：

（一）未按照规定公布交易信息的；

（二）未建立并执行风险管理制度的。

4.《湖北省碳排放权管理和交易暂行办法》(2014年6月)：

第四十九条　碳排放权交易主体、交易机构违反本办法第三十条规定的,主管部门予以警告。有违法所得的,没收违法所得,并处违法所得1倍以上3倍以下,但最高不超过15万元的罚款；没有违法所得的,处以1万元以上5万元以下的罚款。

5.《上海市碳排放管理试行办法》(2013年11月)：

第四十二条(交易所责任)

交易所有下列行为之一的,由市发展改革部门责令限期改正,处以1万元以上5万元以下罚款：

（一）未按照规定公布交易信息的；

（二）违反规定收取交易手续费的；

（三）未建立并执行风险管理制度的；

（四）未按照规定向市发展改革部门报送有关文件、资料的。

6.《深圳市碳排放权交易管理暂行办法》(2014年3月)：

第七十七条 交易所违反本办法第五十九条的规定,在监管工作中不履行职责,或者不履行本办法规定的报告义务,由主管部门责令限期改正,并处五万元罚款；情节严重的,处十万元罚款。

交易所违反本办法第六十一条的规定,未按照规定的收费标准进行收费的,由主管部门责令限期改正,退回不符合标准的费用,处五万元罚款。

7.《重庆市碳排放权交易管理暂行办法》(2014年3月)：

第三十八条 交易所在碳排放权交易活动中有违法违规行为的,由主管部门责令限期改正；给交易主体造成经济损失的,依法承担赔偿责任；涉嫌犯罪的,移送司法机关依法处理。

二、条文析义

条文总体解释

1. 目的和依据

本条是关于全国碳排放权注册登记机构和全国碳排放交易机构及其工作人员责任追究的规定。

2. 内容

本条规定主要包括以下两方面的内容：

第一,规定了全国碳排放权注册登记机构和全国碳排放交易机构及其工作人员违规行为的处理规则。本条规定,全国碳排放权注册登记机构和全国碳排放交易机构及其工作人员违反本办法规定,有下列行为之一的,由生态环境部依法给予处分,并向社会公开处理结果：

（一）利用职务便利谋取不正当利益的；
（二）有其他滥用职权、玩忽职守、徇私舞弊行为的。

第二，规定了全国碳排放权注册登记机构和全国碳排放交易机构及其工作人员泄露商业秘密的处理规则。本条规定，全国碳排放权注册登记机构和全国碳排放交易机构及其工作人员违反本办法规定，泄露有关商业秘密或者有构成其他违反国家交易监管规定行为的，依照其他有关规定处理。

相关建议

本条规定了全国碳排放权注册登记机构和全国碳排放交易机构及其工作人员泄露商业秘密的处理规则，但没有具体明确商业秘密的内容，建议进一步明确规定。

第三十九条

重点排放单位虚报、瞒报温室气体排放报告，或者拒绝履行温室气体排放报告义务的，由其生产经营场所所在地设区的市级以上地方生态环境主管部门责令限期改正，处一万元以上三万元以下的罚款。逾期未改正的，由重点排放单位生产经营场所所在地的省级生态环境主管部门测算其温室气体实际排放量，并将该排放量作为碳排放配额清缴的依据；对虚报、瞒报部分，等量核减其下一年度碳排放配额。

一、国内外立法例

全国立法例

《碳排放权交易管理暂行办法》（2014年国家发改委发布）：

第四十条　重点排放单位有下列行为之一的，由所在省、自治区、直辖市的省级碳交易主管部门责令限期改正，逾期未改的，依法给予行政处罚：

（一）虚报、瞒报或者拒绝履行排放报告义务；
（二）不按规定提交核查报告。

逾期仍未改正的，由省级碳交易主管部门指派核查机构测算其排放量，并将该排放量作为其履行配额清缴义务的依据。

地方立法例

1.《北京市碳排放权交易管理办法(试行)》(2014年5月):

第二十二条 报告单位违反本办法第十条、第十一条和第十三条规定的,由市发展改革委根据《决定》进行处罚,并按照相关规定进行处理。

2.《福建省碳排放权交易管理暂行办法》(2020年8月):

第三十六条 违反本办法第二十五条第一款、第二十六条第一款规定,虚报、瞒报、拒绝履行碳排放报告义务,或者拒绝、干扰、阻挠第三方核查机构现场核查,拒绝提交相关材料的,由设区的市人民政府碳排放权交易主管部门责令限期改正,逾期未改正的,处以1万元以上3万元以下罚款。

3.《广东省碳排放管理试行办法》(2020年5月):

第三十五条 违反本办法第七条规定,控排企业和单位、报告企业有下列行为之一的,由省生态环境部门责令限期改正;逾期未改正的,并处罚款:

(一)虚报、瞒报或者拒绝履行碳排放报告义务的,处1万元以上3万元以下罚款。

(二)阻碍核查机构现场核查,拒绝按规定提交相关证据的,处1万元以上3万元以下罚款;情节严重的,处5万元罚款。

4.《湖北省碳排放权管理和交易暂行办法》(2014年6月):

第三十二条

……

企业应当严格依据监测计划实施监测。监测计划发生变更的,应当及时向主管部门报告。

第三十三条 每年2月份最后一个工作日前,纳入碳排放配额管理的企业应当向主管部门提交上一年度的碳排放报告,并对报告的真实性和完整性负责。

第四十七条 企业违反本办法第三十二条和第三十三条规定的,主管部门予以警告、限期履行报告义务,可以处1万元以上3万元以下的罚款。

5.《上海市碳排放管理试行办法》(2013年11月):

第三十七条(未履行报告义务的处罚)

纳入配额管理的单位违反本办法第十二条的规定,虚报、瞒报或者拒绝履行报告义务的,由市发展改革部门责令限期改正;逾期未改正的,处以1万元以上3万元以下的罚款。

6.《深圳市碳排放权交易管理暂行办法》(2014年3月):

第六十三条

……

碳核查机构和统计指标数据核查机构与管控单位相互串通、虚构或者捏造数据,出具虚假报告或者报告严重失实,泄露企业信息,与管控单位有其他利害关系,违反公平竞争原则的,除依照本办法进行处罚外,由市市场监督管理和统计部门按照职责分工,将其从本市核查机构名录中除名。

第六十五条 管控单位拒绝提交碳排放报告或者不足额履行配额履约义务的,除依照本办法进行处罚外,主管部门和相关职能部门还应当采取下列措施:

(一)主管部门将管控单位的信用信息提供给企业信用信息管理机构,并通过碳排放权交易公共服务平台网站、政府网站或者新闻媒体向社会公布;

(二)相关职能部门取消管控单位正在享受的所有财政资金资助,五年内不得批准管控单位取得本市任何财政资助;

(三)管控单位为市、区国有企业的,主管部门将管控单位的违规行为通报市、区国资监管机构。相关国资监管机构应当将碳排放控制责任纳入国有企业绩效考核评价体系。

第六十七条 管控单位未在本办法规定期限内提交年度碳排放报告且经催告仍未提交,或者虚构、捏造碳排放数据的,根据管控单位的能源消耗数据、统计指标数据的变化、同行业同类型企业的碳排放量等因素,从严确定其年度碳排放量。

管控单位未在本办法规定期限内提交统计指标数据报告且经催告仍未提交的,其统计指标数据认定为零。

第七十条 管控单位违反本办法第三十条的规定,虚构、捏造碳排放或者统计指标数据的,由主管部门责令限期改正,并处与实际碳排放量的差额乘以违法行为发生当月之前连续六个月碳排放权交易市场配额平均价格三倍的罚款。

第七十一条 管控单位和核查机构违反本办法第三十条的规定,相互串通虚构或者捏造数据的,由主管部门责令限期改正,并分别对管控单位和核查机构处与实际碳排放量的差额乘以违法行为发生当月之前连续六个月碳排放权交易市场配额平均价格三倍的罚款。

第七十二条 核查机构违反本办法第三十二条第一项的规定,出具虚假报告或者报告严重失实的,由主管部门责令限期改正,并处与实际碳排放量的差额乘以违法行为发生当月之前连续六个月碳排放权交易市场配额平均价格三倍的罚款。给管控单位造成损失的,依法承担赔偿责任。

7.《重庆市碳排放权交易管理暂行办法》(2014年3月):

第三十六条 配额管理单位未按照规定报送碳排放报告、拒绝接受核查和履行配额清缴义务的,由主管部门责令限期改正;逾期未改正的,可以采取下列措施:

(一)公开通报其违规行为;

(二)3年内不得享受节能环保及应对气候变化等方面的财政补助资金;

(三)3年内不得参与各级政府及有关部门组织的节能环保及应对气候变化等方面的评先评优活动;

(四)配额管理单位属本市国有企业的,将其违规行为纳入国有企业领导班子绩效考核评价体系。

二、条文析义

条文总体解释

1. 目的和依据

本条是关于重点排放单位违反温室气体排放报告义务的处罚规定。

2. 内容

为保证碳排放交易机制的有序运行,重点排放单位必须如实披露排放报告并接受核查。本条规定包括以下三个方面的内容:

第一,明确了重点排放单位违反温室气体排放报告义务,应给予处罚的违规行为类型,具体包括三种:虚报、瞒报温室气体排放报告,或者拒绝履行温室气体排放报告义务。

第二,规定了违反温室气体排放报告义务的行政处罚措施,即由其生产经营场所所在地设区的市级以上地方生态环境主管部门责令限期改正,处一万元以上三万元以下的罚款。

第三,规定了逾期未改正的行政处罚措施,即由重点排放单位生产经营场所所在地的省级生态环境主管部门测算其温室气体实际排放量,并将该排放量作为碳排放配额清缴的依据;对虚报、瞒报部分,等量核减其下一年度碳排放配额。

关键概念解释

1. 罚款

罚款是指行政机关依法强制实施对行政违法行为的相对人在一定期限内缴纳一定数量货币的处罚行为。罚款是一种财产罚,通过处罚使当事人在经济上受到损失,警示今后不再发生违法行为。罚款是一种适用范围比较广泛的行政处罚,因而也是行政机关适用最经常、最普遍的行政处罚形式之一。罚款通常由法律、法规和规章规定一定的数额或者幅度。

目前,中国法律、法规和规章规定的罚款方法主要有以下五种:①规定罚款的上限和下限。②只规定罚款的上限而不规定下限。③规定罚款的固定数额。④规定罚款数额以某一特定基数为标准按照一定的倍数计算,具体数额由行政机关确定。⑤没有规定罚款的数额,只规定行政机关可以进行罚款。

相关建议

本条规定了重点排放单位虚报、瞒报温室气体排放报告,或者拒绝履行温室气体排放报告义务的处罚措施。为了提高碳数据的真实性、准确性、可靠性,充分发挥碳市场的减排效应,笔者建议,在《碳排放管理条例》中提高相关违规行为的处罚力度。

第四十条

重点排放单位未按时足额清缴碳排放配额的,由其生产经营场所所在地设区的市级以上地方生态环境主管部门责令限期改正,处二万元以上三万元以下的罚款;逾期未改正的,对欠缴部分,由重点排放单位生产经营场所所在地的省级生态环境主管部门等量核减其下一年度碳排放配额。

一、国内外立法例

欧盟立法例

欧洲议会和欧盟理事会第 2003/87/EC 号指令(2003 年 10 月):

第十六条 罚则(Penalties)

(3)成员国应保证任何未能在每年 4 月 30 日放弃足够配额以弥补其年度排放的经营者或飞机经营者都按照超出的排放部分被追究罚款责任。经营者或飞机经营者应为每吨未放弃的当量排放支付 100 欧元的超额排放罚款。此超额排放罚则并不代表经营者或飞机经营者在下一日历年可以不放弃当年所欠配额。

全国立法例

《碳排放权交易管理暂行办法》(2014 年国家发改委发布):

第四十一条 重点排放单位未按时履行配额清缴义务的,由所在省、自治区、直辖市的省级碳交易主管部门责令其履行配额清缴义务;逾期仍不履行配额清缴义务的,由所在省、自治区、直辖市的省级碳交易主管部门依法给予行政处罚。

地方立法例

1.《北京市碳排放权交易管理办法(试行)》(2014 年 5 月):

第二十二条 报告单位违反本办法第十条、第十一条和第十三条规定的,由市发展改革委根据《决定》进行处罚,并按照相关规定进行处理。

2.《福建省碳排放权交易管理暂行办法》(2020 年 8 月):

第三十八条 违反本办法第二十九条规定,重点排放单位未足额清缴配额的,由设区的市人民政府碳排放权交易主管部门责令其履行清缴义务;拒不履行清缴义务的,在下一年度配额中扣除未足额清缴部分 2 倍配额,并处以清缴截止日前一年配额市场均价 1 至 3 倍的罚款,但罚款金额不超过 3 万元。

3.《广东省碳排放管理试行办法》(2020 年 5 月):

第三十六条 违反本办法第十八条规定,未足额清缴配额的企业,由省生态环境部门责令履行清缴义务;拒不履行清缴义务的,在下一年度配额中扣除未足额清缴部分2倍配额,并处5万元罚款。

4.《湖北省碳排放权管理和交易暂行办法》(2014年6月):

第四十四条　未履行配额缴还义务的企业是国有企业的,主管部门应当将其通报所属国资监管机构。

国资监管机构应当将碳减排及本办法执行情况纳入国有企业绩效考核评价体系。

第四十五条　未履行配额缴还义务的企业,各级发展改革部门不得受理其申报的有关国家和省节能减排项目。

第四十六条　企业违反本办法第十九条规定的,由主管部门按照当年度碳排放配额市场均价,对差额部分处以1倍以上3倍以下,但最高不超过15万元的罚款,并在下一年度配额分配中予以双倍扣除。

5.《上海市碳排放管理试行办法》(2013年11月):

第三十九条(未履行配额清缴义务的处罚)

纳入配额管理的单位未按照本办法第十六条的规定履行配额清缴义务的,由市发展改革部门责令履行配额清缴义务,并可处以5万元以上10万元以下罚款。

6.《深圳市碳排放权交易管理暂行办法》(2014年3月):

第六十五条　管控单位拒绝提交碳排放报告或者不足额履行配额履约义务的,除依照本办法进行处罚外,主管部门和相关职能部门还应当采取下列措施:

(一)主管部门将管控单位的信用信息提供给企业信用信息管理机构,并通过碳排放权交易公共服务平台网站、政府网站或者新闻媒体向社会公布;

(二)相关职能部门取消管控单位正在享受的所有财政资金资助,五年内不得批准管控单位取得本市任何财政资助;

(三)管控单位为市、区国有企业的,主管部门将管控单位的违规行为通报市、区国资监管机构。相关国资监管机构应当将碳排放控制责任纳入国有企业绩效考核评价体系。

第七十五条　管控单位违反本办法第三十六条第一款的规定,未在规定时间内提交足额配额或者核证自愿减排量履约的,由主管部门责令限期补交与超额排放量相等的配额;逾期未补交的,由主管部门从其登记账户中强制扣除,不足部分由主管部门从其下一年度配额中直接扣除,并处超额排放量乘以履约当月之前连续六个月碳排放权交易市场配额平均价格三倍的罚款。

管控单位违反本办法第三十六条第二款的规定,未在迁出、解散或者破产清算之前完成履约义务的,由主管部门责令限期补交与超额排放量相等的配额;逾期未补交的,由主管部门从其登记账户中强制扣除,不足部分由管控单位继续补足,并处超额排放量乘以履约当月之前连续六个月碳排放权交易市场配额平均价格三倍的罚款。

二、条文析义

条文总体解释

1. 目的和依据

本条是关于重点排放单位未履约处罚的规定。

2. 内容

本条规定包括以下两个方面的内容:

第一,规定了重点排放单位未按时足额清缴碳排放配额的行政处罚措施,即由其生产经营场所所在地设区的市级以上地方生态环境主管部门责令限期改正,处二万元以上三万元以下的罚款。

第二,规定了逾期未改正的行政处罚措施,即逾期未改正的,对欠缴部分,由重点排放单位生产经营场所所在地的省级生态环境主管部门等量核减其下一年度碳排放配额。

国内外相关经验

美国的区域性温室气体减排行动(RGGI)制定了明确的惩罚机制。但是,美国碳市场在惩罚机制上比欧盟宽松,按照下期缴纳3倍拖欠配额,只有补偿性的罚金,而没有惩罚性的罚金。

加拿大魁北克省从2008年开始成为西部气候计划(WCI)的成员,并且计划于2014年1月1日起正式与加利福尼亚州碳市场进行对接。魁北克政府要求纳入实体每年6月1日前提交经核证的碳排放报告,随后上缴等量配额。

未履行履约义务的自然人最高处以 3 000—500 000 加元并处最高 18 个月的有期徒刑,未履行的法人将处以 10 000—3 000 000 加元的罚款。第二次未履行义务处罚将翻倍。另外相关机构有权停止未履行义务的纳入实体配额的分配资格。纳入实体在履约期末 11 月 1 日前未能上缴足额配额,每个欠缴配额将需要上缴 3 个配额。惩罚方式上采用了将罚则与企业资质相连,对不履约企业取消其相关资质。

新西兰的碳排放交易体系(NZETS)所建立的法案《气候变化应对法令 2002》规定,没有履行减排目标的控排主体还需要承担民事、刑事责任。控排主体若刻意不履约而又拒绝接受惩罚的,对于这种不符合减排义务的单位主体,按照 2 倍的比例增加 1 倍的补偿额度并要求缴纳 60 美元/吨的罚金,同时参与者也将面临着定罪的风险。在配额的拖欠惩罚方面,每拖欠 1 吨二氧化碳需要缴纳拖欠配额并上缴 30—50 新西兰币的罚款,或缴纳两倍拖欠配额。新西兰的碳排放交易体系中的控排企业除了没有履行配额方面的义务外,还规定了违反其他控排主体义务的法律责任,分为核心减排义务和非核心减排义务两种,因过失违反非核心义务的控排主体承担民事责任,具体规定为累进惩罚,首次违反为 4 000 美元,第二次为 8 000 美元,在此基础上以 4 000 美元累进递增,对于违反核心减排义务的控排主体进行大额罚金和采取等级定罪。

综上,从国别法律的比较来看,罚款数额规定的方式主要有三类:第一类是绝对数额,例如欧盟、新西兰、加拿大魁北克省;第二类是相对数额,例如韩国规定的 3 倍市场碳均价;第三类是绝对数额和相对数额的结合,例如韩国既规定了 3 倍的市场碳均价,也同时规定了最高不超过每吨 100 000 韩元。三种方式不存在优劣之分,往往和各自的立法权限和立法习惯相关。罚款的数额应该根据各地方的惩罚严厉性成本与确定性收益的有效组合制定。同时,在惩罚方式选择上,新西兰制定了累进惩罚的模式,欧盟、加拿大魁北克省采用了将罚则与企业资质相连,新西兰和加拿大魁北克省采用双罚则制,欧盟、新西兰、日本东京采取将未达履约目标企业以信用记录的方式进行公开[①]。

---

① 史学瀛,杨博文.控排企业碳交易未达履约目标的罚则设定[J].中国人口·资源与环境,2018,28(04):35—42.

相关建议

第一,建立约束力更强的动态惩罚机制。惩罚机制是碳排放交易体系得以正常运转和环境目标得以实现的重要保障之一,没有保障的市场将无法正常运转,市场参与者的违约成本低则会导致市场参与度大受影响。履行上年度的排放配额清缴义务即指重点排放单位应在规定的时间向所在地地方人民政府生态环境主管部门提交与其上一年度核定的温室气体排放量相等的配额,以完成配额清缴义务。结余配额可以出售,也可以结转使用,不足部分应当在当年 12 月 31 日前通过购买方式等取得。符合国务院生态环境主管部门规定的碳减排指标可用于履行本款规定的配额清缴义务,视同碳排放配额管理。

本条规定,重点排放单位未按时足额清缴碳排放配额的,由其生产经营场所所在地设区的市级以上地方生态环境主管部门责令限期改正,处二万元以上三万元以下的罚款。笔者认为,对于未足额清缴的处罚力度太少,不足以形成震慑作用。建议建立约束力更强的动态惩罚机制,逐步加大对违约企业的惩罚力度,并将惩罚力度与企业违约程度挂钩,保证全国碳交易市场重点排放单位完成履约目标。

第二,建议设计多样性的处罚体系。目前的处罚措施仅有罚款和等量核减其下一年度碳排放配额。笔者认为,处罚措施应体现行政管理的特点,增加信息公开、扣减财政补贴等处罚方式,制定组合惩罚模式、累进惩罚模式等制度,建立多样化处罚体系。

第四十一条

违反本办法规定,涉嫌构成犯罪的,有关生态环境主管部门应当依法移送司法机关。

一、国内外立法例

全国立法例

《碳排放权交易管理暂行办法》(2014 年国家发改委发布):

第四十六条　碳排放权交易各参与方在参与本办法规定的事务过程中，以不正当手段谋取利益并给他人造成经济损失的，依法承担赔偿责任；构成犯罪的，依法追究刑事责任。

地方立法例

《深圳市碳排放权交易管理暂行办法》（2014年3月）：

第七十八条　市场交易主体、核查机构违反本办法的规定，阻挠、妨碍主管部门监督检查的，由主管部门处五万元以下罚款；情节严重的，处十万元以下罚款；涉嫌犯罪的，依法移送司法机关处理。

第七十九条　主管部门、相关职能部门及其工作人员不依照本办法规定履行职责，在碳排放权交易管理中玩忽职守、滥用职权、徇私舞弊的，对负有责任的领导人员和直接责任人员依法给予处分；给他人造成经济损失的，依法承担赔偿责任；涉嫌犯罪的，依法移送司法机关处理。

二、条文析义

条文总体解释

1. 目的和依据

本条是关于违反本办法而涉嫌犯罪的处理规定。

2. 内容

本条规定，违反本办法规定，涉嫌构成犯罪的，有关生态环境主管部门应当依法移送司法机关。

关键概念解释

1. 司法机关

司法机关是行使司法权的国家机关，是国家机构的基本组成部分，是依法成立的行使相关国家职权的司法组织。中国的司法机关指人民法院、人民检察院。公安机关等侦查机关在履行刑事侦查职能时可以认为是履行一部分司法职权。

相关建议

第一,本条明确规定,违反本办法,涉嫌构成犯罪的,有关生态环境主管部门应当依法移送司法机关。但本条没有列举具体的违法行为。笔者建议,进一步列举管理人员、核查机构、排放单位等主体的违法行为,以增强条文的可操作性。

第二,笔者认为,在没有出台碳排放交易法律的情况下,参照污染物的做法,按照环保督查的相关规定,对碳交易中的违法行为进行处罚。

第八章 附 则

第四十二条

本办法中下列用语的含义:

(一)温室气体:是指大气中吸收和重新放出红外辐射的自然和人为的气态成分,包括二氧化碳(CO_2)、甲烷(CH_4)、氧化亚氮(N_2O)、氢氟碳化物(HFCs)、全氟化碳(PFCs)、六氟化硫(SF_6)和三氟化氮(NF_3)。

(二)碳排放:是指煤炭、石油、天然气等化石能源燃烧活动和工业生产过程以及土地利用变化与林业等活动产生的温室气体排放,也包括因使用外购的电力和热力等所导致的温室气体排放。

(三)碳排放权:是指分配给重点排放单位的规定时期内的碳排放额度。

(四)国家核证自愿减排量:是指对中国境内可再生能源、林业碳汇、甲烷利用等项目的温室气体减排效果进行量化核证,并在国家温室气体自愿减排交易注册登记系统中登记的温室气体减排量。

第四十三条

本办法自 2021 年 2 月 1 日起施行。

第二篇

《碳排放权登记管理规则(试行)》析义

第一章 总　　则

第一条

为规范全国碳排放权登记活动,保护全国碳排放权交易市场各参与方的合法权益,维护全国碳排放权交易市场秩序,根据《碳排放权交易管理办法(试行)》,制定本规则。

一、国内外立法例

地方立法例

1.《上海市碳排放配额登记管理暂行规定》:

为规范本市碳排放配额登记行为,做好与本市碳排放交易系统的相互衔接,保障碳排放交易市场安全高效运行,根据《上海市碳排放管理试行办法》和《上海市人民政府关于本市开展碳排放交易试点工作的实施意见》相关要求,制定本规定。

2.《湖北省碳排放权交易注册登记管理暂行办法(试行)》(鄂碳交〔2013〕22号):

第一条　为了规范碳排放权注册登记活动,维护注册登记秩序,保护登记人的合法权益,根据《湖北省碳排放交易管理暂行办法》等制定本办法。

二、条文析义

条文总体解释

1. 目的和依据

为了明确《碳排放权登记管理规则(试行)》的立法目的和宗旨,特制定本条。

2. 内容

本条明确了《碳排放权登记管理规则(试行)》的立法目的和宗旨。

根据国外和国内试点省市碳市场建设经验,碳交易立法及有关配套制度文件的出台是碳市场有序运行的必要条件。碳排放配额登记、交易和结算是全国碳交易市场运行的重要环节,目前中国尚缺乏专门针对上述环节监督管理的政策文件,因此,亟待从制度层面对全国碳交易市场登记、交易、结算的基本要求和各方权责等做出明确规定。

为此,结合全国碳交易市场管理的实际需要,生态环境部根据《碳排放交易管理办法(试行)》,组织制定了《碳排放权登记管理规则(试行)》,根据登记环节,搭建监管框架,对市场各主体及相关行为进行综合规范,为市场监管提供依据,并明确监管主体及责任,细化监管内容,从而实现以下三个目的:一是有效地防止虚假登记和交易,规范全国碳排放配额登记活动;二是保护各方主体的合法权益;三是维护整个市场的秩序和公平。

关键概念解释

1. 碳排放配额登记

碳排放配额登记,是指将配额的归属及其归属变动过程记录在专门的登记系统上,具有以下特征:①配额登记标的是配额。配额并不是实体物的存在,仅是标的的表面凭证和载体。②由碳排放交易的主管部门或其指定机构作为登记机构。配额是无形物,登记主体无法直接对其占有支配,主要是通过登记系统上的登记来实现,所以,配额的登记由碳排放交易的主管部门作为登记机构有利于配额的统一管理。目前,中国碳排放交易主管部门是生态环境保护部。③配额的登记首先产生的是配额创设的效力,即配额因登记而存在,未登记的配额是不存在的。配额登记是以配额为标的各种登记设立、变更、转让和消灭的基础。

在中国碳排放配额登记活动中,碳排放权注册登记机构将按照集中统一原则,通过全国碳排放权注册登记系统,实现全国碳排放配额持有、转移、清缴履约和注销的登记。注册登记机构分别为生态环境部、省级生态环境主管部门、重点排放单位、符合规定的机构和个人等主体设立具有不同功能的登记账户。生态环境部和省级生态环境主管部门按照规定,通过注册登记系统将排放配额分配至重点排放单位的登记账户。

第二条

全国碳排放权持有、变更、清缴、注销的登记及相关业务的监督管理,适用本规则。全国碳排放权注册登记机构(以下简称注册登记机构)、全国碳排放权交易机构(以下简称交易机构)、登记主体及其他相关参与方应当遵守本规则。

一、国内外立法例

地方立法例

《湖北省碳排放权交易注册登记管理暂行办法(试行)》鄂碳交〔2013〕22号:

第二条 本办法适用于湖北省内的碳排放权交易,注册登记主管部门为湖北省发展和改革委员会,注册登记管理机构为湖北碳排放权交易中心。

二、条文析义

条文总体解释

1. 目的和依据

为了明确《碳排放权登记管理规则(试行)》的适用范围,特制定本条。

2. 内容

本条规定了《碳排放权登记管理规则(试行)》的适用范围,即本规则适用于全国碳排放配额持有、变更、清缴、注销的登记及相关业务的监督管理,并且指出与全国碳排放配额登记及相关服务业务有关的主体,包括全国碳排放权注册登记机构、全国碳排放交易机构、登记主体及其他相关参与方应当遵守本规则。

关键概念解释

1. 登记机构和交易机构

登记机构即是全国碳排放权注册登记机构,交易机构即为全国碳排放交易机构。全国碳排放权注册登记机构和全国碳排放交易机构组建方案由国务院生态环境主管部门提出,报国家批准。

全国碳排放权注册登记机构和全国碳排放交易机构的主要职责是按照《碳排放权交易管理办法(试行)》和国务院生态环境主管部门的规定,建设全国碳排放权注册登记和交易系统,记录碳排放配额的持有、变更、清缴、注销等信息,提供结算服务,组织开展全国碳排放权集中统一交易。

2. 登记主体

重点排放单位以及符合规定的机构和个人,是全国碳排放配额登记主体。

登记主体的范围比交易主体更广,重点排放单位可能不参与交易,但一定是登记主体。

相关建议

第一,正如笔者在前文《碳排放权交易管理办法》析义中指出的,在法律层面,碳排放权尚不能作为一种权利,碳排放权交易称为碳排放交易不仅更符合国际惯例,也更符合法理。具体到注册登记活动,登记的主体应该是碳排放配额,而不是碳排放权。配额登记即是将碳排放配额的归属及其归属变动过程记录在专门的登记系统上。碳排放配额登记,主要包括了登记系统对于碳排放配额的取得、转让、变更、清缴、注销等行为以及与此相关的事项进行记载和统一管理。因此,建议今后法案修订过程中,将登记的标的明确为碳排放配额,登记的活动明确为碳排放配额的持有、变更、清缴、注销等行为。

第二,本条提出,登记主体及其他相关参与方应当遵守本规则。建议进一步明确细化登记主体其他相关参与方包括的具体参与方。

第三条

注册登记机构通过全国碳排放权注册登记系统(以下简称注册登记系统)对全国碳排放权的持有、变更、清缴和注销等实施集中统一登记。注册登记系统记录的信息是判断碳排放配额归属的最终依据。

一、国内外立法例

地方立法例

1.《上海市碳排放管理试行办法》：

第三十二条（登记系统）

本市建立碳排放配额登记注册系统，对碳排放配额实行统一登记。

配额的取得、转让、变更、清缴、注销等应当依法登记，并自登记日起生效。

2.《上海市碳排放配额登记管理暂行规定》：

一、登记簿

上海市碳排放配额登记注册系统(以下简称"登记簿")是记录配额持有人对其配额的权属关系及其权属变化过程的电子簿册。

本规定所称碳排放配额登记管理，是指登记管理机构通过登记簿对碳排放配额的取得、转让、变更、清缴、注销等行为以及与此相关的事项进行记载和统一管理。本规定所称配额持有人，是指依照《上海市碳排放管理试行办法》有关规定，合法持有配额的纳入配额管理的单位以及符合条件的其他组织。

市发展改革委委托上海市信息中心作为本市碳排放配额的登记管理机构，负责配额登记具体事务以及登记簿的运行维护，并按规定提供与配额登记业务有关的查询、培训等服务。登记管理机构应当对与配额登记相关的数据承担保密责任。

3.《湖北省碳排放权交易注册登记管理暂行办法(试行)》（鄂碳交〔2013〕22号）：

第三条 本办法所称注册登记是指管理机构依法对申请人的碳排放权进

行发放、转让、冻结、缴还、托管与返还、注销等登记行为。

......

4.《深圳市碳排放权交易管理暂行办法》：

第三十九条　主管部门应当建立碳排放权注册登记簿（以下简称登记簿）。登记簿是确定配额权利归属和内容的依据。登记簿应当载明下列内容：

（一）配额持有人的姓名或者名称；

（二）配额的权属性质、签发时间和有效期限、权利以及内容变化情况；

（三）与配额以及持有人有关的其他信息。

主管部门可以委托专门机构负责登记簿的日常管理。

注册登记簿管理规则由主管部门另行制定，报市政府批准后实施。

二、条文析义

条文总体解释

1. 目的和依据

为了明确碳排放配额的登记机构及其权责、登记方式、登记内容以及登记效力，特制定本条。

2. 内容

碳排放配额登记是全国碳排放交易市场运行的重要环节。本条明确规定了碳排放配额登记的三个方面内容。第一，本条明确了碳排放配额登记是在全国碳排放权注册登记系统进行。全国碳排放权注册登记机构在规定时间内，运维管理全国碳排放权注册登记系统。全国注册登记系统分别为生态环境部、省级主管部门、重点排放单位、符合规定的机构和个人等设立具有不同功能的登记账户。

第二，本条明确了碳排放配额的登记方式及内容，即在全国碳排放权注册登记系统进行碳排放配额的集中统一登记。登记的内容包括全国碳排放配额的持有、变更、清缴履约和注销。

第三，本条明确了碳排放配额的登记效力，即全国碳排放权注册登记系统记录的信息是判断碳排放配额归属的最终依据。

关键概念解释

1. 全国碳排放权注册登记系统

生态环境部组织建设全国统一的碳排放权注册登记系统及其灾备系统,为各类市场主体提供碳排放配额和国家核证自愿减排量的法定确权及登记服务,并实现配额清缴及履约管理。生态环境部负责制定碳排放权注册登记系统管理办法与技术规范,并对碳排放权注册登记系统实施监管。

在全国碳排放交易市场,将按照集中统一原则,在规定时间内,通过全国碳排放权注册登记系统,实现全国碳排放配额持有、转移、清缴履约和注销的登记。注册登记系统中的信息是判断全国碳排放权权属和内容的依据。

2. 碳排放配额

碳排放配额,是政府分配给控排企业指定时期内的碳排放额度,1单位配额相当于1吨二氧化碳当量。

第四条

重点排放单位以及符合规定的机构和个人,是全国碳排放权登记主体。

一、国内外立法例

欧盟立法例

欧洲议会和欧盟理事会第2003/87/EC号指令(2003年10月):

第十九条 注册处(Registries)

(2)任何人都可以持有配额。注册处向公众开放,且应分别设立独立账户来记录个人的配额持有情况及配额签发和转移的来源和去向。

地方立法例

1.《上海市碳排放配额登记管理暂行规定》:

一、登记簿

上海市碳排放配额登记注册系统(以下简称"登记簿")是记录配额持有人

对其配额的权属关系及其权属变化过程的电子簿册。

本规定所称碳排放配额登记管理,是指登记管理机构通过登记簿对碳排放配额的取得、转让、变更、清缴、注销等行为以及与此相关的事项进行记载和统一管理。本规定所称配额持有人,是指依照《上海市碳排放管理试行办法》有关规定,合法持有配额的纳入配额管理的单位以及符合条件的其他组织。

市发展改革委委托上海市信息中心作为本市碳排放配额的登记管理机构,负责配额登记具体事务以及登记簿的运行维护,并按规定提供与配额登记业务有关的查询、培训等服务。登记管理机构应当对与配额登记相关的数据承担保密责任。

2.《湖北省碳排放权交易注册登记管理暂行办法(试行)》(鄂碳交〔2013〕22号):

第十条 申请在注册登记管理机构进行注册登记的申请人包括纳入碳排放权交易的企业、自愿参与碳排放权交易活动的法人机构、其他组织和个人。

3.《深圳市碳排放权交易管理暂行办法》:

第四十条 持有碳排放配额的管控单位、其他组织和个人应当在登记簿进行注册登记。

……

二、条文析义

条文总体解释

1. 目的和依据

为了明确全国碳排放配额登记主体的类型,特制定本条。

2. 内容

本条规定了全国碳排放配额登记主体的三种类型:一是重点排放单位;二是符合国家有关规定的机构;三是符合国家有关规定的个人。

相关建议

重点排放单位以及符合国家有关规定的机构和个人成为登记主体还需要

根据生态环境部明确的有关规则,经同意后方可作为主体进入。按一般交易市场惯例,符合规定的机构和个人的资格审核工作一般由交易所承担。因此,建议此条改为:重点排放单位以及符合规定的机构和个人,经由全国碳排放交易机构审核并报批准后,是全国碳排放配额登记主体。

第五条

全国碳排放权登记应当遵循公开、公平、公正、安全和高效的原则。

一、国内外立法例

地方立法例

《湖北省碳排放权交易注册登记管理暂行办法(试行)》(鄂碳交〔2013〕22号):

第五条 碳排放权注册登记活动必须遵循公平、公正、安全、高效的原则。

二、条文析义

条文总体解释

1. 目的和依据

为了明确全国碳排放配额登记应当遵循的基本原则,特制定本条。

2. 内容

本条明确规定了全国碳排放配额登记应遵循的原则,即公开、公平、公正、安全和高效。公开是指登记的程序和规则,以及与登记、结算相关信息应当公开。公平是指碳排放配额登记主体应当获得平等的机会。它要求碳登记活动中的所有参与者都有平等的法律地位,各自的合法权益都能得到公平保护。公正即指公正地对待碳市场参与各方,以及公正地处理碳登记业务。安全是指应保障碳排放权登记系统数据的安全性,注册登记系统中的信息是判断全国碳排放配额归属和内容的依据,是碳市场安全、健康、持久发展的关键。高效是指碳排放权登记机构对各登记主体的碳排放配额持有、变更、清缴、注销情况及时在登记系统中进行登记,为碳交易的正常运转提供保障。

关键概念解释

1. 碳排放配额登记中的"三公"原则

公开原则,指碳排放配额登记是一种面向社会的、公开的登记活动,其核心要求是实现登记信息的公开化。根据这个原则的要求,碳排放权登记机构和登记主体应及时、真实、准确、完整地向社会发布有关信息。

公平原则,是指各碳排放配额登记主体应当获得平等的机会。它要求碳排放配额登记活动中的所有参与者都有平等的法律地位,各自的合法权益都能得到公平保护。

公正原则,是指应当公正地对待各碳排放配额登记主体,以及公正地处理碳排放配额登记业务。

碳交易市场是一个风险集中的市场,参与者将日益增加,碳排放配额登记是全国碳交易市场运行的重要环节,只有贯彻"三公"原则,才能依法化解风险,建立良好的交易环境,促进碳交易市场的健康发展。

相关建议

建议在本条中加入依法行政的原则。依法行政又称行政法治,是依法治国(法治)的核心要素,其基本涵义在于行政机关(以及其他行政公务组织)及其行政公务人员必须依法行使行政权。全国碳排放权注册登记机构是受全国碳排放主管部门的委托开展碳排放配额的登记管理工作,因此,全国碳排放配额登记应该遵循依法行政的原则。

全国碳排放权注册登记机构依法行政的具体要求如下:第一,合法行政。全国碳排放权注册登记机构实施碳排放配额登记行政管理,应当依照法律、法规、规章的规定进行。第二,合理行政。全国碳排放权注册登记机构实施碳排放配额登记,应当遵循公平、公正的原则。要平等对待行政管理相对人,不偏私、不歧视。行使自由裁量权应当符合法律目的,排除不相关因素的干扰;所采取的措施和手段应当必要、适当;行政机关实施行政管理可以采用多种方式实现行政目的的,应当避免采用损害当事人权益的方式。第三,程序正当。全国碳排放权注册登记机构实施碳排放配额登记,除涉及国家机密和依法受到保护的商业秘密、个人隐私外,应当公开,注意听取公民、法人和其他组织的意见;要严格遵循法定程序,依法保障行政管理相对人、利益关系人的知情权、参与权和救济权。行政机关工作人员履行职责,与行政管理相对人存在利害关系时,应当回避。第四,高效便民。全国碳排放权注册登记机构实施碳排放配额登记,应当遵守法定时限,积极履行法定职责,提高办事效率,提供优质服务,方便公民、法人和其他组织。第五,诚实守信。全国碳排放权注册登记机构公布的信息应当全面、准确、真实。非因法定事由并经法定程序,全国碳排放权注册登记机构不得撤销、变更已经生效的行政决定;因国家利益、公共利益或者其他法定事由需要撤回或者变更行政决定的,应当依照法定权限和程序进行,并对行政管理相对人因此而受到的财产损失依法予以补偿。第六,权责统一。全国碳排放权注册登记机构依法履行碳排放配额登记职责,要由法律、法规赋予其相应的执法手段。全国碳排放权注册登记机构违法或者不正当行使职权,应当依法承担法律责任,实现权力与责任的统一。依法做到执法有保障、有权必有责、用权受监督、违法受追究、侵权须赔偿。

第二章 账户管理

第六条

注册登记机构依申请为登记主体在注册登记系统中开立登记账户,该账户用于记录全国碳排放权的持有、变更、清缴和注销等信息。

一、国内外立法例

欧盟立法例

欧洲议会和欧盟理事会第 2003/87/EC 号指令(2003 年 10 月):

第十九条 注册处(Registries)

(1) 在 2012 年 1 月 1 日后签发的配额应在共同体注册处注册,以便其按照第三段所述委员会规则执行关于维护在成员国所开账户持有、分配、放弃和注销配额的程序。

各成员国应履行《联合国气候变化框架公约》或《京都议定书》授权下的运行指令。

(2) 任何人都可以持有配额。注册处向公众开放,且应分别设立独立的账户来记录个人的配额持有情况及配额签发和转移的来源和去向。

……

地方立法例

1.《上海市碳排放配额登记管理暂行规定》:

二、账户设立

1. 账户开设

纳入配额管理的单位和符合条件的其他组织应当在登记簿上开设唯一的实名配额账户,用于记载其配额持有情况并办理配额转让、清缴、注销等事项。配额账户下设管理科目和交易科目。

……

2.《湖北省碳排放权交易注册登记管理暂行办法(试行)》(鄂碳交〔2013〕22号):

第九条 湖北碳交易控排企业及其他参与碳交易的登记人应当开立碳排放权注册登记账户。

3.《重庆市碳排放配额管理细则(试行)》:

第六条

……

登记簿管理单位收到申请材料后,符合条件的,在2个工作日内为配额管理单位开设登记簿账户。

二、条文析义

条文总体解释

1. 目的和依据

为明确全国碳排放权注册登记机构的权责,特制定本条。

2. 内容

本条规定了全国碳排放权注册登记机构的权责,即注册登记机构应依申请为登记主体在注册登记系统中开立登记账户,并说明了该账户的作用,即记录全国碳排放配额的持有、变更、清缴和注销等信息。

关键概念解释

1. 登记账户

登记账户即碳排放配额登记账户,通过注册登记系统开立,该账户用于管理政府分配的碳排放配额,并履行碳排放配额清缴履约义务。重点排放企业每个配额账户设操作管理员1名,拥有本账户的一般权限,负责注册登记系统操作；审核管理员 1 名，拥有本账户的管理权限，负责注册登记系统操作的审核。该账户开户资料由注册登记机构代为收取和审核。

相关建议

正如前文所指出的，碳排放权应修正为碳排放配额。建议参考欧盟做法，明确碳排放配额登记账户用于记录全国碳排放配额的持有、变更、清缴和注销等信息。

第七条

每个登记主体只能开立一个登记账户。登记主体应当以本人或者本单位名义申请开立登记账户，不得冒用他人或者其他单位名义或者使用虚假证件开立登记账户。

一、国内外立法例

地方立法例

《上海市碳排放配额登记管理暂行规定》：
二、账户设立
1. 账户开设
纳入配额管理的单位和符合条件的其他组织应当在登记簿上开设唯一的实名配额账户，用于记载其配额持有情况并办理配额转让、清缴、注销等事项。配额账户下设管理科目和交易科目。
……

二、条文析义

条文总体解释

1. 目的和依据
为了明确对登记主体的开户要求，特制定本条。

2. 内容

本条明确了登记主体开立登记账户两个方面的规定：一是每个登记主体只能开立一个登记账户；二是登记账户必须以本人或本单位名义申请开立，不得弄虚作假，冒用他人名义或单位或者使用虚假证件开立登记账户。

第八条

登记主体申请开立登记账户时，应当根据注册登记机构有关规定提供申请材料，并确保相关申请材料真实、准确、完整、有效。委托他人或者其他单位代办的，还应当提供授权委托书等证明委托事项的必要材料。

一、国内外立法例

地方立法例

1.《上海市碳排放配额登记管理暂行规定》：

二、账户设立

1. 账户开设

……

纳入配额管理的单位申请开设配额账户，应当向登记管理机构提交配额账户开设申请表、组织机构代码证 IC 卡，以及账户责任人的个人身份证明。

符合条件的其他组织申请开设配额账户，应当向登记管理机构提交配额账户开设申请表、组织机构代码证 IC 卡、上海环境能源交易所出具的交易主体资格证明，以及账户责任人的个人身份证明。

2.《湖北省碳排放权交易注册登记管理暂行办法（试行）》（鄂碳交〔2013〕22号）：

第十一条　申请人开立账户应当向注册登记管理机构提出申请，按要求提交开户资料，并保证其提交的开户资料真实、准确、完整。

3.《深圳市碳排放权交易管理暂行办法》：

第四十条　持有碳排放配额的管控单位、其他组织和个人应当在登记簿进行注册登记。

管控单位和其他组织办理注册登记时,应当向主管部门提供下列资料:

(一)法人登记证书;

(二)税务登记证书;

(三)法定代表人身份证明;

(四)首席账户代表和一般账户代表的身份证明和联系方式。

法定代表人授权或者委托他人办理的,应当同时提供授权委托书以及办理人的身份证明和联系方式。

第四十一条 个人办理注册登记时,应当向主管部门提供下列资料:

(一)申请人的身份证明;

(二)账户代表身份证明和联系方式。

委托他人办理的,应当同时提供授权委托书以及办理人的身份证明和联系方式。

4.《重庆市碳排放配额管理细则(试行)》:

第六条 配额管理单位应当在规定时间内向登记簿管理单位申请开设登记簿账户,并提交以下材料:

(一)营业执照、组织机构代码证等主体资格证明材料;

(二)法定代表人身份证明文件;

(三)所提交材料的真实性说明;

(四)登记簿管理单位要求提交的其他材料。

登记簿管理单位收到申请材料后,符合条件的,在2个工作日内为配额管理单位开设登记簿账户。

二、条文析义

条文总体解释

1. 目的和依据

为了规定登记主体申请开立或委托代办开立登记账户的材料要求,特制定本条。

2. 内容

本条明确规定以下两个方面的内容:

第一,规定了登记主体申请开立登记账户的材料要求。本条规定,重点排放单位以及符合规定的机构和个人申请开立登记账户时,应当根据注册登记机构有关规定提供申请材料,并确保相关申请材料真实、准确、完整、有效。这是登记的基本要求,关系到登记主体的直接利益。

第二,规定了登记主体委托代办开立登记账户的材料要求。本条规定,登记主体委托他人或者其他单位代办的,还应当提供授权委托书等证明委托事项的必要材料。注册登记机构审核通过后在注册登记系统开立登记账户。

关键概念解释

授权委托

授权委托是委托他人代表自己行使自己的合法权益,被委托人在行使权力时需出具委托人的法律文书。而委托人不得以任何理由反悔委托事项。被委托人如果做出违背国家法律的任何权益,委托人有权终止委托协议,在委托人的委托书上的合法权益内,被委托人行使的全部职责和责任都将由委托人承担,被委托人不承担任何法律责任。

开立登记账户的授权委托书是由当事人预备,赋予他人或其他单位的一项权力——当事人或单位因某些原因无法到场办理开立登记账户事项时,则可委托他人或其他单位代办,授权委托书可以即时生效,也可指定时间。

第九条

登记主体申请开立登记账户的材料中应当包括登记主体基本信息、联系信息以及相关证明材料等。

一、国内外立法例

地方立法例

1.《上海市碳排放配额登记管理暂行规定》:
二、账户设立
1.账户开设

......

纳入配额管理的单位申请开设配额账户,应当向登记管理机构提交配额账户开设申请表、组织机构代码证 IC 卡,以及账户责任人的个人身份证明。

符合条件的其他组织申请开设配额账户,应当向登记管理机构提交配额账户开设申请表、组织机构代码证 IC 卡、上海环境能源交易所出具的交易主体资格证明,以及账户责任人的个人身份证明。

2.《深圳市碳排放权交易管理暂行办法》:

第四十条 持有碳排放配额的管控单位、其他组织和个人应当在登记簿进行注册登记。

管控单位和其他组织办理注册登记时,应当向主管部门提供下列资料:

(一)法人登记证书;

(二)税务登记证书;

(三)法定代表人身份证明;

(四)首席账户代表和一般账户代表的身份证明和联系方式。

法定代表人授权或者委托他人办理的,应当同时提供授权委托书以及办理人的身份证明和联系方式。

第四十一条 个人办理注册登记时,应当向主管部门提供下列资料:

(一)申请人的身份证明;

(二)账户代表身份证明和联系方式。

委托他人办理的,应当同时提供授权委托书以及办理人的身份证明和联系方式。

3.《重庆市碳排放配额管理细则(试行)》:

第六条 配额管理单位应当在规定时间内向登记簿管理单位申请开设登记簿账户,并提交以下材料:

(一)营业执照、组织机构代码证等主体资格证明材料;

(二)法定代表人身份证明文件;

(三)所提交材料的真实性说明;

(四)登记簿管理单位要求提交的其他材料。

登记簿管理单位收到申请材料后,符合条件的,在2个工作日内为配额管理单位开设登记簿账户。

二、条文析义

条文总体解释

1. 目的和依据

为了明确登记主体开户申请材料中应包含的内容,特制定本条。

2. 内容

本条规定,登记主体申请开立登记账户的材料中应当包括登记主体基本信息、联系信息以及相关证明材料等。

登记主体申请开立登记账户时,注册登记机构应当按规定采集登记主体的登记账户信息。登记账户信息包括登记主体名称或姓名、统一社会信用代码、有效身份证明文件类型及号码等身份信息,机构类别、法定代表人等基本信息,联系电话、邮箱、通讯地址等联系信息,开户日期等账户管理信息以及注册登记机构规定的其他信息。所以登记主体申请开立登记账户的材料中应当包括以上内容及其相关证明材料。

第十条

注册登记机构在收到开户申请后,对登记主体提交相关材料进行形式审核,材料审核通过后5个工作日内完成账户开立并通知登记主体。

一、国内外立法例

地方立法例

《湖北省碳排放权交易注册登记管理暂行办法(试行)》(鄂碳交〔2013〕22号):

第十四条 注册登记管理机构应当对申请人提供的申请文件原件及其他开户资料的真实性、准确性、完整性进行审查,并妥善保管开户资料。

二、条文析义

条文总体解释

1. 目的和依据

为了明确登记主体开户材料审核的权利机构、审核形式、审核通过后账户开立的时限及流程,特制定本条。

2. 内容

本条是关于材料审核的相关规定,具体内容包括:

第一,规定了审核材料的权利机构。本条规定注册登记机构对登记主体提交相关材料进行审核。

第二,规定了注册登记机构审核材料的形式,即形式审核。

第三,规定了注册登记机构审核通过后账户开立的时限。本条规定材料审核通过后5个工作日内完成账户开立。

关键概念解释

1. 形式审核

形式审核主要是对登记主体的开户申请材料的格式与一些明显的书写错误以及材料是否齐全等进行检查,这类审查不涉及主体内容的真实性和准确性。

形式审核的主要特点是审查申请人提交的申请材料(程序)的合法性、完整性和有效性。

2. 实质审核

与形式审核相对应的是实质审核。实质审核以正式审核为基础。还包括审核申请人是否具备主体资格,申请事项是否真实,提交的文件和证明是否真实、有效、完整、合法,是否符合国家法律法规的规定。

相关建议

本条规定,注册登记机构在收到开户申请后,对登记主体提交相关材料进行形式审核,材料审核通过后5个工作日内完成账户开立并通知登记主体。但是,对于材料审核的时限、通知审核没有通过的登记主体的时限都没有规定。建议明确规定材料审核的时限,明确规定通知审核没有通过受理的登记主体的时限。

第十一条

登记主体下列信息发生变化时,应当及时向注册登记机构提交信息变更证明材料,办理登记账户信息变更手续:

(一)登记主体名称或者姓名;
(二)营业执照,有效身份证明文件类型、号码及有效期;
(三)法律法规、部门规章等规定的其他事项。

注册登记机构在完成信息变更材料审核后5个工作日内完成账户信息变更并通知登记主体。

联系电话、邮箱、通讯地址等联系信息发生变化的,登记主体应当及时通过注册登记系统在登记账户中予以更新。

一、国内外立法例

地方立法例

《上海市碳排放配额登记管理暂行规定》:

四、账户管理

1. 账户信息变更

配额账户基本信息或账户责任人发生变化的,配额持有人应当及时向登记管理机构提出变更登记申请,并提供相关的证明材料,经登记管理机构审核,符合规定条件的,将变更事项记载于登记簿。有关变更事项自完成变更登记之日起生效。

二、条文析义

条文总体解释

1. 目的和依据

为了明确登记主体办理账户信息变更手续的条件、变更流程,特制定本条。

2. 内容

本条是关于登记主体信息变更的有关规定,主要内容包括:

第一,规定了登记主体需要办理登记账户信息变更手续的条件。本条规定,登记主体下列信息发生变化,需要及时向注册登记机构提交信息变更证明材料,进行信息变更:①登记主体名称或者姓名;②营业执照,有效身份证明文件类型、号码及有效期;③法律法规、部门规章等规定的其他事项。

第二,规定了登记主体办理登记账户信息变更手续的流程。本条规定,登记主体向注册登记机构提交信息变更证明材料,办理登记账户信息变更手续,注册登记机构在完成信息变更材料审核后 5 个工作日内完成账户信息变更并通知登记主体。

第三,规定了登记主体在登记账户中自行更新的条件。本条规定,登记主体的联系电话、邮箱、通讯地址等联系信息发生变化的,登记主体应当及时通过注册登记系统在登记账户中自行更新。

第十二条

登记主体应当妥善保管登记账户的用户名和密码等信息。登记主体登记账户下发生的一切活动均视为其本人或者本单位行为。

一、国内外立法例

地方立法例

《湖北省碳排放权交易注册登记管理暂行办法(试行)》(鄂碳交〔2013〕22 号):

第十五条 申请人应当妥善保管账户和密码,申请人账户下发生的所有行为均视为其自主行为,由其自行承担因此产生的所有后果。

二、条文析义

条文总体解释

1. 目的和依据

为了明确登记主体的账户管理义务,特制定本条。

2.内容

本条规定了登记主体应对自己的登记账户负责,对于登记账户的用户名和密码等信息应当妥善保管,登记账户下发生的一切活动均视为登记主体本人或者本单位的自主行为,由登记主体本人或本单位自行承担因此产生的所有后果。

相关建议

本条规定了登记主体登记账户下发生的一切活动均视为其本人或者本单位行为。但实际上,登记主体登记账户下发生的一切活动并非完全是其本人或者本单位的行为,比如:也可能是登记系统或登记机关的错误导致密码泄漏,由此账户被其他人操作。因此,建议此条修改为:登记主体应当妥善保管登记账户的用户名和密码等信息。对于因登记主体保管不善等自身原因引起的损失,应由其承担因此产生的所有后果。

第十三条

注册登记机构定期检查登记账户使用情况,发现营业执照、有效身份证明文件与实际情况不符,或者发生变化且未按要求及时办理登记账户信息变更手续的,注册登记机构应当对有关不合格账户采取限制使用等措施,其中涉及交易活动的应当及时通知交易机构。

对已采取限制使用等措施的不合格账户,登记主体申请恢复使用的,应当向注册登记机构申请办理账户规范手续。能够规范为合格账户的,注册登记机构应当解除限制使用措施。

一、国内外立法例

地方立法例

《湖北省碳排放权交易注册登记管理暂行办法(试行)》(鄂碳交〔2013〕22号):

第二十四条 申请人在开立账户和使用过程中存在违规行为的,注册登记管理机构有权依法对违规账户采取限制使用、冻结、关闭等处置措施。

二、条文析义

条文总体解释

1. 目的和依据

为了明确注册登记机构的定期检查账户义务,不合格账户的处理措施与恢复使用流程,特制定本条。

2. 内容

第一,本条规定了注册登记机构定期检查账户的义务,即注册登记机构应定期检查登记账户使用情况,检查是否有不合格账户。

符合下列情形之一的登记账户为不合格账户:

① 营业执照、有效身份证明文件与实际情况不符;

② 发生变化且未按要求及时办理登记账户信息变更手续。

第二,本条规定了不合格账户的处理措施。对有关不合格账户,注册登记机构应按注册登记机构有关规定采取限制使用等措施,其中涉及交易活动的应及时通知交易机构。

第三,本条规定了不合格账户的恢复使用流程。对已采取限制使用等措施的不合格账户,登记主体申请恢复使用的,应当先向注册登记机构申请办理账户规范手续。能够规范为合格账户的,注册登记机构应当解除限制使用措施。

相关建议

第一,为了避免登记机构对不合格账户采取限制使用等措施而引发交易风险,建议在一般情况下,涉及交易活动的不合格账户,先通过交易所采取交易处理措施后,再由注册登记机构采取限制使用等措施。特殊紧急情况下,由交易机构和登记机构一并采取措施。

第二,建议区分账户不合格情况的严重程度,采取不同的限制措施。

第十四条

发生下列情形的,登记主体或者依法承继其权利义务的主体应当提交相关申请材料,申请注销登记账户:

(一)法人以及非法人组织登记主体因合并、分立、依法被解散或者破产等原因导致主体资格丧失;

(二)自然人登记主体死亡;

(三)法律法规、部门规章等规定的其他情况。

登记主体申请注销登记账户时,应当了结其相关业务。申请注销登记账户期间和登记账户注销后,登记主体无法使用该账户进行交易等相关操作。

一、国内外立法例

地方立法例

1.《上海市碳排放配额登记管理暂行规定》:

四、账户管理

……

3.账户注销

因企业出现解散、注销、合并或分立等情形导致原配额持有人不再存在的,登记管理机构核实情况后按程序对其账户予以注销。

符合条件的其他组织因不再具备交易资格或者申请退出本市碳排放交易,且其配额账户余额为零的,登记管理机构根据交易所提供的相关材料并核实后按程序对其配额账户予以注销。

2.《福建省碳排放配额管理实施细则(试行)》:

第二十条 重点排放单位注销或迁出福建省的,应当在完成关停或迁出手续前3个月内向设区市发改委提交所属履约年对应运营期内的碳排放报告和核查报告,并按以下规定履行配额清缴义务,办理相关配额注销手续。

重点排放单位在当年度配额发放前注销或迁出福建省的,需要提交上年度碳排放报告和核查报告,并按经核查的上年度实际碳排放量清缴上年度配额,当年度配额不再发放。

重点排放单位在当年度配额发放后注销或迁出福建省的,需要提交当年度碳排放报告和核查报告,并按经核查的当年度实际生产月份的碳排放量清缴配额,省经济信息中心收回当年度剩余月份免费发放的配额,并在碳排放权交易注册登记系统上注销。

对于清缴后节余的配额,重点排放单位应当在注销或迁出福建省后一个月内自行决定在海峡股权交易中心出售或交由配额登记系统注销,注册登记系统在重点排放单位注销或迁出福建省一个月后将自动注销该单位账户。

3.《重庆市碳排放配额管理细则(试行)》:

第十六条　配额管理单位与配额管理单位合并的,由合并后存续或新设单位继受配额,并履行配额清缴义务。

配额管理单位与非配额管理单位合并的,由合并后存续或新设单位继受配额,并履行配额清缴义务。原非配额管理单位的碳排放不纳入配额管理。

单位合并的,按照如下规定办理相关手续:

(一)参加吸收合并的单位应当在办理合并手续前,书面报告市发展改革委,登记簿管理单位在2个工作日内冻结配额管理单位账户。存续单位在合并结束后10日内向登记簿管理单位提出配额变更申请,登记簿管理单位在2个工作日内对相应配额进行变更,注销被合并配额管理单位的账户。存续单位是非配额管理单位的,登记簿管理单位在2个工作日内为其开立登记簿账户,注入被合并配额管理单位的配额,同时注销原配额管理单位的账户。

(二)参加新设合并的单位应当在办理合并手续前,书面报告市发展改革委,登记簿管理单位在2个工作日内冻结配额管理单位账户。新设单位在取得营业执照后10日内向登记簿管理单位提交登记簿开户申请,登记簿管理单位在2个工作日内为其开立登记簿账户,将冻结账户的配额转移至该账户,同时注销冻结的账户。

第十七条　配额管理单位分立的,存续单位或新设单位继受原单位的配额,并履行各自的配额清缴义务。

单位分立的,按照如下规定办理相关手续:

(一)采取派生分立的,应当提前拟订配额分拆方案,书面报告市发展改革委,登记簿管理单位在2个工作日内冻结该单位登记簿账户。新设单位在取得营业执照后10日内向登记簿管理单位提交登记簿开户申请,登记簿管理单位在 2 个工作日内为其开立登记簿账户,根据配额分拆方案将冻结账户的相应配额转移至该账户,同时解冻原单位账户。

(二)采取新设分立的,应当提前拟订配额分拆方案,书面报告市发展改革委,登记簿管理单位在 2 个工作日内冻结该单位登记簿账户。新设单位在取得营业执照后 10 日内向登记簿管理单位提交登记簿开户申请,登记簿管理单位在 2 个工作日内为其开立登记簿账户,根据配额分拆方案将冻结账户的配额转移至相应账户,同时注销原单位账户。

第十九条　配额管理单位将全部排放设施转移出本市行政区域或整体关停排放设施,应当及时向市发展改革委报告,市发展改革委审定其排放量后收回免费分配的剩余配额,并通知登记簿管理单位注销该单位登记簿账户。

二、条 文 析 义

条文总体解释

1. 目的和依据

为了明确登记账户的注销条件,特制定本条。

2. 内容

本条对登记主体提出了注销账户的相关要求,即若发生下列情形,登记主体或者依法承继其权利义务的主体应当提交相关申请材料,申请注销登记账户:①法人以及非法人组织登记主体因合并、分立、依法被解散或者破产等原因导致主体资格丧失;②自然人登记主体死亡;③法律法规、部门规章等规定的其他情况。

本条还对登记主体申请注销登记账户提出了前提条件,即登记主体应当办结该账户的所有业务。并指出申请注销登记账户期间和登记账户注销后,登记主体无法使用该账户进行交易等相关操作。

关键概念解释

1. 注销登记账户

注销账户的意思是指对以后不再使用的账户进行注销,里面的信息全部被清空,取消登记在册的事项。"注销账户"是"注册账户"的反操作。

2. 合并

企业合并,是指将两个或者两个以上单独的企业合并形成一个报告主体的交易或事项。企业合并分为同一控制下的企业合并和非同一控制下的企业合并。

通过合并,合并前的多家企业的财产变成一家企业的财产,多个法人变成一个法人。企业合并是资本集中从而市场集中的基本形式。在日本以及欧美国家,企业合并只要不带来垄断弊端,就被视为合理,甚至受到政府政策的鼓励,但可能导致垄断的企业合并,会受到反垄断政策的干预。

3. 分立

(1) 股份有限公司分立

股份有限公司分立是和公司合并相反的行为,它是指原有的一个公司分成两个或两个以上独立公司的法律行为。公司分立时,其财产应作相应的分割。

(2) 分立条件

公司分立时,其财产做相应的分割,应当编制资产负债表及财产清单。公司应当自作出分立决议之日起10日内通知债权人,并于30日内于报纸上公告。

公司分立前的债务按所达成的协议由分立后的公司承担。

(3) 基本方式

存续分立:是指一个公司分离成两个以上公司,本公司继续存在并设立一个以上新的公司;

解散分立:是指一个公司分散为两个以上公司,本公司解散并设立两个以上新的公司。

相关建议

本条提出,登记主体申请注销登记账户时,应当了结其相关业务。建议进一步明确,在登记主体申请注销登记账户时,如登记主体有交易账户,应先注销交易账户,再申请注销登记账户。

第十五条

登记主体如对第十三条所述限制使用措施有异议,可以在措施生效后15个工作日内向注册登记机构申请复核;注册登记机构应当在收到复核申请后10个工作日内予以书面回复。

一、条文析义

条文总体解释

1. 目的和依据

为了明确账户管理申诉程序,特制定本条。

2. 内容

注册登记机构依据本规则第十三条规定对登记主体的不合格登记账户采取限制使用措施。登记主体如对上述措施有异议,可在措施生效后15个工作日内向注册登记机构申请复核;注册登记机构应当在收到复核申请后10个工作日内予以书面回复。

相关建议

本条提出,登记主体如对第十三条所述限制使用措施有异议,可以在措施生效后15个工作日内向注册登记机构申请复核。建议在登记机构采取限制使用措施期间,登记主体就可随时提出复核申请。此外,申请复核的时间限定在措施生效后15个工作日内缺乏合理依据,建议在措施生效后15个工作后也可以申请复核。

第三章 登　　记

第十六条

登记主体可以通过注册登记系统查询碳排放配额持有数量和持有状态等信息。

一、国内外立法例

欧盟立法例

欧洲议会和欧盟理事会第 2003/87/EC 号指令（2003 年 10 月）：

第十九条　注册处（Registries）

（3）为执行本指令，欧盟委员会应制定有利于保证标准化和系统安全的规则，用标准的电子数据库保存普通数据，从记录配额的签发、持有、转移和取消，向公众公开数据，同时在适当情况下保护机密，保证全部转移与《京都议定书》内容的完全兼容。此规则也应提供条款限制共同体体系内 CERs 和 ERUs 的使用和鉴别，以及规定对该使用水平的监测。旨在通过补充方式修改本指令非必要元素的措施，应按照第二十三条(3)款审议通过的法定程序进行。

地方立法例

1.《上海市碳排放配额登记管理暂行规定》：

一、登记簿

市发展改革委委托上海市信息中心作为本市碳排放配额的登记管理机

构，负责配额登记具体事务以及登记簿的运行维护，并按规定提供与配额登记业务有关的查询、培训等服务。登记管理机构应当对与配额登记相关的数据承担保密责任。

2.《湖北省碳排放权交易注册登记管理暂行办法(试行)》(鄂碳交〔2013〕22号)：

第八条 登记人通过注册登记系统账户持有碳排放权，该账户用于记录碳排放权的余额及其他依法应当登记的事项信息。碳排放权账户应包含以下信息：

(一)登记人基本信息；

(二)碳排放权的类型、数量、获取方式、状态；

(三)碳排放权变更信息及规定的注销事项。

二、条文析义

条文总体解释

1. 目的和依据

为了明确登记主体查询自己的碳配额持有信息途径，特制定本条。

2. 内容

本条规定了登记主体查询自己持有的碳配额信息的途径，即登记主体可通过注册登记系统登录自己的登记账户查询碳排放配额持有数量和持有状态等信息。

相关建议

第一，本条没有明确可以进行查询的时间。建议进一步规定查询的时间范围。

第二，本条没有明确登记机构在查询结果方面应承担的义务。建议进一步规定登记机构在查询信息真实性、有效性和完整性方面具有的义务。

第十七条

注册登记机构根据生态环境部制定的碳排放配额分配方案和省级生态环境主管部门确定的配额分配结果，为登记主体办理初始分配登记。

一、国内外立法例

地方立法例

1.《上海市碳排放配额登记管理暂行规定》：

三、配额登记管理

1. 配额取得

登记管理机构根据本市配额分配方案确定的配额数量，按照编码规则在登记簿中为每一吨配额创建唯一编码，并将配额发放至纳入配额管理单位的配额账户中。

纳入配额管理的单位按照基准线法取得预配额的，登记管理机构根据市发展改革委的通知，于每年 3 月 15 日前将有关预配额的调整事项通知纳入配额管理单位，并于 3 月 31 日前对预配额和调整后配额的差额部分予以收回或补足。

2.《湖北省碳排放权交易注册登记管理暂行办法（试行）》（鄂碳交〔2013〕22 号）：

第十六条 注册登记管理机构按照规定将一定数量的配额发放至对应登记人碳排放权账户中。

3.《福建省碳排放配额管理实施细则（试行）》：

第十二条 设区市发改委根据分配方案核定本市行政区域内重点排放单位的免费分配配额数量，经省经济信息中心确认后，并于当年 7 月最后一个工作日前通过注册登记系统向本市行政区域内的重点排放单位以电子凭证的形式发放。

采用行业基准法以及历史强度法的企业，当年 7 月采用上一年度经核查的产量计算配额，并以经计算的 70% 作为预分配配额发放；次年 5 月核查完成后根据经核查的实际产量进行调整,经省经济信息中心确认后多退少补。

采取历史总量法分配的企业,排放量超过上一年度配额10%以上,应当向设区市发改委提出配额调整书面申请,设区市发改委根据当年配额分配方案进行调整,经省经济信息中心确认后执行。

4.《深圳市碳排放权交易管理暂行办法》:

第四十二条 主管部门应当通过登记簿签发配额,配额一经有效签发即视为完成配额初始登记。

主管部门应当通过登记簿为核证自愿减排量进行初始登记,核证自愿减排量自进入减排项目业主在登记簿开立的注册账户时即视为完成初始登记。

5.《重庆市碳排放配额管理细则(试行)》:

第十一条 市发展改革委在配额管理单位年度排放量申报规定时间结束后20个工作日内,下达本年度配额。

登记簿管理单位收到年度配额分配方案后2个工作日内,通过登记簿发放配额。

二、条文析义

条文总体解释

1. 目的和依据

为了明确注册登记机构为登记主体办理初始分配登记的依据,特制定本条。

2. 内容

本条主要内容包括两个方面:

第一,省级环境管理部门只有向本行政区域内的重点排放单位分配规定年度的碳排放配额的权限,没有调整配额的权限。

第二,注册登记机构则根据生态环境部制定的碳排放配额分配方案和省级生态环境主管部门确定的配额分配结果,为登记主体在注册登记系统上办理初始分配登记。

关键概念解释

1. 配额分配

国务院生态环境主管部门同国务院有关部门,根据国家温室气体排放总量控制和阶段性目标要求,提出碳排放配额总量和分配方案,报国务院批准后公布。

省级生态环境主管部门应当根据公布的碳排放配额总量和分配方案,向本行政区域的重点排放单位分配规定年度的碳排放配额。

碳排放配额分配包括免费分配和有偿分配两种方式,初期以免费分配为主,根据国家要求适时引入有偿分配,并逐步扩大有偿分配比例。

2. 配额初始分配

配额发放通过全国碳排放权注册登记系统进行,这意味着配额的发放将采用线上分配的形式完成。根据配额分配方案,2019—2020年度省级预分配方案将在2021年1月29日前完成向生态环境部的报送。全国碳交易市场对2019—2020年配额实行全部免费分配,并采用基准法核算重点排放单位所拥有机组的配额量。重点排放单位的配额量为其所拥有各类机组配额量的总和。

在3060目标下,碳排放配额总量确定、配额分配方案制定和配额分配执行是按照自上而下和自下而上相结合的原则来进行的。由生态环境部制定碳排放配额总量确定与分配方案。省级生态环境主管部门应当根据生态环境部制定的碳排放配额总量确定与分配方案。首先,省级生态环境主管部门需根据本行政区域内重点排放单位实际产出量以及确定的配额分配方法及碳排放基准值,核定各重点排放单位的配额数量;将核定后的本行政区域内各重点排放单位配额数量进行加总,形成省级行政区域配额总量。将各省级行政区域配额总量加总,最终确定全国配额总量。其次,省级生态环境主管部门向本行政区域内的重点排放单位分配规定年度的碳排放配额。

3. 登记

初始登记为注册登记机构的业务之一,也是最重要的登记环节。注册登记机构根据生态环境部制定的碳排放配额分配方案和省级生态环境主管部门确定的配额分配结果,为登记主体在注册登记系统上办理初始分配登记。注册登记机构登记业务见表4。

表4 注册登记机构登记业务类型

登记类型		适用业务范围
初始登记		● 配额创建及总量设定
变更登记	交易变更	● 在全国碳排放权交易系统内进行的集中统一交易
	非交易变更	● 继承、捐赠、依法进行的财产分割; ● 法人合并、分立,或因解散、破产、被依法责令关闭等原因丧失法人资格; ● 司法冻结与扣划; ● 冻结、托管返还、质押等(未来碳金融业务)
注销登记		● 配额清缴注销 ● 自愿减排量抵销 ● 碳中和自愿注销

相关建议

第一,本条明确,注册登记机构根据生态环境部制定的碳排放配额分配方案和省级生态环境主管部门确定的配额分配结果,为登记主体办理初始分配登记。但是,并非所有登记主体都有配额的初始分配,只有重点排放单位才有配额的初始分配。因此,建议本条进一步明确为:注册登记机构根据生态环境部制定的碳排放配额分配方案和省级生态环境主管部门确定的配额分配结果,为重点排放单位办理初始分配登记。

第二,此条没有明确为重点排放单位办理初始分配登记是否意味着重点排放单位的登记账户自动就开立了。建议进一步明确登记账户开立与配额初始分配登记之间的时间关系,即登记账户开立在前,配额初始分配登记在后。

第十八条

注册登记机构应当根据交易机构提供的成交结果办理交易登记,根据经省级生态环境主管部门确认的碳排放配额清缴结果办理清缴登记。

一、国内外立法例

全国立法例

《碳排放权交易管理办法(试行)》(2020年12月)：

第二十三条 全国碳排放权注册登记机构应当根据全国碳排放权交易机构提供的成交结果，通过全国碳排放权注册登记系统为交易主体及时更新相关信息。

地方立法例

1.《上海市碳排放配额登记管理暂行规定》：

三、配额登记管理

2. 配额转让

配额权属因配额交易发生转移的，在每日交易结束后，由登记簿根据上海环境能源交易所(以下简称"交易所")的交易系统发送的清算交收指令完成配额转让登记。纳入配额管理单位的配额账户中未来各年度的配额量不得低于该年度无偿取得的配额量的50%。

4. 配额清缴

纳入配额管理的单位应当依据经市发展改革委审定的上年度碳排放量，在每年6月1日至6月30日期间通过登记簿足额提交配额，履行清缴义务。

2.《湖北省碳排放权交易注册登记管理暂行办法(试行)》(鄂碳交〔2013〕22号)：

第十七条 碳排放权交易须在指定的交易机构进行转让登记，交易机构应向管理机构提交配额变更信息。

第十八条 排放企业依法提交缴还申请的，注册登记管理机构须对其账户内碳排放权的变更进行登记。

3.《广州碳排放权交易中心碳排放配额交易规则(2019年修订)》：

第二十七条 碳排放配额交收由广碳所统一组织进行。省生态环境厅根据相关规定和广碳所的清算结果在配额注册登记系统完成配额过户。

4.《重庆市碳排放配额管理细则(试行)》：

第十五条　配额通过交易发生变更的,登记簿根据交易系统发出的指令自动变更。

……

第十八条　配额管理单位应当在每年 6 月 20 日前通过登记簿提交与审定排放量相当的配额(含国家核证自愿减排量,下同),并向市发展改革委提交加盖公章的书面申请文件。

2015 年前分两期履约,配额管理单位在 2015 年 6 月 20 日前履行第一期配额清缴义务;在 2016 年 6 月 20 日前履行第二期配额清缴义务。

市发展改革委收到申请文件后,交由登记簿管理单位通过配额清缴审核,注销相应配额。

配额清缴期届满后,配额管理单位未提交书面申请文件,视为未履行配额清缴义务。已提交书面申请文件,但未通过登记簿提交配额或提交的配额数量不足的,由登记簿管理单位注销已提交的配额,并视情况认定为未履行或未完全履行配额清缴义务。

二、条文析义

条文总体解释

1. 目的和依据

为了明确注册登记机构办理交易登记和清缴登记的事实依据,特制定本条。

2. 内容

本条提出：

第一,全国碳排放交易机构管理的全国碳排放交易系统提交的成交结果是全国碳排放权注册登记系统更新相关信息的依据。全国碳排放权注册登记机构应当根据全国碳排放交易机构提供的成交结果,通过全国碳排放权注册登记系统为交易主体及时更新相关信息。

全国碳排放权注册登记系统与全国碳排放交易系统是两个相互独立的系

统。交易过程与登记系统无关，登记系统只记录交易的结果。

第二，注册登记机构根据经省级生态环境主管部门确认的碳排放配额清缴结果办理清缴登记。

关键概念解释

1. 交易登记

控排企业在全国碳排放交易系统内进行集中统一交易。全国碳排放权注册登记机构应当根据全国碳排放交易系统反馈的成交结果，通过全国碳排放权注册登记系统为交易主体及时更新相关信息，做好交易登记。

2. 碳排放配额清缴

重点排放单位应当根据其温室气体实际排放量，向分配配额的省级生态环境主管部门及时清缴上一年度的碳排放配额。

重点排放单位的碳排放配额清缴量，应当大于或者等于省级生态环境主管部门核查确认的该单位上一年度温室气体实际排放量。

重点排放单位足额清缴碳排放配额后，配额仍有剩余的，可以结转使用，不能足额清缴的，可以通过在全国碳排放交易市场购买配额等方式完成清缴。

相关建议

本条提出，注册登记机构根据经省级生态环境主管部门确认的碳排放配额清缴结果办理清缴登记。实际上，碳排放配额清缴后除了办理清缴登记外，更为重要的是办理注销登记。因此，建议明确碳排放配额清缴后注销登记的相关规定。

第十九条

重点排放单位可以使用符合生态环境部规定的国家核证自愿减排量抵销配额清缴。用于清缴部分的国家核证自愿减排量应当在国家温室气体自愿减排交易注册登记系统注销，并由重点排放单位向注册登记机构提交有关注销证明材料。注册登记机构核验相关材料后，按照生态环境部相关规定办理抵销登记。

一、国内外立法例

全国立法例

《碳排放权交易管理办法(试行)》(2020年12月):

第二十九条 重点排放单位每年可以使用国家核证自愿减排量抵销碳排放配额的清缴,抵销比例不得超过应清缴碳排放配额的5%。相关规定由生态环境部另行制定。

用于抵销的国家核证自愿减排量,不得来自纳入全国碳排放交易市场配额管理的减排项目。

地方立法例

《深圳市碳排放权交易管理暂行办法》:

第四十八条

……

核证自愿减排量有下列情形之一的,主管部门应当在登记簿进行扣减,并报国家注册登记簿进行注销:

(一)管控单位将其用于履约;

(二)市场参与主体自愿将其注销;

(三)其他依法应当予以注销的情形。

二、条文析义

条文总体解释

1. 目的和依据

为了明确重点排放单位配额抵销的产品类型以及抵销登记的程序,特制定本条。

2. 内容

本条是关于重点排放单位配额抵销的产品类型以及抵销登记程序的规定。

第一，本条规定了重点排放单位配额抵销的产品类型，即重点排放单位每年可以使用符合生态环境部规定的国家核证自愿减排量抵销碳排放配额的清缴。

第二，本条规定了重点排放单位配额的抵销登记程序。首先重点排放单位应当在国家温室气体自愿减排交易注册登记系统注销用于清缴部分的国家核证自愿减排量(CCER)，然后向注册登记机构提交这部分CCER的注销证明材料，最后注册登记机构核验相关材料后即按照生态环境部相关规定办理抵销登记。

关键概念解释

1. 核证自愿减排量

国家鼓励企事业单位在中国境内实施可再生能源、林业碳汇、甲烷利用等项目，实现温室气体排放的替代、吸附或者减少。

前款所指项目的实施单位，可以申请国务院生态环境主管部门组织对其项目产生的温室气体削减排放量进行核证。经核证属实的温室气体削减排放量，由国务院生态环境主管部门予以登记。

重点排放单位可以购买经过核证并登记的温室气体削减排放量，用于抵销其一定比例的碳排放配额清缴。

温室气体削减排放量的核证和登记具体办法及相关技术规范，由国务院生态环境主管部门制定。

2. 国家核证自愿减排量(CCER)抵销机制

国家核证自愿减排量的抵销比例为5%，但具体抵销的要求（比如减排量产生的时间、地域、类型等）还要另行制定。对国家核证自愿减排量的定义强调"境内项目"，这意味着国家暂时不允许境外项目的减排量至国内抵销。

相关建议

本条规定了重点排放单位配额的抵销登记程序，但没有规定CCER注销的流程等规定。建议进一步明确相关规定。

第二十条

登记主体出于减少温室气体排放等公益目的自愿注销其所持有的碳排放配额,注册登记机构应当为其办理变更登记,并出具相关证明。

一、国内外立法例

全国立法例

《碳排放权交易管理办法(试行)》(2020年12月):

第十九条 国家鼓励重点排放单位、机构和个人,出于减少温室气体排放等公益目的自愿注销其所持有的碳排放配额。

自愿注销的碳排放配额,在国家碳排放配额总量中予以等量核减,不再进行分配、登记或者交易。相关注销情况应当向社会公开。

地方立法例

1.《上海市碳排放配额登记管理暂行规定》:

三、配额登记管理

......

5.配额注销

出现下列情形之一的,登记管理机构按规定对相应配额予以注销:

(1)纳入配额管理的单位提交的用于清缴的配额;

(2)配额持有人自愿注销的配额。

登记管理机构于交易日的16:00至17:00期间办理配额变更、清缴和注销业务。

2.《深圳市碳排放权交易管理暂行办法》:

第四十八条 有下列情形之一的配额,主管部门应当在登记簿及时进行注销:

(一)当年度配额拍卖中流拍的配额;

(二)每个配额预分配期结束时价格平抑储备配额中未出售的配额;

（三）根据本办法第二十五条规定由主管部门收回的配额；

（四）管控单位用于履约的配额；

（五）有效期届满的配额；

（六）市场参与主体自愿注销的配额；

（七）其他依法应当注销的情形。

……

二、条文析义

条文总体解释

1. 目的和依据

为规定登记主体自愿注销的相关流程，特制定本条。

立法依据是 2020 年 12 月生态环境部发布的《碳排放权交易管理办法（试行）》第十九条：

国家鼓励重点排放单位、机构和个人，出于减少温室气体排放等公益目的自愿注销其所持有的碳排放配额。自愿注销的碳排放配额，在国家碳排放配额总量中予以等量核减，不再进行分配、登记或者交易。相关注销情况应当向社会公开。

2. 内容

本条规定，登记主体出于减少温室气体排放等公益目的，可以自愿注销其所持有的碳排放配额。自愿注销其所持有的碳排放配额的，注册登记机构应当为其办理注销登记，并出具相关证明。

关键概念解释

自愿注销

登记主体在使用碳排放额后有剩余，或者未使用碳排放配额，可以用于出售。除了出售以外，企业也可以选择注销取得的碳排放配额，为温室气体减排做贡献。

在会计处理上，重点排放企业自愿注销购入的碳排放配额的，按照注销配额的账面余额,借记"营业外支出"科目,贷记"碳排放权资产"科目;重点排放企业自愿注销无偿取得的碳排放配额的,不作账务处理。

相关建议

本条规定,登记主体出于减少温室气体排放等公益目的,可以自愿注销其所持有的碳排放配额。但是,对于如何区分登记主体是否出于减少温室气体排放等公益目的而注销其所持有的碳排放配额,对于恶意注销的行为如何处理,本条没有制定相应的规定。建议进一步规定自愿注销的识别机制,明确规定恶意注销不予办理。

第二十一条

碳排放配额以承继、强制执行等方式转让的,登记主体或者依法承继其权利义务的主体应当向注册登记机构提供有效的证明文件,注册登记机构审核后办理变更登记。

一、国内外立法例

地方立法例

1.《福建省碳排放配额管理实施细则(试行)》:

第十八条 重点排放单位合并的,应当在完成合并登记之日起十个工作日内报送设区市发改委,申请配额的转移登记。

重点排放单位之间合并的,由合并后存续或新设的重点排放单位承继配额,并履行清缴义务。合并后的碳排放边界为原重点排放单位各自的碳排放边界之和。

重点排放单位和其他单位合并的,由合并后存续或新设的重点排放单位承继配额,并履行清缴义务。合并当年的碳排放边界仍以合并前的碳排放边界为准,合并次年重新核定。

第十九条 重点排放单位分立的,在完成分立登记之日起十个工作日内明确分立后各单位的碳排放边界及配额量,报送设区市发改委申请配额的转移登记。分立后的重点排放单位仍然履行各自的清缴义务。

2.《深圳市碳排放权交易管理暂行办法》：

第四十三条 经初始登记的配额或者核证自愿减排量，有下列情形之一的，应当办理转移登记：

（一）买卖；

（二）赠与；

（三）继承；

（四）公司合并、分立导致的转移；

（五）人民法院、仲裁机构判决或者裁定的强制性转移；

（六）依照法律、法规规定作出的其他强制性转移。

第四十四条 因买卖的原因需要办理转移登记的，交易双方应当通过交易机构的交易系统向登记簿提交申请，由登记簿自动完成转移登记。

因买卖以外其他的原因需要办理转移登记的，相关权利人应当向主管部门申请办理非交易转移登记，并提交下列资料：

（一）转移登记申请书；

（二）申请人身份证明；

（三）配额或者核证自愿减排量发生转移的证明材料。

第四十六条 办理非交易转移登记或者质押登记，申请人提交的申请材料齐全、符合本办法规定形式的，主管部门应当当场作出书面的审查决定，并在三个工作日内完成登记工作。

3.《重庆市碳排放配额管理细则（试行）》：

第十五条 配额通过交易发生变更的，登记簿根据交易系统发出的指令自动变更。

配额通过其他原因发生变更的，相关权利人应当向登记簿管理单位申请变更登记，并提交以下材料：

（一）变更登记申请书；

（二）申请人身份证明文件；

（三）配额变更证明材料。

登记簿管理单位在收到材料后，符合条件的，在2个工作日内通过登记簿予以变更。

二、条文析义

条文总体解释

1. 目的和依据

为了明确碳排放配额转让变更登记程序,特制定本条。

2. 内容

本条规定包括三个方面的内容:

第一,碳排放配额可以转让,转让应办理变更登记。

第二,碳排放配额转让的方式有承继、强制执行等方式。

第三,规定了变更登记的流程,即转让方或者受让方向注册机构提供有效的转让证明文件,注册登记机构审核后办理变更登记。

关键概念解释

碳配额转让

转让,就是把自己的东西或合法利益或权利让给他人,有产权、债权、资产、股权、营业、著作权、知识产权转让、经营权、租赁权,等等。所以转让方即原本资产或权力的持有者。

受让,就是指接受别人转让的物品、权利等。所以受让方可理解为接受转让的人。

碳配额转让即登记主体(转让方)将自己拥有的碳排放配额转让给依法承继其权利义务的主体(受让方)的行为。

相关建议

本条认为,碳排放配额转让的方式包括承继、强制执行等。但是,转让是一种交易行为,而承继、强制执行并非交易行为,只是权属变动行为。因此,建议本条修改为:碳排放配额以承继、强制执行等方式发生权属变动的,登记主体或者依法承继其权利义务的主体应当向注册登记机构提供有效的证明文件,注册登记机构审核后办理变更登记。

第二十二条

司法机关要求冻结登记主体碳排放配额的，注册登记机构应当予以配合；涉及司法扣划的，注册登记机构应当根据人民法院的生效裁判，对涉及登记主体被扣划部分的碳排放配额进行核验，配合办理变更登记并公告。

一、国内外立法例

地方立法例

《上海市碳排放配额登记管理暂行规定》：
四、账户管理
……

2.账户冻结
有下列情形之一的，登记管理机构应当对相关配额账户采取冻结措施：
(1) 交易所通知交易出现异常的；
(2) 登记簿出现异常情况或紧急事件；
(3) 配额持有人因违规行为被交易所采取冻结措施的；
(4) 其他需要冻结的情形。
配额账户被冻结的，配额持有人不能进行除登陆及查询以外的操作。冻结的原因消除后，登记管理机构应当及时解除相关账户的冻结措施。登记管理机构作出或者解除冻结措施的，应当及时通知配额持有人和交易所。

二、条文析义

条文总体解释

1.目的和依据
为了明确规定注册登记机构的司法配合义务，特制定本条。
2.内容
本条提出了碳排放配额被司法冻结和司法扣划，注册登记机构的司法配合义务,即对于碳排放配额司法冻结和司法扣划,注册登记机构应予以配合进行相关业务操作。

第一,注册登记机构应当配合司法机关冻结登记主体碳排放配额的要求。碳配额冻结解冻业务是注册登记机构的登记衍生业务之一,因碳排放配额持有人涉案等原因司法机关要求冻结其碳排放配额的,注册登记机构应当予以配合进行相应冻结。

第二,注册登记机构应当配合司法机关办理涉及司法扣划的配额变更登记并公告。司法扣划登记,是非交易变更登记的一种类型。碳排放配额涉及司法扣划的,注册登记机构应当根据人民法院的生效裁判,对涉及登记主体被扣划部分的碳排放配额进行核验,根据核验结果配合办理变更登记并公告。

关键概念解释

1. 冻结

冻结是注册登记机构的登记衍生业务之一。碳排放配额进行冻结操作后,登记主体不能使用冻结配额,不能对冻结配额进行转移、交易、质押等权益处置,待解冻后权益限制解除。

注册登记机构的登记衍生业务:登记查询、登记证明、冻结解冻业务、质押业务、向主管部门提供的分配履约相关衍生服务等。

2. 司法扣划

司法扣划是指人民法院通过注册登记机构,将作为被申请执行人的法人或其他组织的碳排放配额,按人民法院协助执行通知书规定的数额划入申请执行人的账户内的执行措施。划拨碳排放配额可以在冻结的基础上进行,也可以不经冻结而直接划拨。被司法冻结的碳排放配额,如果需扣划的,应该由法院法官持工作证、执行公务证、扣划裁定书、协助执行通知书,直接到该账户的开户机构办理碳排放配额扣划手续。注册登记机构必须按法院的要求办理扣划。

相关建议

本条规定,司法机关可以冻结登记主体碳排放配额,但是没有明确规定司法机关冻结登记主体碳排放配额的具体程序。建议进一步明确相关规定。

第四章 信息管理

第二十三条

司法机关和国家监察机关依照法定条件和程序向注册登记机构查询全国碳排放权登记相关数据和资料的,注册登记机构应当予以配合。

一、条文析义

条文总体解释

1. 目的和依据

本条规定了司法机关和国家监察机关对全国碳排放配额登记相关数据和资料进行司法查询的权利,以及注册登记机构配合司法查询的义务。

2. 内容

本条规定:第一,司法机关和国家监察机关等依照法定条件和程序,可以向注册登记机构查询碳排放配额登记相关数据和资料。第二,对于司法机关和国家监察机关提出的合法查询申请,注册登记机构应当予以配合。

关键概念解释

1. 司法机关

司法机关是行使司法权的国家机关,是国家机构的基本组成部分,是依法成立的行使相关国家职权的司法组织。

中国的司法机关在狭义上专指人民法院,广义上还包括人民检察院。

2. 国家监察机关

监察机关是行使国家监察职能的专责机关,对所有行使公共权力的公职人员进行监察,调查职务违法和职务犯罪,开展廉政建设和反腐败工作。

中国设立国家监察委员会和地方各级监察委员会。监察机关不是行政机关,而是政治机关。

相关建议

本条规定,司法机关和国家监察机关等依照法定条件和程序,可以向注册登记机构查询碳排放配额登记相关数据和资料,但是,没有规定司法查询究竟依照什么法定条件和程序,建议后续规则修订中,进一步明确司法查询依照的法定的条件和程序。

第二十四条

注册登记机构应当依照法律、行政法规及生态环境部相关规定建立信息管理制度,对涉及国家秘密、商业秘密的,按照相关法律法规执行。

一、国内外立法例

欧盟立法例

欧洲议会和欧盟理事会第 2003/87/EC 号指令(2003 年 10 月):

第十五 a 条 信息披露和专业机密(Disclosure of information and professional secrecy)

成员国和欧盟委员会应保证所有与配额分配量有关的决议和报告以及排放监测、报告和核查信息在第一时间内披露,以保障信息获取的非歧视性。

除非凭借适用法律、法规或行政条款,包含专业机密的信息可以不为他人或机构披露。

二、条文析义

条文总体解释

1. 目的和依据

为了明确注册登记机构在建立信息管理制度方面的义务,以及重要信息的管理办法,特制定本条。

2. 内容

首先,本条规定了注册登记机构在信息管理方面的义务,即注册登记机构应当依照法律、行政法规及生态环境部相关规定建立信息管理制度,维护登记主体的信息安全。

其次,本条规定了重要信息的管理方法,即对涉及国家秘密、商业秘密的,按照相关法律法规执行,保障重要信息的安全,防止外泄。

关键概念解释

1. 信息管理

信息管理是综合采用技术的、经济的、政策的、法律的和人文的方法和手段对信息流(包括非正规信息流和正规信息流)进行控制,以提高信息利用效率、最大限度地实现信息效用价值为目的的一种活动。信息管理的过程包括信息收集、信息传输、信息加工和信息储存。信息管理制度是信息管理工作的章程和准则,可以推动信息管理的规范化。

在碳交易过程中,注册登记机构具有维护信息安全,正确的处理和管理登记主体相关信息的义务。注册登记机构应当依照法律、行政法规及生态环境部相关规定建立信息管理制度,规定登记主体的信息收集、信息传输、信息加工和信息储存等相关活动,维护登记主体的信息安全。通过建立可正确管理和利用信息的环境,使相关参与机构都能够放心,安全且高效地开展工作。

相关建议

本条仅明确了应建立信息管理制度,但未就登记机构信息管理内容予以明确。建议修改为建立登记相关信息管理制度,进一步明确信息管理的边界。

第二十五条

注册登记机构应当与交易机构建立管理协调机制,实现注册登记系统与交易系统的互通互联,确保相关数据和信息及时、准确、安全、有效交换。

一、国内外立法例

地方立法例

《碳排放权交易管理办法(试行)》(2020年12月):

第二十四条 全国碳排放权注册登记机构和全国碳排放权交易机构应当按照国家有关规定,实现数据及时、准确、安全交换。

二、条文析义

条文总体解释

1. 目的和依据

为了明确注册登记系统与全国碳排放交易系统对接的规定,特制定本条。

2. 内容

本条明确规定了全国碳排放权注册登记机构和全国碳排放交易机构应当建立管理协调机制,实现注册登记系统与交易系统的互通互联,确保相关数据和信息及时、准确、安全、有效交换。

全国碳排放权注册登记机构管理的登记系统和全国碳排放交易机构管理的交易系统需要进行与碳配额转移相关的数据交换。注册登记机构在当日交收时点,根据交易系统的成交结果,以交易主体为结算单位,通过注册登记系统进行全国碳排放配额与资金的逐笔全额清算交收,实现全国碳排放配额持有、转移、清缴履约和注销的登记。因此注册登记机构和交易机构之间应建立管理协调机制,实现注册登记系统与交易系统连接,确保两系统数据和信息及时、准确、安全、有效交互。

第二十六条

注册登记机构应当建设灾备系统,建立灾备管理机制和技术支撑体系,确保注册登记系统和交易系统数据、信息安全,实现信息共享与交换。

一、条文析义

条文总体解释

1. 目的和依据

为了明确注册登记机构应对灾难的义务,以及发生灾难时的数据和信息要求,特制定此条。

2. 内容

本条主要规定了两个方面的内容:

第一,规定注册登记机构具有应对灾难的义务。注册登记涉及大量的数据和信息,直接关系到碳交易市场参与者多方面利益,因而必须重视对其安全保护,确保注册登记系统和交易系统数据、信息安全。本条提出注册登记机构应当建立注册登记系统的灾备系统,建立灾备管理机制和技术支撑体系,建立完善的数据安全保护措施。

第二,规定发生灾难时,注册登记相关的数据和信息应达到的要求。在发生灾难时,注册登记机构应确保注册登记系统和交易系统数据、信息安全,实现信息共享与交换。

关键概念解释

1. 灾备

注册登记机构是碳交易市场必不可少的组成部分,为了保证碳市场持续正常运转,就要求注册登记机构及交易机构正常地提供服务,因此必须具有一系列的保证条件。

本条所提出的灾备,主要是数据级别的灾备,关注点在于数据和信息安全,即灾难发生后可以确保用户原有的数据不会丢失或者遭到破坏。数据级别灾备是保障数据可用的最低底线,当数据丢失时能够保证应用系统可以重新得到所有数据。所以,为防止各类灾难毁损系统影响交易,注册登记机构应当建设登记系统的灾备系统,并且应当建立完备的灾备管理机制和技术支撑体系,实现对整个灾备系统乃至数据的高效管理,保证灾备系统长期稳定运营,提供高质量的服务。

第五章 监督管理

第二十七条

生态环境部加强对注册登记机构和注册登记活动的监督管理,可以采取询问注册登记机构及其从业人员、查阅和复制与登记活动有关的信息资料、以及法律法规规定的其他措施等进行监管。

一、国内外立法例

地方立法例

1.《上海市碳排放管理试行办法》:
第三十一条(监督管理)
市发展改革部门应当对下列活动加强监督管理:
(一)纳入配额管理单位的碳排放监测、报告以及配额清缴等活动;
(二)第三方机构开展碳排放核查工作的活动;
(三)交易所开展碳排放交易、资金结算、配额交割等活动;
(四)与碳排放配额管理以及碳排放交易有关的其他活动。
市发展改革部门实施监督管理时,可以采取下列措施:
(一)对纳入配额管理单位、交易所、第三方机构等进行现场检查;
(二)询问当事人及与被调查事件有关的单位和个人;
(三)查阅、复制当事人及与被调查事件有关的单位和个人的碳排放交易记录、财务会计资料以及其他相关文件和资料。

2.《深圳市碳排放权交易管理暂行办法》：

第六十二条　主管部门和其他相关部门履行监管职责时可以采取下列措施：

（一）对管控单位、市场交易主体、碳核查机构、交易所进行现场检查并调查取证；

（二）询问当事人和与被调查事件有关的单位和个人；

（三）查阅、复制当事人和与被调查事件有关的单位和个人的注册登记记录、交易记录、财务会计资料以及其他相关文件和资料；

（四）查询当事人和与被调查事件有关的单位和个人的注册账户、交易账户和资金账户；

（五）冻结当事人和与被调查事件有关的单位和个人的注册账户和交易账户；

（六）法律、法规规定的其他监管措施。

3.《天津市碳排放权交易管理暂行办法》：

第二十五条　市发展改革委和相关部门对碳排放权交易的下列事项实施监督管理：

（一）纳入企业的碳排放监测、报告、交易及遵约等活动；

（二）第三方核查机构的核查活动；

（三）交易机构开展碳排放权交易及信息发布等活动；

（四）市场参与主体的其他相关业务活动；

（五）法律、法规及市人民政府规定的其他事项。

第二十六条　履行本办法第二十五条规定时，可以采取下列措施：

（一）对纳入企业、交易机构、第三方核查机构等进行现场检查；

（二）询问与调查事件有关的单位和个人；

（三）查阅、复制与调查事件有关的单位和个人的配额交易记录、财务会计资料以及其他相关文件和资料；

（四）法律、法规及市人民政府规定的其他措施。

4.《重庆市碳排放权交易管理暂行办法》：

第三十三条　主管部门应当会同相关部门建立对配额管理单位、核查机构、交易所、其他交易主体等的监管机制，按职责履行监管责任。

第三十四条　主管部门应当对配额管理单位的碳排放报告、接受核查和履行配额清缴义务等活动,核查机构的核查行为,交易产品交割,以及其他与碳排放权交易有关的活动加强监督管理。

监管部门应当对交易所的交易组织、资金结算等活动,交易主体的交易行为以及其他与碳排放权交易有关的活动加强监督管理。

第三十五条　主管部门实施监督管理可以采取下列措施:

(一)对配额管理单位、核查机构、交易所、其他交易主体进行现场检查并取证;

(二)询问当事人和与被调查事件有关的单位和个人,要求其对被调查事件有关情况进行说明;

(三)查阅、复制当事人和与被调查事件有关的单位和个人的交易记录、财务会计资料以及其他相关资料;

(四)查询当事人和与被调查事件有关的单位和个人的登记簿账户、交易账户和资金账户;

(五)主管部门依法可以采取的其他措施。

二、条文析义

条文总体解释

1. 目的和依据

为了明确对注册登记机构和注册登记活动的监督管理机构,以及监管措施,特制定本条。

2. 内容

本条规定的内容主要有两个方面:

第一,规定了生态环境部是注册登记机构和注册登记活动的监督管理机构。生态环境部应加强对注册登记机构和注册登记活动的监督管理,通过强化监督管理,督促注册登记机构规范注册登记活动,发挥相关作用。

第二,规定了生态环境部对注册登记机构和注册登记活动可以采取的监管措施,主要有:(1)采取询问注册登记机构及其从业人员了解相关情况;(2)查阅和复制与登记活动有关的信息资料;(3)法律法规规定的其他监管措施。

第二十八条

各级生态环境主管部门及其相关直属业务支撑机构工作人员,注册登记机构、交易机构、核查技术服务机构及其工作人员,不得持有碳排放配额。已持有碳排放配额的,应当依法予以转让。

任何人在成为前款所列人员时,其本人已持有或者委托他人代为持有的碳排放配额,应当依法转让并办理完成相关手续,向供职单位报告全部转让相关信息并备案在册。

一、条文析义

条文总体解释

1. 目的和依据

为了规定禁止持有碳排放配额的机构、人员及相关配额的处理,特制定本条。

2. 内容

本条主要包括两个方面的规定:

第一,对碳排放交易的相关机构和个人持有碳排放配额做出了规定。本条规定,各级生态环境主管部门及其相关直属业务支撑机构工作人员,注册登记机构、交易机构、核查技术服务机构及其工作人员,不得持有碳排放配额。已持有碳排放配额的,应当依法予以转让。这是为了防止任何机构和个人通过直接或者间接的方法,操纵或者扰乱全国碳排放交易市场秩序、妨碍或者有损于公正交易的行为。

第二,规定了任何人在成为前款所列人员时,其本人已持有或者委托他人代为持有碳排放配额的处理方案。为了防范市场操纵、内幕交易等行为,维护市场秩序,确保公正交易,本条规定,任何人在成为前款所列人员时,其本人已持有或者委托他人代为持有的碳排放配额,应当依法转让并办理完成相关手续,向供职单位或者主管单位披露全部转让相关信息并备案在册。

第二十九条

注册登记机构应当妥善保存登记的原始凭证及有关文件和资料,保存期限不得少于20年,并进行凭证电子化管理。

一、国内外立法例

地方立法例

《湖北省碳排放权交易注册登记管理暂行办法(试行)》(鄂碳交〔2013〕22号):

第三条 本办法所称注册登记是指管理机构依法对申请人的碳排放权进行发放、转让、冻结、缴还、托管与返还、注销等登记行为:

注册登记的原始资料以及内部审核文件应作为登记档案归档;

……

注册登记的原始资料以及内部审核文件应作为登记档案归档;

碳排放权采用电子方式依法进行登记,数据至少保存8年。

二、条文析义

条文总体解释

1. 目的和依据

为了明确登记账户资料的保存机构、保存期限及保存方式,特制定本条。

2. 内容

本条是关于注册登记相关信息保存的规定,主要规定了以下三个方面的内容。

第一,规定了登记账户资料的保存机构。本条规定,注册登记机构应当妥善保管登记账户业务资料,对注册登记的原始凭证及有关文件和资料应当妥善保存,如初始登记、变更登记、注销登记的原始凭证、证明材料等。

第二,规定了登记账户资料的保存期限。登记账户资料的保存期限不得少于 20 年。

第三,规定了登记账户资料的保存方式,即进行凭证电子化管理。

关键概念解释

电子原始凭证

在传统的会计信息系统中,原始凭证主要表现为在经济业务活动过程中产生的纸介质原始单据,经过经办人员签字、盖章后作为正式原始会计凭证进入会计信息系统。会计人员按照会计制度的有关规定确认审核后,据此填制记账凭证。至此,作为会计信息系统的输入数据正式产生。经过签字、盖章的原始凭证可以证明业务已经发生,可以明确业务发生过程中的责任人,具有法律效力。

在目前的技术条件和电子商务环境下,原始凭证不再只以纸张作为记录的载体,还可记录在计算机系统中的磁介质或光介质上,极大地改变了原始凭证的传递和存在方式。

除了载体不同,电子原始凭证本质上跟传统的纸质原始凭证没有两样,都是在社会经济活动中为证明经济业务发生及其相关责任人承担责任而直接形成和使用的,具有规范形式和法定效用的信息记录。

第六章 附 则

第三十条

注册登记机构可以根据本规则制定登记业务规则等实施细则。

第三十一条

本规则自公布之日起施行。

第三篇

《碳排放权交易管理规则(试行)》析义

第一章 总　则

第一条

为规范全国碳排放权交易,保护全国碳排放权交易市场各参与方的合法权益,维护全国碳排放权交易市场秩序,根据《碳排放权交易管理办法(试行)》,制定本规则。

一、国内外立法例

地方立法例

1.《上海环境能源交易所碳排放交易规则》:

第一条　为规范上海市碳排放交易行为,保护碳排放交易当事人的合法权益和社会公共利益,根据国家有关法律、行政法规、规章和《上海市碳排放管理试行办法》的规定,制定本规则。

2.《北京绿色交易所碳排放权交易规则(试行)》:

1.1　为规范北京市碳排放交易行为,维护碳排放交易市场秩序,保护投资者合法权益,根据《中华人民共和国合同法》、国家及北京市相关法律、法规、规章、规范性文件,制定本规则。

3.《天津排放权交易所碳排放权交易规则(暂行)》:

第一条　为规范天津区域碳排放权交易行为,维护交易市场秩序,促进交易市场发展,保障交易者的合法权益,根据《天津市碳排放权交易暂行管理办法》等法律、行政法规、部门规章、规范性文件,制定本规则。

4.《重庆碳联合产权交易所碳排放交易细则(试行)》:

第一条 为规范碳排放交易行为,维护交易双方合法权益,保障碳排放交易活动依法有序进行,根据《重庆市碳排放权交易管理暂行办法》等规定,制定本细则。

5.《湖北碳排放权交易中心碳排放权交易规则》:

第一条 为控制温室气体排放,促进低碳发展,规范碳排放权交易行为,维护市场正常秩序,保护市场参与人合法权益,根据《温室气体自愿减排交易管理暂行办法》、《湖北省碳排放权管理和交易暂行办法》等法律、行政法规,制定本规则。

6.《广州碳排放权交易中心碳排放配额交易规则》(2019年修订):

第一条 为规范广东省碳排放配额交易行为,维护碳市场秩序,保护交易参与人合法权益,根据国家有关法律、法规、规章和《广东省碳排放管理试行办法》,制定本规则。

7.《深圳排放权交易所现货交易规则(暂行)》:

1.1 为规范碳排放权市场交易行为,维护市场秩序,保护投资者合法权益,深圳排放权交易所(以下简称"本所")根据《深圳市碳排放权交易管理暂行办法》等相关法律法规、规范性文件和《深圳排放权交易所章程》,制定本规则。

二、条文析义

条文总体解释

1. 目的和依据

为了明确《碳排放权交易管理规则(试行)》的立法目的和宗旨,特制定本条。

2. 内容

本条明确了《碳排放权交易管理规则(试行)》的立法目的和宗旨。

全国统一碳排放交易市场的构建和运行需要立法先行,确立排放交易标的的法律性质,明确交易主体的权利、义务和法律责任,落实监管者的监管权限。《碳排放权交易管理规则（试行）》为构建碳排放交易市场提供法理、制度和规则依据。通过《碳排放权交易管理规则（试行）》规范全国碳排放交易，保护全国碳排放交易市场各参与方的合法权益，维护全国碳排放交易市场秩序，为碳排放交易市场的有效运行保驾护航。

关键概念解释

1. 全国碳排放交易市场秩序

（1）全国碳排放交易市场秩序的内涵

在一般意义上，市场秩序指依据规则和准则进行控制下的市场运行状态。碳交易市场秩序意味着按照一定的规范和准则，对碳市场进行有效控制，使市场按照特定的规则运行。碳交易市场制度提供的正是这种内生的规则体系。碳交易市场的秩序由市场内行为主体的相互作用而形成，但政府作用比较特别，它可以出现在更高的秩序形成与控制层次上。市场的公平与效率是评价碳市场运行状态的主要指标，也是碳市场制度规则体系的评价标准。

（2）利益主体行为与市场秩序的相互影响

碳交易市场行为主体在相互的交易中会自发形成一种市场状态，可以称为自发秩序。每个行为主体都从自己的利益出发做出交易决策，这有利于资源配置效率的提高。但自发秩序的优势必须在长期和重复的交易关系中逐渐形成。如果交易者的行为预期不确定时，就很容易产生机会主义行为，增加市场的交易费用。长期来看，碳市场体系要得到持续发展，必须要逐渐优化交易机制，降低交易成本[1]。

（3）良好秩序的形成路径

在碳市场，各个交易主体间的力量并不平衡，很可能出现虚假信息泛滥、欺诈、操纵市场等扰乱市场秩序的行为。政府的强力介入是维护碳交易市场秩序的有效方法。政府需要充分尊重并利用自发秩序，但这并非意味着政府不参与制度体系的形成与变动，自发秩序通常不能带来公平，需要政府来调

---

[1] 刘达铭,汪丹丹,孙刚.利益主体行为与证券市场秩序分析[J].现代管理科学,2004(02)：22—23.

节。作为碳交易市场最重要的主体,政府通过确定交易的基本框架和公平原则,制定碳市场交易管理规则,调整并维持公平秩序。只有在良好制度下,才能保护全国碳交易市场各参与方的合法权益,维护全国碳交易市场秩序,推动双碳目标实现。

第二条

本规则适用于全国碳排放权交易及相关服务业务的监督管理,全国碳排放权交易机构(以下简称交易机构)、全国碳排放权注册登记机构(以下简称注册登记机构)、交易主体及其他相关参与方应当遵守本规则。

一、国内外立法例

地方立法例

1.《上海环境能源交易所碳排放交易规则》:

第三条 本规则适用于交易所组织的碳排放交易活动,交易所、会员、客户、结算银行等机构组织及其工作人员应当遵守本规则。

2.《北京绿色交易所碳排放权交易规则(试行)》:

1.3 北京绿色交易所(以下简称"本所")组织实施的碳排放权交易,适用本规则。

本规则未作规定的,适用本所其他有关规定。

3.《重庆联合产权交易所碳排放交易细则(试行)》:

第二条 本规则适用于在重庆联合产权交易所(以下简称"交易所")开展的碳排放交易活动,交易所、交易参与人、存管机构等相关机构及人员应当遵守本细则。

4.《广州碳排放权交易中心碳排放配额交易规则》(2019年修订):

第二条 广州碳排放权交易中心(以下简称广碳所)依法组织实施的碳排放配额交易,适用本规则。

5.《深圳排放权交易所现货交易规则(暂行)》:

1.2 在本所挂牌的碳排放配额、核证减排量(以下统称"碳排放权")的交易,适用本规则。

二、条文析义

条文总体解释

1. 目的和依据

为了明确《碳排放权交易管理规则(试行)》的适用范围,特制定本条。

2. 内容

本条规定了《碳排放权交易管理规则(试行)》的适用范围,即本规则适用于全国碳排放交易及相关业务(如买卖交易、履约清算、信息披露等)的监督管理,并且指出与全国碳排放交易及相关服务业务有关的主体,包括全国碳排放交易机构、全国碳排放权注册登记机构、交易主体及其他相关参与方应当遵守本规则。

关键概念解释

重点排放单位以及符合国家有关交易规则的机构和个人,是全国碳排放交易市场的交易主体。

重点排放单位是指满足碳交易主管部门确定的纳入碳排放交易标准且具有独立法人资格的温室气体排放单位。目前,重点排放单位的"门槛"是一年温室气体排放量达2.6万吨二氧化碳当量(综合能源消费量约1万吨标准煤)。

在全国碳交易正式启动初期,碳市场的主要参与者主要是重点排放单位。随着全国碳交易市场的逐步发展,一些符合规定的投资机构(如金融机构、碳资产管理公司)和个人也可以在市场上买卖碳配额,充分发挥碳排放交易市场的功能。

第三条

全国碳排放权交易应当遵循公开、公平、公正和诚实信用的原则。

一、国内外立法例

地方立法例

1.《上海环境能源交易所碳排放交易规则》：

第二条 上海环境能源交易所(以下简称"交易所")根据公开、公平、公正和诚实信用的原则，依法组织上海市碳排放交易。

2.《北京绿色交易所碳排放权交易规则(试行)》：

1.4 交易行为应当遵守国家相关法律、法规、规章、规范性文件以及本所有关业务规则，遵循公开、公平、公正与自愿、有偿、诚实信用原则。

3.《天津排放权交易所碳排放权交易规则(暂行)》：

第二条 本市碳排放权交易自觉接受国家有关部门的统一监管，严格执行国家有关法律法规和政策规定，依法治理，规范运营，遵循公开、公平、公正和诚信的原则。

4.《重庆联合产权交易所碳排放交易细则(试行)》：

第三条 交易所遵循公开、公平、公正和诚实信用的原则，依法组织开展碳排放交易。

5.《湖北碳排放权交易中心碳排放权交易规则》：

第二条 湖北碳排放权交易中心(以下简称"本中心")碳排放权交易遵循公开、公平、公正和诚实信用的原则。

6.《广州碳排放权交易中心碳排放配额交易规则》(2019年修订)：

第三条 从事碳排放配额交易应当遵守法律、法规、规章以及广碳所相关业务规则规定，遵循公开、公平、公正和自愿平等、诚实信用的原则。

7.《深圳排放权交易所现货交易规则(暂行)》：

1.5 在本所从事碳排放权交易应遵循公开、公平、公正、诚实信用的原则。交易参与人的交易行为应当遵守法律法规和规范性文件以及本所有关业务规则的规定。

二、条文析义

条文总体解释

1. 目的和依据

为了明确全国碳排放交易应当遵循的基本原则,特制定本条。

2. 内容

本条明确规定了全国碳排放交易应遵循的原则,即公开、公平、公正和诚实信用。

公开是指碳交易市场参与者应及时、真实、准确、完整地向社会发布有关信息。公平是指碳交易市场参与各方应当获得平等的机会,它要求碳交易活动中的所有参与者都有平等的法律地位,各自的合法权益都能得到公平保护。公正指公正地对待碳市场参与各方,以及公正地处理碳交易事务。

诚实信用是指碳排放交易市场的参与主体在披露各种信用信息时(履约类信息、核查类信息、交易类信息)需要遵守诚实信用原则,不得弄虚作假。

关键概念解释

1. "三公"原则

三公即公开、公平、公正三原则。

公开原则的要义,就是"公开"制定有关的规则与标准,确保管理活动和制度的指向性和合法性。信息要公开披露,公开信息必须真实、准确、完整,不得有虚假陈述、重大遗漏或者误导性陈述。

公平原则的要义,就是要营造公平的氛围,打造公平的环境,确保管理活动和制度的公平性,提高人的公平感。使各个参与者在法律上享有平等地位,不受到歧视,有平等的机会,公平参加竞争。

公正原则的要义,就是通过公正的"执法"(规则与标准)过程,确保管理活动和制度的有效性和一致性,公正对待市场参与者,同样保护他们的合法权益,让他们同等享受权利和承担责任。

2. 碳交易中的"三公"原则

碳交易市场是一个风险集中的市场,参与者将日益增加。只有贯彻"三公"原则,才能依法化解风险,建立良好的交易环境,促进碳交易市场的健康发展。

公开原则,指碳排放交易是一种面向社会的、公开的交易活动,其核心要求是实现市场信息的公开化。根据这一原则的要求,碳交易市场参与者应及时、真实、准确、完整地向社会发布有关信息。

公平原则,是指碳交易市场参与各方应当获得平等的机会。它要求碳交易活动中的所有参与者都有平等的法律地位,各自的合法权益都能得到公平保护。

公正原则,是指应当公正地对待碳市场参与各方,以及公正地处理碳交易事务。

第二章 交 易

第四条

全国碳排放权交易主体包括重点排放单位以及符合国家有关交易规则的机构和个人。

一、国内外立法例

地方立法例

1.《上海环境能源交易所碳排放交易规则》：

第十条 交易所根据碳排放配额交易的特点，对投资者的财务状况、相关市场知识水平、投资经验以及诚信记录等进行综合评估，选择适当的投资者参与碳排放配额交易。投资者适当性制度以及相关实施细则由交易所另行制定。

第十一条 符合投资者适当性制度要求的企业或组织，可以申请取得交易所会员资格或者委托综合类会员进行交易。

本市纳入配额管理的单位可以直接成为自营类会员。

2.《北京绿色交易所碳排放权交易规则（试行）》：

2.2.1 交易参与人是指符合本所规定的条件，在本所开户并与本所签署《碳排放权入场交易协议书》的法人、其他经济组织或自然人。

3.《天津排放权交易所碳排放权交易规则（暂行）》：

第八条 符合交易所规定的国内外机构、企业、团体和个人均可参与本市碳排放权交易。交易会员及交易所认可的机构进入交易所进行交易前,须向交易所申请取得相应席位和交易权,成为交易所交易参与人。

第九条　对于交易所交易参与人统称为"交易主体",包括出让方和受让方。

4.《重庆联合产权交易所碳排放交易细则(试行)》:

第十一条　纳入重庆市配额管理范围的单位(以下简称配额管理单位)和符合本细则规定的市场主体及自然人可申请成为交易参与人,从事碳排放交易活动。

第十四条　其他市场主体和自然人应当通过交易所组织的投资经验、风险识别能力和风险承受能力测试评价后,方可成为交易参与人。

5.《湖北碳排放权交易中心碳排放权交易规则》:

第七条　市场参与人须为本中心会员,包括:国内外机构、企业、组织和个人(第三方核查机构与结算银行除外),均可参与本中心标的物的交易。

本中心制定会员管理暂行办法,对会员进行监督管理。

6.《广州碳排放权交易中心碳排放配额交易规则》(2019年修订):

第六条　交易参与人是指在广碳所进行碳排放配额交易的各方参与人,主要包括:

(一)纳入广东省碳排放配额交易体系的控排企业、单位和新建项目企业;

(二)符合规定的投资机构、其他组织和个人。

7.《深圳排放权交易所现货交易规则(暂行)》:

3.2.1　交易参与人包括交易会员以及通过经纪会员开户的投资机构或自然人。

二、条　文　析　义

条文总体解释

1. 目的和依据

为了明确规定参与碳排放交易市场的交易主体类型,特制定本条。

2. 内容

本条规定了全国碳排放交易主体的类型包括三类：一是重点排放单位；二是符合国家有关交易规则的机构；三是符合国家有关交易规则的个人。

关键概念解释

碳市场参与者与准入条件

碳排放交易所一般实行会员制，市场参与者需先申请成为相关交易所的会员方可在交易所内进行相关交易。各交易所的会员类型大致分为两种：一种是直接参与到交易当中的会员，如综合类会员、自营类会员、委托（代理）会员、试点企业会员；另外一种是服务提供商会员，诸如服务会员、战略合作会员、合同能源管理会员等等。

目前，各交易所根据不同的市场参与者类型制定了不同的申请准入条件，一般来说重点排放单位和符合条件的机构投资者均可以成为交易所的会员。相关标准通常包括法人类型、注册资本、相关行业经验、资质或具有从事碳排放管理交易人员等（对接受自然人参与者的交易所，通常会针对自然人参与者设定年龄、个人资产、是否具有投资经验、风险承受能力和风险测评能力等方面要求），因此需要根据具体的交易所及拟申请的会员类型或交易需求具体分析、判断应适用的标准和要求。

以法人类型为例，如北京绿色交易所（原北京环境交易所）的非履约机构参与人和上海环境交易所的自营类会员、综合类会员的要求都须为在中国境内经工商行政管理部门登记注册的法人；天津排放权交易所则更进一步对股权比例提出要求，规定其会员申请资格包括依法成立的中资控股企业；但是广州和重庆的交易所则只要求其会员为依法设立的企业法人、其他组织或个人；湖北碳排放权交易中心则明确规定会员可以为国内外机构、企业组织和个人[1]。

相关建议

建议加快制定交易主体碳市场能力建设与风险防控的相关规定，提高控

---

[1] 苏萌,贾之航,于镇.碳交易市场参与者与准入条件[EB/OL].金杜律师事务所,中国碳排放交易网,2019-12.http://www.tanpaifang.com/tanguwen/2019/1204/66682.html.

排企业、投资机构等交易主体对碳交易市场的认识程度,增强其碳资产管理意识和能力,加快培育合格市场主体,鼓励其入市交易。此外,尽快明确金融机构、个人进入碳市场的规则与时间节点。

第五条

全国碳排放权交易市场的交易产品为碳排放配额,生态环境部可以根据国家有关规定适时增加其他交易产品。

一、国内外立法例

地方立法例

1.《上海环境能源交易所碳排放交易规则》:

第六条 交易所上市交易的品种为在上海市碳排放配额登记注册系统中登记的各年度碳排放配额(SHEA),以及经市主管部门批准的其他交易品种。

2.《北京绿色交易所碳排放权交易规则(试行)》:

1.2 本规则所称"碳排放权"是指北京市碳排放交易体系中的交易产品。

2.3.1 在本所市场挂牌的交易品种包括:

(一)碳排放配额(代码 BEA);

(二)经相关主管部门批准的其他交易产品。

3.《天津排放权交易所碳排放权交易规则(暂行)》:

第七条 交易标的为碳配额产品(代码 TJEA)、核证自愿减排量(代码 CCER)。

TJEA 交易数额以 1 吨或其整数倍为单位,CCER 交易数额以 1 吨或其整数倍为单位。最小报价单位以元(人民币)/吨计价,价格的最小变动单位为 0.01 元。

4.《重庆联合产权交易所碳排放交易细则(试行)》:

第六条 在交易所交易的品种为经"重庆碳排放权交易登记簿"(以下简称登记簿)登记的碳排放配额和其他经国家和本市批准的交易品种,单位以"吨二氧化碳当量(tCO_2e)"计。

5.《湖北碳排放权交易中心碳排放权交易规则》：

第四条　在本中心交易的标的物为：

（一）湖北省温室气体排放分配配额（Hubei Emission Allowances，以下简称 HBEA）；

（二）经国家自愿减排交易登记簿登记备案的中国核证自愿减排量（Chinese Certified Emission Reduction，以下简称 CCER）；

（三）经主管部门认定的其他交易品种。

6.《广州碳排放权交易中心碳排放配额交易规则》（2019 年修订）：

第十条　本规则所称交易标的主要包括：

（一）广东省碳排放配额（GDEA）；

（二）经省生态环境厅批准的其他交易品种。

7.《深圳排放权交易所现货交易规则（暂行）》：

3.3.1　在本所挂牌交易的品种包括：

（一）配额；

（二）核证减排量；

（三）经主管部门批准的其他交易品种。

二、条文析义

条文总体解释

1. 目的和依据

为了明确规定全国碳排放交易市场的交易产品，特制定本条。

2. 内容

本条明确规定全国碳排放交易市场的交易产品是碳排放配额。同时，生态环境部可以根据国家有关规定适时增加其他交易产品。

关键概念解释

碳交易产品

目前，全国碳排放交易市场处于发展初期，可以交易的产品是碳排放配额。未来,生态环境部可以根据国家有关规定适时增加其他交易产品。

从前期各个碳排放交易试点地区的发展来看,各试点市场的碳交易产品主要包括碳排放配额和核证自愿减排量(CCER)等现货产品,以及在此基础上发展而来的碳金融衍生产品。

(1) 碳排放配额

根据《碳排放权交易管理办法(试行)》,在生态环境部确定的国家及各省、自治区和直辖市的排放配额总量的基础上,省级主管部门免费或有偿分配给排放单位一定时期内的碳排放额度,即为"碳排放配额",也就是该单位在一定时期内可以"合法"排放温室气体的总量,1单位配额相当于1吨二氧化碳当量。

(2) 核证自愿减排量

所谓的国家核证自愿减排量(CCER),是指经国家自愿减排管理机构签发的减排量。根据《碳排放权交易管理办法(试行)》及各试点地区交易规则,重点排放单位可按照有关规定,使用国家核证自愿减排量抵销其部分经确认的碳排放量。CCER作为全国碳交易市场的补充机制,是具有国家公信力的碳资产,可作为国内碳交易试点内控排企业的履约用途,也可以作为企业和个人的自愿减排用途。企业或者个人通过自愿购买碳减排量以减少碳足迹、培养低碳理念,同时帮助环保产业的发展、提高企业的社会责任形象。

(3) 碳金融衍生产品

碳金融(Carbon Finance)是指所有服务于减少温室气体排放的各种金融交易和金融制度安排,主要包括碳排放基础产品及其衍生品的交易和投资、碳减排项目的投融资和与之相关的金融活动。碳金融衍生产品是碳排放基础产品衍生出来的金融工具,主要有期权、期货、远期和互换。

碳金融衍生产品是对基础产品进行风险管理的重要工具,其主要功能是规避和转移投资者价格风险,满足套利需求等,碳金融衍生产品的开发为市场参与者提供了更多的选择,推动了节能减排项目的全面迅速开展。随着中国碳减排指标日益严格,碳金融衍生产品将日益丰富,衍生品市场的规模也有望逐步壮大,发展水平有望日益提升。在基于配额的碳金融市场体系中,主要的配额类衍生产品有欧洲气候交易所的 ECX CFI(碳金融合约)、EUA Futures(排放指标期货)、EUA Options(碳排放指标期权)。在基于项目的碳金融市场体系中,主要项目类衍生金融工具包括欧洲气候交易所推出的CER Futures(经核证的减排量期货)、CER Options(经核证的减排量期权)等产品。

第六条

碳排放权交易应当通过全国碳排放权交易系统进行,可以采取协议转让、单向竞价或者其他符合规定的方式。

协议转让是指交易双方协商达成一致意见并确认成交的交易方式,包括挂牌协议交易及大宗协议交易。其中,挂牌协议交易是指交易主体通过交易系统提交卖出或者买入挂牌申报,意向受让方或者出让方对挂牌申报进行协商并确认成交的交易方式。大宗协议交易是指交易双方通过交易系统进行报价、询价并确认成交的交易方式。

单向竞价是指交易主体向交易机构提出卖出或买入申请,交易机构发布竞价公告,多个意向受让方或者出让方按照规定报价,在约定时间内通过交易系统成交的交易方式。

一、国内外立法例

地方立法例

1.《上海环境能源交易所碳排放交易规则》:

第七条　碳排放交易可以通过挂牌交易、协议转让等方式进行。交易所提供其他交易方式的,由交易所另行规定。

第二十六条　挂牌交易,是指在规定的时间内,会员或客户通过交易系统进行买卖申报,交易系统对买卖申报进行单向逐笔配对的公开竞价交易方式。

第三十五条　协议转让,是指交易双方通过交易所电子交易系统进行报价、询价达成一致意见并确认成交的交易方式。单笔买卖申报超过10万吨时,交易双方应当通过协议转让方式达成交易。协议转让交易双方应当拥有与买卖申报相对应的配额或资金。

2.《北京绿色交易所碳排放权交易规则(试行)》:

1.5　交易采用公开交易、协议转让,或经北京市发展和改革委员会(以下简称"市发展改革委"或北京市金融工作局(以下简称"市金融局")批准的其他交易形式。

3.《天津排放权交易所碳排放权交易规则(暂行)》：

第三条　本市碳排放权交易可以通过拍卖、协议交易等方式进行,天津排放权交易所(以下简称"交易所")为参与交易的各方提供交易、信息等服务。

第十五条　拍卖交易是指交易标的以整体为单位进行挂牌转让,在设定的一个交易周期内,多个意向受让方(不少于2人)对同一标的物按照拍卖规则及加价幅度出价,直至交易结束,最终按照"价格优先,时间优先"原则确定最终受让方的交易方式。

第二十八条　协议交易是指项目挂牌期只产生一个符合条件的意向受让方或双方进行自主线下协议后,在交易所组织下,交易者通过协商方式确定交易内容、交易价格等条款,签订交易合同,完成交易过程的交易方式。单笔交易量超过20万吨时,交易者应当通过协议交易方式达成交易。

4.《重庆联合产权交易所碳排放交易细则(试行)》：

第七条　碳排放交易采用协议交易方式进行。交易所提供符合国家和本市规定的其他交易方式的,由交易所另行规定。

5.《湖北碳排放权交易中心碳排放权交易规则》：

第十三条　本中心采用"协商议价转让"和"定价转让"的混合交易方式。

第十八条　协商议价转让是指在本中心规定的交易时段内,卖方将标的物通过交易系统申报卖出,买方通过交易系统申报买入,本中心将交易申报排序后进行揭示,交易系统对买卖申报采取单向逐笔配对的协商议价交易方式。

第二十一条　定价转让分为公开转让和协议转让,由卖方提出申请,经本中心同意后挂牌。

第二十二条　公开转让是指卖方将标的物以某一固定价格在本中心交易系统发布转让信息,在挂牌期限内,接受意向买方买入申报,挂牌期截止后,根据卖方确定的价格优先或者数量优先原则达成交易。单笔挂牌数量不得小于10 000吨二氧化碳当量。

挂牌期截止时,全部意向买方申报总量未超过卖方挂牌总量的,按申报总量成交,未成交部分由卖方撤回;意向买方申报总量超过卖方总量的部分则不予成交。

第二十七条　协议转让是指卖方指定一个或多个买方为交易对手方,买卖双方场外协商确定交易品种、价格及数量,签订协议转让协议,并在交易系统内实施标的物交割的交易方式。

协议转让协议自签订之日起十个工作日内有效,对于超过十个工作日的,交易中心有权拒绝挂牌。

6.《广州碳排放权交易中心碳排放配额交易规则》(2019年修订):

第十四条　碳排放配额交易包括挂牌点选、协议转让及经省生态环境厅批准的其他方式。

第十八条　挂牌点选是指交易参与人提交卖出或买入挂单申报,确定标的数量和价格,意向受让方或出让方通过查看实时挂单列表,点选意向挂单,提交买入或卖出申报,完成交易的交易方式。

第二十一条　协议转让是指非个人类交易参与人通过协商达成一致并通过交易系统完成交易的交易方式。交易参与人采用协议转让的,其单笔交易数量应达到10万吨或以上。

7.《深圳排放权交易所现货交易规则(暂行)》:

4.1.1　本所交易方式包括:电子竞价、定价点选和大宗交易等。

同一交易标的,在同一时间,只能以一种方式进行交易。

4.4.1　交易参与人可以采用定价点选的方式进行买卖。

定价点选是指交易参与人按其限定的价格进行委托申报,其他交易参与人对该委托进行点选成交的交易方式。

4.5.1　大宗交易是指单笔交易数量达到10 000吨二氧化碳当量以上的交易。

4.5.2　大宗交易方式的申报包括意向申报和成交申报。

二、条文析义

条文总体解释

1. 目的和依据

为了明确规定全国碳排放交易的地点及方式,特制定本条。

2. 内容

本条规定了全国碳排放交易的地点及方式，主要内容包括：

第一，规定了全国碳排放交易应当通过全国碳排放交易系统进行。

第二，全国碳排放交易的交易方式有协议转让、单向竞价等其他符合规定的方式。

协议转让又称协议交易，指交易双方自行协商就交易达成一致后向交易所进行申报并完成交易、结算的交易方式。协议转让包括挂牌协议交易及大宗协议交易两种形式。其中，挂牌协议交易是指交易主体通过交易系统提交卖出或者买入挂牌申报，意向受让方或者出让方对挂牌申报进行协商并确认成交的交易方式。大宗协议交易是指交易双方通过交易系统进行报价、询价并确认成交的交易方式。

单向竞价是指交易主体向交易机构提出卖出或买入申请，交易机构发布竞价公告，多个意向受让方或者出让方按照规定报价，在约定时间内通过交易系统自主竞价并成交的交易方式。

第七条

交易机构可以对不同交易方式设置不同交易时段，具体交易时段的设置和调整由交易机构公布后报生态环境部备案。

一、国内外立法例

地方立法例

1.《上海环境能源交易所碳排放交易规则》：

第八条　挂牌交易的交易时间为每周一至周五上午9:30至11:30、下午13:00至14:00。协议转让的交易时间为每周一至周五下午14:00至15:00。遇法定节假日调整的除外。交易时间内因故停市，交易时间不作顺延。

根据市场发展需要，交易所可以调整交易时间。

2.《北京绿色环境交易所碳排放权交易规则(试行)》：

2.4.1 本所交易日为每周一至周五。国家法定假日和本所公告的休市日,本所市场休市。

2.4.2 公开交易的交易时间:每个交易日的 9:30 至 11:30,13:00 至 15:00。

协议转让的交易时间:每个交易日的 9:30 至 12:00,13:30 至 16:00。

根据市场发展需要,本所可以调整交易时间。

2.4.3 交易时间内因故临时停市的,交易时间不作顺延。

3.《天津排放权交易所碳排放权交易规则(暂行)》：

第六条 交易日为每周一至周五(国家法定节假日和交易所公告的休市日除外)上午 9:30—11:30,下午 13:00—15:00。交易所可根据实际情况调整交易时间。交易时间内因故停市,交易时间不作顺延。

4.《重庆联合产权交易所碳排放交易细则(试行)》：

第八条 交易所交易时间为每周一至周五 9:30 至 11:30 和 13:30 至 15:30,国家法定假日和交易所公告的休市日休市。

根据市场发展需要,交易所可以调整交易时间。

5.《湖北碳排放权交易中心碳排放权交易规则》：

第六条 本中心交易时间为每周周一至周五 9:30—11:30,13:00—15:00;国家法定节假日和本中心公告的休息日不进行交易。交易时间内因故停止交易的,交易时间不作顺延。根据市场情况,本中心有权调整交易时间。

6.《广州碳排放权交易中心碳排放配额交易规则》(2019 年修订)：

第十二条 广碳所交易日为每周一至周五,每个交易日的 9:30 至 11:30,13:30 至 15:30 为交易时间(以交易系统服务器时间为准)。国家法定节假日和广碳所公告的休市日休市。

根据市场发展需要,广碳所可以调整交易时间,并予以公告。

第十三条 交易时间内因故停市,交易时间不作顺延。

7.《深圳排放权交易所现货交易规则(暂行)》：

3.4.1 本所交易日为每周一至周五。

国家法定假日和本所公告的休市日,本所休市。

3.4.2 本所交易时间为每个交易日的 9:30 至 12:00、13:30 至 15:30。

本所仅在交易时间内接受交易申报、挂牌申请、竞买人/竞卖人登记、竞价过程、成交及其他本所规定的事项。

经主管部门批准,本所可以调整交易时间。

3.4.3 交易时间内因故停市,交易时间不作顺延。

二、条文析义

条文总体解释

1. 目的和依据

为了明确规定全国碳排放交易时段的设置和调整的权力机构,特制定本条。

2. 内容

本条规定了两个方面的内容:

第一,不同交易方式的交易时段有所差异,交易机构可以根据交易方式的不同设置不同的交易时段;

第二,全国碳排放交易的交易时段由交易机构设置并公布,具体交易时段的设置和调整由交易机构公布后还需报生态环境部备案。

关键概念解释

1. 交易时段

交易时段即指可以进行碳排放交易的时间段。交易机构可以根据不同交易方式设置不同的交易时段,交易参与者只可在指定的交易时段内进行相应的碳排放交易操作,在交易时段之外则不可进行碳排放交易。

2. 不同交易方式的交易时段

由于不同交易方式的特点不同,为了避免不同交易方式同时交易而对市场价格带来额外的冲击,交易机构通常会明确各个交易方式对应的交易时段。比如,挂牌交易一般为周一到周五,上午 9:30—11:30,下午 13:00—15:00;而协议转让是周一至周五的 13:00—15:00。

第八条

交易主体参与全国碳排放权交易,应当在交易机构开立实名交易账户,取得交易编码,并在注册登记机构和结算银行分别开立登记账户和资金账户。每个交易主体只能开设一个交易账户。

一、国内外立法例

地方立法例

1.《上海环境能源交易所碳排放交易规则》:

第二十四条　会员从事碳排放交易应开立实名交易账户。

客户从事碳排放交易应该根据其与综合类会员签订的委托协议,由综合类会员代理开户,一个客户只能开设一个交易账户,不得同时在两个或两个以上的综合类会员处开户。

第五十九条　会员应当在指定结算银行开设碳排放交易专用资金账户。交易所对会员存入交易所专用结算账户的交易资金实行分账管理。

2.《北京绿色交易所碳排放权交易规则(试行)》:

2.2.3　交易参与人进入本所市场进行碳排放权交易,法人应当以法定代表人授权方式,自然人应当以实名方式开立交易账户。

2.2.4　交易账户,是指交易参与人向本所申请设立的、参与本所碳排放权交易与接受本所监管及服务的基本业务单位。交易账户包括碳排放权交易账户和交易资金专户。

3.《天津排放权交易所碳排放权交易规则(暂行)》:

第三十四条　交易者须在结算银行开立自有资金账户,结算银行对交易者的自有资金账户与其交易资金账户进行绑定,交易者的出金或入金往来在交易资金账户和其自有资金账户之间划转。

4.《重庆联合产权交易所碳排放交易细则(试行)》:

第十七条　交易参与人从事碳排放交易活动,应在登记簿系统开设登记簿账户,并在交易所开设交易账户。

第三十九条　交易参与人应按存管机构规定进行注册并绑定银行账户用于与交易所结算专用存管账户之间的资金划转。

5.《湖北碳排放权交易中心碳排放权交易规则》：

第九条　市场参与人须在本中心指定结算银行开立资金账户，并向其在本中心申请开立的交易账户存入资金，用以保障成交价款及各项费用的支付。

6.《广州碳排放权交易中心碳排放配额交易规则》（2019年修订）：

第十五条　交易参与人应当在广东省碳排放配额注册登记系统开设碳排放配额账户，并按相关要求以实名方式开设交易账户和结算银行的资金账户。

7.《深圳排放权交易所现货交易规则（暂行）》：

3.2.2　交易会员分为经纪会员、机构会员、自然人会员和公益会员。

交易会员参与交易的，应当以实名方式开立碳排放权账户和交易账户。关于会员的相关规定见《深圳排放权交易所会员管理规则（暂行）》。

3.2.3　通过经纪会员开户的投资机构或自然人必须以实名方式委托经纪会员代其开立交易账户。开户后方可进行碳排放权交易。

二、条文析义

条文总体解释

1. 目的和依据

为了规定交易主体需开设的账户类别和数量，特制定本条。

2. 内容

本条是关于交易账户的规定，具体内容包括以下三个方面：

第一，碳排放交易主体应当开立三个实名账户方可参与全国碳排放交易，即登记账户、交易账户、资金账户。其中，登记账户在注册登记机构开立，交易账户在交易机构开立，资金账户在结算银行开立。

第二，每个交易主体只能开设一个交易账户。

关键概念解释

1. 开立实名交易账户

实名即真实姓名，就是档案、户籍和身份证上正在使用的姓名，而不是笔名、假名或其他的虚拟名。

交易参与人必须以实名方式开立交易账户,开户后方可进行碳排放交易。

2. 资金账户与结算银行

资金账户在指定的结算银行开立,用于存放结算资金及相关款项,即通过银行将款项从付款单位账户划转入收款单位账户。

注册登记机构选择符合条件的商业银行作为结算银行,并在结算银行开立交易结算资金专用账户,用于存放结算资金及相关款项。即通过银行将款项从付款单位账户划转入收款单位账户。

3. 交易账户

碳排放配额交易账户由碳排放交易所在碳排放交易系统开立,该账户用于一级市场竞价购买政府有偿发放的碳排放配额和二级市场碳排放交易。交易账户实行实名制,每个交易主体只能开设一个交易账户,取得一个交易编码用于配额交易,会员和客户应当遵守一户一码制度,不得混码交易。重点排放单位的交易账户需指定碳排放交易责任人 1 名,负责交易系统的账户管理与交易操作。该账户开户资料由交易所代为收取和审核。

第九条

碳排放配额交易以"每吨二氧化碳当量价格"为计价单位,买卖申报量的最小变动计量为 1 吨二氧化碳当量,申报价格的最小变动计量为 0.01 元人民币。

一、国内外立法例

地方立法例

1.《上海环境能源交易所碳排放交易规则》:

第二十五条 碳排放交易以 1 吨为最小变动单位,以 0.01 元/吨为最小价格变动单位。碳排放交易以人民币计价,计价单位为元。

2.《北京绿色交易所碳排放权交易规则(试行)》:

3.2.13 碳排放权的单位以"吨二氧化碳(tCO_2)"(缩写为吨)计,申报和报价数量必须是单位的整数倍。单笔申报数量须低于 10 000 吨。

3.2.14 交易的计价单位为"元人民币/吨"。价格最小变动单位为 0.1 元人民币/吨。

3.《天津排放权交易所碳排放权交易规则(暂行)》：

第七条 交易标的为碳配额产品(代码 TJEA)、核证自愿减排量(代码 CCER)。

TJEA 交易数额以 1 吨或其整数倍为单位，CCER 交易数额以 1 吨或其整数倍为单位。最小报价单位以元(人民币)/吨计价，价格的最小变动单位为 0.01 元。

4.《重庆联合产权交易所碳排放交易细则(试行)》：

第二十条 碳排放交易以 1 吨为最小数量变动单位，以 0.01 元/吨为最小价格变动单位。交易以人民币计价。

5.《湖北碳排放权交易中心碳排放权交易规则》：

第五条 本中心交易的标的物采用单个计量单位独立交易，计量单位为"吨二氧化碳当量(tCO$_2$e)"。每单位标的物为 1 吨二氧化碳当量的碳排放权或自愿减排量。市场参与人可以同时买卖一个或多个标的物。报价单位为元(人民币)/吨，价格最小变动单位为 0.01 元/吨。

6.《广州碳排放权交易中心碳排放配额交易规则》(2019 年修订)：

第十一条 广东省碳排放配额交易的交易基本单位：

(一) 交易单位:吨二氧化碳(tCO$_2$)；

(二) 报价单位:元/吨(保留小数点后两位)；

(三) 最小交易量:1 吨；

(四) 最小价格波动单位:0.01 元/吨。

7.《深圳排放权交易所现货交易规则(暂行)》：

4.1.6 交易的计价单位为"每吨二氧化碳当量价格"。

4.1.7 最小交易单位为 1 吨二氧化碳当量。

4.1.8 交易的申报价格最小变动单位为 0.01 元人民币。

4.1.9 本所可以根据市场需要，调整最小交易单位和申报价格的最小变动单位。

二、条文析义

条文总体解释

1. 目的和依据

为了规定碳排放配额交易的计价单位、买卖申报量的最小变动计量和申报价格的最小变动计量,特制定本条。

2. 内容

本条规定的主要内容包括:

第一,全国碳排放交易以人民币计价,计价单位为"每吨二氧化碳当量价格"。

第二,全国碳排放交易买卖申报量的最小变动计量为1吨二氧化碳当量。

第三,全国碳排放交易申报价格的最小变动计量为0.01元人民币。

关键概念解释

1. 计价单位

计价单位(charge unit)是指公认的表示产品与服务价格的一种衡量标准。碳排放配额作为一种有价值物品,必须有一个衡量标准来表征其市场价值。为了方便市场参与者对碳排放配额进行交易,需要使用一定的货币计价单位,依据一定的计价基准,运用一定的方法,采用一定的程序,并将它们科学地结合起来应用,这就是碳排放配额的计价单位。

在碳排放交易中,交易的标的物采用单个计量单位独立交易,计价单位为"每吨二氧化碳当量(tCO_2e)"。每单位标的物为1吨二氧化碳当量的碳排放配额,市场参与人可以同时买卖一个或多个标的物。

2. 最小变动计量

最小变动计量即最小变动单位,即本条所指的买卖申报量的最小变动计量。

最小变动单位对市场交易的活跃程度有重要的影响,如果变动单位太大,将可能打击市场主体的参与热情。最小变动单位的确定原则,主要是在保证市场交易活跃度的同时,减少交易的成本。比如,沪深 300 指数期货的最小变动单位为 0.2 点,按每点 300 元计算,最小价格变动相当于合约价值变动 60 元。

在全国碳排放交易中,买卖申报量的最小变动计量为 1 吨二氧化碳当量。

3. 最小报价单位

最小报价单位是指证券买卖申报价格的最小变动单位,即本条所指的申报价格的最小变动计量。

目前中国证券市场 A 股和债券的申报价格最小变动单位为 0.01 元人民币;基金为 0.01 元人民币;B 股上交所为 0.001 美元,深交所为 0.01 港元。一般来说,最小报价单位越大,买卖价差就越大,市场的流动性会降低。但最小报价单位太小,随着买卖价差的减少,市场深度(即成交量)也可能会下降。

最小交易单位是指买入和卖出证券的最小申报单位。目前,国内市场买入股票或基金,申报数量应当为 100 股或其整数倍。债券以人民币 1 000 元面额为 1 手。债券和债券回购以 1 手或其整数倍进行申报,其中,上交所债券回购以 100 手或其整数倍进行申报。一般来说,最小交易单位太大,意味着交易门槛太高,一些小的投资者将无法进入市场,从而使交易者数量减少,降低流动性。

在全国碳排放交易中,申报价格的最小变动计量为 0.01 元人民币。

第十条

交易机构应当对不同交易方式的单笔买卖最小申报数量及最大申报数量进行设定,并可以根据市场风险状况进行调整。单笔买卖申报数量的设定和调整,由交易机构公布后报生态环境部备案。

一、国内外立法例

地方立法例

《北京环境交易所碳排放权交易规则(试行)》:

3.2.15 本所可以根据市场需要,调整交易方式,自由报价期、限时报价

期、限时报价周期和定价报价期,碳排放权单笔申报数量范围,以及价格的最小变动单位等。

二、条文析义

条文总体解释

1. 目的和依据

为了明确设定、调整单笔买卖数量的权力机构,以及设定、调整单笔买卖数量的程序,特制定本条。

2. 内容

本条规定包括以下四个方面的内容:

第一,规定了交易机构是设定和调整单笔买卖最小申报数量及最大申报数量的权力机构,单笔买卖申报数量范围的设定和调整由交易机构公布并报生态环境部备案。

第二,规定了交易机构应根据不同交易方式,设置单笔买卖最小申报数量及最大申报数量。

第三,规定了交易机构可以根据市场风险状况进行调整单笔买卖最小申报数量及最大申报数量。

第四,规定了交易机构应公布单笔买卖申报数量的设定和调整。

关键概念解释

申报是指市场参与人提交标的物交易指令的行为。市场参与人申请买入或卖出标的物,应通过交易系统进行申报。其买入或卖出标的物的数量即为申报数量。可买入或卖出的标的物数量不得低于最小申报数量,不得高于最大申报数量。不同交易方式,最小申报数量和最大申报数量有所差异。比如:对于大宗交易方式,A股单笔买卖申报数量应当不低于30万股,或者交易金额不低于200万元。对于竞价交易方式,A股单笔买卖申报数量应当不低于100股。A股股票单笔申报最大数量应当低于100万股,债券单笔申报最大数量应当低于1万手(含1万手)。

在全国碳交易市场中，碳排放交易方式包括挂牌协议交易、大宗协议交易、单向竞价或者其他符合规定的方式。对于大宗协议交易，单笔买卖申报数量应当大于等于10万吨。

第十一条

交易主体申报卖出交易产品的数量，不得超出其交易账户内可交易数量。交易主体申报买入交易产品的相应资金，不得超出其交易账户内的可用资金。

一、国内外立法例

地方立法例

1.《上海环境能源交易所碳排放交易规则》：

第二十八条　会员或客户在交易所申报卖出配额的数量，不得超过其交易账户内可交易配额余额。

第二十九条　交易所不实行保证金交易，会员或客户申报买入的配额金额不得超过交易账户内可用资金余额。

2.《重庆联合产权交易所碳排放交易细则（试行）》：

第二十六条　交易参与人申报卖出交易产品，不得超过其交易账户的可交易权益余额。

第二十七条　碳排放交易实行全额资金交易，交易参与人申报买入交易产品，金额不得超过其交易账户的可用资金余额。

3.《湖北碳排放权交易中心碳排放权交易规则》：

第十五条　市场参与人申请买入或卖出标的物，其买入或卖出标的物的金额或数量不得超过其交易账户中持有的金额或数量。个人市场参与人持碳量不得超过100万吨。

4.《广州碳排放权交易中心碳排放配额交易规则》（2019年修订）：

第十六条　交易参与人在发起委托申报前，应当确保交易账户中持有满足成交条件的碳排放配额或资金。

5.《深圳排放权交易所现货交易规则(暂行)》：

4.2.2 经审核确认出让方碳排放权数量足以交付申报,系统将冻结出让方账户中相对应的碳排放权并批准该出让申报。否则,该出让申报将被退回。

经审核确认受让方资金足以支付申报,交易系统将冻结受让方账户中相对应的交易金额并批准该受让申报。否则,该受让申报将被退回。

二、条文析义

条文总体解释

1. 目的和依据

为了明确交易主体申报数量和资金的要求,保证有满足交易条件的可用交易产品数量和资金以达成交易,特制定本条。

2. 内容

本条明确了碳交易的两个重要规则:一是碳交易没有做空机制。本条对市场参与人买入或卖出标的物的金额或数量作了要求,即市场参与人在交易系统申请卖出标的物时,其申请卖出的数量不得超出其交易账户内可用交易数量。二是碳交易没有杠杆机制。本条规定,交易主体用于申报买入交易产品的相应资金,不得超出其交易账户内的可用资金,以保证足额扣减达成交易。

关键概念解释

1. 做空机制

做空(Short sale),是一个投资术语,是金融资产的一种操作模式。与做多相对,理论上是先借货卖出,再买进归还。期货市场是具有做空机制的典型市场。在期货市场,做空是在预计商品价格要走低的情况下,直接卖出商品合约的操作。因为投资者卖出的是未来特定时间交割的商品合约,所以只要在到期日之前履约即可,卖出时手中不必有相应的合约。履约的手段分为对冲和交割,对冲即买入等量的合约平仓,交割则是拿出符合标准的实物商品。

做空机制具有提高市场流动性、缓冲市场波动、促进市场价格合理、对冲避险,以及为机构在下跌行情中创造盈利的积极效应,是完善市场机制,优化金融市场资源配置的重要手段和途径。但是,做空机制的负面作用也很明显,对于中国碳排放交易市场而言,其负面影响应该引起足够重视,谨慎推出。

2. 杠杆机制

杠杆机制是期货术语,即以少量资金就可以进行较大价值额的投资,一般配合着保证金制度一起使用。期货交易实行保证金制度。在期货交易中,交易者只需要按照其所买卖期货合约价格的一定比例(通常为5%—10%)缴纳资金,作为其履行期货合约的财力担保,然后就能参与期货合约的买卖,并视价格变动情况确定是否追加资金,而不需要支付合约价值的全额资金,这种制度就是保证金制度,所交的资金就是保证金。保证金制度既体现了期货交易所特有的"杠杆效应",即以一定的杠杆比例以小博大,同时也有助于防止违约并确保合约的完整性,成为交易所控制交易风险的一种重要手段。

期货交易的杠杆机制使得期货交易具有高收益高风险的特点。本条规定,在全国碳排放交易市场,交易主体用于申报买入交易产品的相应资金,不得超出其交易账户内的可用资金。因此,全国碳排放交易市场不存在杠杆机制。

第十二条

碳排放配额买卖的申报被交易系统接受后即刻生效,并在该日交易时间内有效,交易主体交易账户内相应的资金和交易产品即被锁定。未成交的买卖申报可以撤销。如未撤销,未成交申报在该日交易结束后自动失效。

一、国内外立法例

地方立法例

1.《上海环境能源交易所碳排放交易规则》:

第三十一条 报价被交易系统接受后即刻生效,并在该交易日内有效。报价生效后,交易账户内相应的资金和配额即被冻结。未成交报价可以撤销,如未撤销,在该交易日交易结束后则自动失效。在交易暂停期间,交易系统不接受任何报价或撤销报价的指令。

2.《北京绿色交易所碳排放权交易规则(试行)》:

3.2.12 在整体交易方式下的交易活动中,本所不接受报出有效报价的应价方的撤销报价的申请。

在部分交易方式下的交易活动中,自由报价期结束前10分钟内,本所不接受应价方的撤销报价的申请。

在定价交易方式下的交易活动中,有效报价经本所交易主机确认后立即成交,本所不接受应价方的撤销报价的申请。

3.3.2 部分交易方式下:

(四)竞价活动结束,对所有的有效报价按价格优先、数量优先和时间优先的原则匹配成交,未实现匹配的数量在竞价活动结束后自动撤销。……

3.3.3 定价交易方式下:

(三)交易活动中,按时间优先的原则匹配成交,未实现匹配的数量在交易活动结束后自动撤销。……

3.《重庆碳联合产权交易所碳排放交易细则(试行)》:

第二十五条 定价申报指令包括交易品种代码、买卖方向、交易价格、交易数量、交易账号等内容。

合意的对手方通过交易系统发出成交指令,按指定的价格与定价申报全部或部分成交,交易系统按时间优先顺序进行成交确认。

定价申报未成交部分可以撤销。

4.《湖北碳排放权交易中心碳排放权交易规则》:

第十九条 协商议价按下列方式进行:

(一)当买入价大于、等于卖出价时配对成交,成交价等于买入价、卖出价和前一成交价三者中居中的一个价格。开盘后第一笔成交的前一成交价为上一交易日的收盘价;

(二)未成交的交易申报可以撤销,撤销指令经交易系统确认后方为有效;

(三)报价被交易系统接受后即刻生效,并在该交易日内一直有效,直到该报价全部成交或被撤销。

5.《广州碳排放权交易中心碳排放配额交易规则》(2019年修订):

第二十条 未成交的挂单申报可随时撤销,部分成交的挂单申报可随时撤销未成交部分,并重新提交挂单申报。

6.《深圳排放权交易所现货交易规则(暂行)》:

4.4.4 委托当日有效。每笔委托申报不能一次全部成交时,未成交部分继续参加当日交易,交易参与人可以撤销申报的未成交部分。

委托申报和撤销申报经本所交易系统确认后方为有效。

4.4.5 被撤销或失效的申报,交易系统在确认后将及时解冻交易参与人相应的资金或碳排放权。

4.5.6 本所将冻结交易参与人账户中与成交申报相对应的碳排放权或资金。

二、条文析义

条文总体解释

1. 目的和依据

为规定碳排放交易买卖申报的生效条件、有效时间、申报撤销及申报失效条件,特制定本条。

2. 内容

本条是关于申报指令生效与撤销的规定,具体内容包括以下四个方面:

第一,规定了碳排放配额买卖申报的生效时点及有效时间。本条规定,碳排放配额买卖的申报被交易系统接受后即刻生效,并在该日交易时间内有效。

第二,规定了碳排放配额买卖的申报生效后的交易含义。本条规定,经交易系统确认的买卖申报生效后,交易主体交易账户内相应的资金和交易产品即被锁定。

第三,规定了碳排放配额买卖的申报撤销条件。本条规定,未成交的买卖申报可以撤销。

第四,规定了碳排放配额买卖的申报失效条件。本条规定,未成交的买卖申报如未撤销,将在该日交易结束后自动失效。

关键概念解释

1. 申报指令

申报指令即市场参与人通过交易系统提交的标的物交易指令,包括交易品种代码、买卖方向、交易价格、交易数量、交易账号等内容。合意的对手方通过交易系统发出成交指令,按指定的价格与定价申报全部或部分成交,交易系统按时间优先顺序进行成交确认。

2. 锁定

锁定,即锁定交易账户相应资金和交易产品,就是说在锁定期间,交易主体不能使用锁定资金,不能对锁定配额进行转移、交易、质押等权益处置,待解锁后权益限制解除。

第十三条

买卖申报在交易系统成交后,交易即告成立。符合本规则达成的交易于成立时即告交易生效,买卖双方应当承认交易结果,履行清算交收义务。依照本规则达成的交易,其成交结果以交易系统记录的成交数据为准。

一、国内外立法例

地方立法例

1.《北京绿色交易所碳排放权交易规则(试行)》:

3.3.4 买卖双方必须承认交易结果,履行清算交收义务,并向本所交纳交易经手费。因不可抗力、意外事件、技术故障等原因影响交易结果的交易,本所可以认定其无效。

违反本规则,严重破坏碳排放市场正常运行的交易,本所有权宣布取消交易。由此造成的损失由违规的交易参与人承担。

3.3.5 依照本规则达成的交易,其成交结果以交易主机记录的成交数据为准。

2.《天津排放权交易所碳排放权交易规则(暂行)》:

第二十六条 申报成交后,交易即告成立。符合本规则各项规定达成的交易于成立时生效,交易者必须承认交易结果,履行清算交收义务。

因不可抗力、意外事件、交易系统被非法侵入等原因造成严重后果的交易,交易所可以采取适当措施或认定无效。

对显失公平的交易,经交易所认定,可以采取适当措施,并向监管部门报告。

违反本规则,严重破坏市场正常运行的交易,交易所有权宣布取消,由此造成的损失由违规交易者承担。

第二十七条 依照本规则达成的交易,其成交结果以交易所交易主机记录的成交数据为准。

3.《重庆联合产权交易所碳排放交易细则(试行)》:

第三十一条 经交易系统确认的成交结果,买卖双方必须履行交收义务。

第三十三条 交易系统对交易申报及成交结果进行记录备案,交易参与人可以通过交易系统查询。

4.《湖北碳排放权交易中心碳排放权交易规则》:

第三十条 系统成交完成后,双方履行交付义务,本中心将标的物移交给买方交易账户,将交易价款移交至卖方交易账户。

5.《深圳排放权交易所现货交易规则(暂行)》:

4.1.15 买卖申报经交易系统成交后,交易即告成立。符合本规则各项规定达成的交易于成立时生效,交易双方必须承认交易结果,履行清算交收义务。

4.1.16 依照本规则达成的交易,其成交结果以交易系统记录的成交数据为准。

二、条文析义

条文总体解释

1. 目的和依据

为了明确交易成立的条件、生效时间、买卖双方就交易达成应履行的责任和义务、以及成交结果,特制定本条。

2. 内容

本条主要内容包括以下四个方面：

一是规定了交易成立的条件，即买卖申报经交易系统成交后，交易即告成立。

二是规定了交易生效的时间，即符合本《碳排放权交易管理规则（试行）》各项规定达成的交易于成立时生效。

三是规定买卖双方就交易达成应履行的责任和义务。即经交易系统确认的成交结果，买卖双方必须履行清算交收义务，将标的物移交给买方交易账户，将交易价款移交至卖方交易账户。

四是规定成交结果的确认依据。即交易系统对交易申报及成交结果进行记录备案，交易成交结果以交易系统记录的成交数据为准，交易参与人可以通过交易系统查询。

关键概念解释

1. 成交

买卖双方以相同的价位达成交易的行为即为成交。

成交价指某种证券在交易日从开市到收市的交易过程中所即时产生的成交价格，成交价的行情揭示不停变动。直到当日该种证券收市后，成交价格也就是收市价。

以上海试点碳排放交易的配对成交为例，当买入申报价格高于或等于卖出申报价格，则可根据申报人意愿配对成交。成交价为买入申报价格、卖出申报价格和前一成交价三者中居中的一个价格。每日首笔交易的前一成交价为前一交易日收盘价。

2. 清算交收

（1）清算

当日交易结束后，依据交易机构提供的交易流水，注册登记结算机构对所有交易主体的全国碳排放交易进行逐笔全额清算。

（2）交收

当日完成清算后，注册登记结算机构将清算结果反馈给交易机构。经双方确认无误后，注册登记结算机构根据清算结果完成全国碳排放配额和资金的交收。

第十四条

已买入的交易产品当日内不得再次卖出。卖出交易产品的资金可以用于该交易日内的交易。

一、国内外立法例

地方立法例

1.《上海环境能源交易所碳排放交易规则》：

第三十二条　买入或卖出的配额当日内不得卖出或买入。卖出配额的资金可用于该交易日内的交易。

2.《北京绿色交易所碳排放权交易规则(试行)》：

3.4.1　本所实行滚动交收。交易日买入的碳排放权当日清算划入交易参与人的碳排放权交易账户并冻结，冻结期结束后可转让。交易日卖出的碳排放权所获资金当日清算转入交易参与人的交易资金专户。

3.《重庆联合产权交易所碳排放交易细则(试行)》：

第三十二条　买入的交易产品当日不得卖出，卖出交易产品的资金可用于当日交易。

二、条文析义

条文总体解释

1. 目的和依据

为了明确规定碳排放交易产品的交付时间以及卖出交易产品的资金使用时间，特制定本条。

2. 内容

本条规定包括以下两个方面的内容：

第一，规定已买入的交易产品当日内不得再次卖出。这意味着碳交易不实行T+0交易制度,当天买入的交易产品至少要到下一个交易日才能卖出。

第二,规定卖出碳排放配额所得的资金可继续用于该交易日的交易。

关键概念解释

1. 股票T+1机制

T+1是一种股票交收方式,即当日买进的股票,要到下一个交易日才能卖出。"T"指交易登记日,"T+1"指登记日的次日。

中国上海证券交易所和深圳证券交易所对股票和基金交易实行"T+1"交收方式。T+1本质上是证券交易交收方式,使用的对象有A股、基金、债券、回购交易。T+1指达成交易后,相应的证券交割与资金交收在成交日的下一个营业日(T+1日)完成。也就是说投资者当天买入的股票或基金不能在当天卖出,需待第二天进行交割过户后方可卖出;投资者当天卖出的股票或基金,其资金需等到第二天才能提出。

2. 期货T+0机制

T+0是一种期货交易制度,凡在期货成交当天办理好期货和价款清算交割手续的交易制度,就称为T+0交易。通俗地说,就是当天买入期货在当天就可以卖出获取价差。如果行情波动较大,投资者每天可以进行多次买卖交易。

第十五条

交易主体可以通过交易机构获取交易凭证及其他相关记录。

一、国内外立法例

地方立法例

《广州碳排放权交易中心碳排放配额交易规则》(2019年修订):

第十七条 交易完成后,交易系统自动生成电子交易凭证,具有相应的法律效力。

二、条文析义

条文总体解释

1. 目的和依据

为了明确规定交易主体获取交易凭证及其他相关记录的途径,特制定本条。

2. 内容

交易凭证是交易的书面证明。本条规定,交易主体需要获取交易凭证及其他相关记录时,可以向交易机构提交申请,由交易机构提供交易凭证及其他相关记录。

关键概念解释

交易凭证

交易凭证指的是能够用来证明经济业务事项发生、明确经济责任并据以登记账簿、具有法律效力的书面证明。在全国碳交易市场,交易凭证是碳排放交易的书面证明,具有法律效力。

在试点碳排放交易市场,为方便投资者每月核对账目,交易机构将定期统一寄发交易凭证。以湖北碳排放权交易中心为例,交易机构每月统一寄发交易凭证。申请开具交易凭证的企业投资者填写《交易凭证申请表》(见附件)并加盖公章,于当月月底前寄至交易中心,湖北碳排放权交易中心将于下月月初统一寄发当月交易凭证。若《交易凭证申请表》中信息无变更,湖北碳排放权交易中心将按时寄送交易凭证,不需每月申请,且无交易则不寄送;若信息有变更,则需重新申请交易凭证。

第十六条

碳排放配额的清算交收业务,由注册登记机构根据交易机构提供的成交结果按规定办理。

一、国内外立法例

地方立法例

1.《上海环境能源交易所碳排放交易规则》：

第六十四条 会员和客户的配额交割均由交易所统一组织进行。登记管理机构负责配额的存管,并根据相关规定和交易所的清算结果完成配额过户。配额交割完成后不可撤销。

2.《北京绿色交易所碳排放权交易规则(试行)》：

3.3.6 交易参与人间的清算交收业务由指定的登记和结算机构负责办理。

3.《天津排放权交易所碳排放权交易规则(暂行)》：

第三十八条 交收是交易者根据交易合同的约定,出让方向受让方转移交易标的,受让方向出让方支付价款的过程。在清算完成后,通过结算银行及注册登记簿系统完成结算与交收。

4.《重庆联合产权交易所碳排放交易细则(试行)》：

第三十五条 交易所对交易资金实行统一结算,对交易产品实行逐笔清算交收。

第四十一条 交易系统与登记簿连接,在交易完成后及时完成交易产品权属变更登记。

5.《广州碳排放权交易中心碳排放配额交易规则》(2019年修订)：

第二十七条 碳排放配额交收由广碳所统一组织进行。省生态环境厅根据相关规定和广碳所的清算结果在配额注册登记系统完成配额过户。

6.《深圳排放权交易所现货交易规则(暂行)》：

4.1.17 交易的清算交收业务由本所指定的登记结算机构负责办理。

二、条文析义

条文总体解释

1.目的和依据

为了明确规定碳排放配额清算交收业务的主办单位,以及交易清算交收的依据,特制定本条。

2. 内容

本条主要规定以下两个方面的内容:

第一,规定碳排放配额清算交收业务的主办单位,即碳排放配额的清算交收业务由注册登记机构负责办理。

第二,规定碳排放配额清算交收的依据,即在交易完成后,注册登记机构需按照交易机构提供的成交结果及时完成交易产品权属变更登记。

第十七条

交易机构应当妥善保存交易相关的原始凭证及有关文件和资料,保存期限不得少于20年。

一、国内外立法例

地方立法例

《天津排放权交易所碳排放权交易规则(暂行)》:

第二十五条　交易所对交易、结算、交收资料的保存期限应当不少于20年。

二、条文析义

条文总体解释

1. 目的和依据

为了明确规定交易相关信息资料的保存期限,特制定本条。

2. 内容

本条是关于交易相关信息保存年限的规定,规定交易机构应当妥善保存交易相关的原始凭证及有关文件和资料,如交易凭证、结算、交收资料等,保存期限不得少于20年。

关键概念解释

原始凭证

原始凭证是在经济业务发生时取得或填制的,用以记录和证明经济业务发生或完成情况的凭证。原始凭证的基本内容包括:凭证名称、填制日期、凭证编号、填制和接受凭证的单位名称、业务内容、业务数量和金额、填制单位、填制人、经办人或验收人的签字盖章。原始凭证的种类很多,如发货票、收货单、领料单、银行结算凭证、各种报销单据等。原始凭证按来源不同,可分为自制和外来原始凭证。

在全国碳排放交易中,原始凭证是由交易机构、登记机构以及结算银行等机构出具,属于外来原始凭证。

第三章 风险管理

第十八条

生态环境部可以根据维护全国碳排放权交易市场健康发展的需要,建立市场调节保护机制。当交易价格出现异常波动触发调节保护机制时,生态环境部可以采取公开市场操作、调节国家核证自愿减排量使用方式等措施,进行必要的市场调节。

一、国内外立法例

全国立法例

《全国碳排放权交易管理办法(试行)》:

第二十三条 【市场调节】生态环境部负责建立全国碳排放权交易市场调节机制,维护市场稳定。

二、条文析义

条文总体解释

1. 目的和依据

为明确规定市场调节保护机制的建立机构,市场调节保护机制的主要构成方式等内容,特制定本条。

2. 内容

本条规定的内容包括以下四个方面：

第一，规定了建立市场调节保护机制的目的。国家建立市场调节保护机制的目的是矫正市场失灵，即通过有形之手的适度干预充分发挥无形之手的作用，从而维护全国碳排放交易市场健康发展。

第二，规定了市场调节保护机制的建立机构，即由生态环境部建立全国碳排放交易市场的调节保护机制。

第三，规定了市场调节保护机制的触发条件，即交易价格出现异常波动。

第四，规定了市场调节保护机制的主要构成方式，包括公开市场操作、调整国家核证自愿减排量使用方式等措施。

关键概念解释

1. 市场调节与政府调控

在经济学中，市场调节是价值规律调节商品生产和商品流通的表现形式。当商品供过于求，价格下跌，利润减少。当价格跌到价值以下时，利润率低于平均水平，商品生产者就会缩减生产，使市场上供给减少，求大于供，价格又会回升。但是，市场调节具有盲目性一面，因而在特定情况下，有必要政府部门通过有形的手，对市场进行调控。

本条规定的市场调节保护机制即是由政府部门调节市场的一种机制。

碳排放交易的核心是通过碳排放配额价格影响企业的减排行为。碳排放配额价格根据碳市场供求关系合理波动，从而释放价格信号，反映碳减排成本，最终形成碳排放总量控制、价格变动、技术进步和减排成本降低之间的周期性良性循环。一般商品的价格通过市场供求关系的自发调节形成，而碳排放配额的供求关系在很大程度上受到政府界定和碳排放配额分配的影响。这就是说，碳排放配额的价格是由政府有形之手和市场无形之手共同决定的。如果碳排放配额的总量控制相对宽松，并且初始分配给重点排放单位的配额数量过多，则会导致排放配额价格低迷甚至零交易。从欧盟 EU ETS 的实际运行来看，第一阶段由于配额总量过剩，配额价格出现了大幅震荡。2006 年以后，大量配额剩余，价格持续走低，到 2007 年 4 月，配额价格几乎跌到零，价格体系基本面临崩溃。如果碳排放配额的总量控制过于紧张，则会导致碳排放配额价格过高,从而增加企业的履约成本,影响双碳目标的实现。

2. 市场调节保护机制

为了应对碳价格的异常波动,有必要设计碳市场的调节保护机制。本条规定,市场调节保护机制的主要构成方式包括公开市场操作、调整国家核证自愿减排量使用方式等措施。通过这些措施干预价格的不合理波动,进行必要的市场调节保护。

国内外相关经验

从国际碳市场和七个试点碳排放交易市场来看,主要的市场调节保护机制有储备价格调整配额、配额回购、抵消机制和价格上下限机制四大类。

第一,配额储备。在碳排放配额初始分配时,预留一定比例的价格调整配额,当碳排放交易价格过高时,政府将预留的价格调整配额投放市场以增加供给从而平抑价格。配额储备机制有利于缓解配额供不应求的局面,也同时降低了限排企业的减排成本,进而降低了碳泄漏的可能性。

第二,配额回购。当碳排放交易价格过低时,政府将启动价格调节机制,从碳排放市场回购配额以减少市场上的配额供给,从而提高配额的价格。配额回购机制有利于缓解配额供大于求的局面,也同时使得减排企业获得了一定的收益。

第三,抵销机制。各个碳排放交易试点均允许企业通过购买核证自愿减排量的方式抵销其部分碳排放,因此核证减排量抵销机制在一定程度上也起到了缓解配额供给紧张局面的作用。

第四,最高价和最低价机制。即对碳排放配额在二级市场上交易的最低价格或最高价格加以限定,或者限定交易的最低价和最高价区间。当碳排放配额的价格高于最高价或者低于最低价时,碳排放交易无法实现。限制碳排放配额交易最低价格的目的在于保护企业减排投入的积极性。如果因政府过度分配配额导致供过于求,碳排放配额的价格可能低于最低限价甚至为零,这可能导致积极从事减排投入的企业无法通过碳排放交易市场获得减排回报,从而丧失了减排的积极性。如果因政府配额总量的设定过于严格,可能会导致严重的供不应求,从而碳排放配额价格高于最高限价,这可能导致限排企业减排成本高涨或者引起碳泄漏。因此,为了保护企业减排投入的积极性和避免碳泄漏,最高价和最低价机制被广泛应用于碳排放交易体系的设计中。例如,英国政府为了给碳排放交易体系提供一个透明的、可预见的和公平的碳价格,进而给碳减排投资提供强有力的激励,设定碳价格下限[①]。

相关建议

本条规定,生态环境部可以根据维护全国碳排放交易市场健康发展的需要,建立市场调节保护机制。当交易价格出现异常波动触发调节保护机制时,生态环境部可以采取公开市场操作、调节国家核证自愿减排量使用方式等措施,进行必要的市场调节。

但是,市场调节保护机制的触发条件、配额收回率、储备时长、注销比例、回注比例等关键参数,及其动态调节的频率等关键问题都未明确。因此,笔者建议,进一步完善市场调节保护机制,细化触发条件、配额收回率、储备时长、注销比例、回注比例等关键参数,及其动态调节的频率等关键问题。通过明确政府控制配额盈余的规则,降低配额总量确定中的决策偏差影响、响应配额总量路线图确定后的配额需求重大变化,减少制度不确定性和市场不确定性的负面影响,维护全国碳排放交易市场健康发展。

第十九条

交易机构应建立风险管理制度,并报生态环境部备案。

一、国内外立法例

地方立法例

1.《上海环境能源交易所碳排放交易规则》:

第五十七条 交易所制定风险控制管理办法,对风险管理制度作出具体规定。

---

① 刘明明.论碳排放权交易市场失灵的国家干预机制[J].法学论坛,2019,34(04):62—70.

2.《湖北碳排放权交易中心碳排放权交易规则》：

第四十八条 为防范市场风险，本中心可以采取包括但不限于调整标的物日议价区间限制幅度、限制出入金等风险控制措施。本中心制定风险控制管理办法，对风险管理制度作出具体规定。

二、条文析义

条文总体解释

1. 目的和依据

为明确风险管理制度的制定主体，以及最终确定风险管理制度的权力机构，明确职责，确保风险管理制度的落实，特制定本条。

2. 内容

本条内容主要有两点：

第一，规定交易机构应当建立风险管理制度。

第二，规定交易机构应当将制定的风险管理制度报生态环境部备案。

关键概念解释

风险管理制度

为推动全面风险管理的实施，建立规范、有效的风险控制体系，提高风险防控能力，加强交易风险管理，维护交易各方的合法权益，维护碳排放交易市场的稳定，交易机构需要制定碳排放交易风险管理制度，使风险管理标准化、科学化。

碳排放交易所通常需要建立下列风险管理制度：

第一，涨跌幅限制制度；

第二，配额最大持有量限制制度以及大户报告制度；

第三，风险警示制度；

第四，风险准备金制度；

第五，碳排放交易主管部门明确的其他风险管理制度。

第二十条

交易机构实行涨跌幅限制制度。

交易机构应当设定不同交易方式的涨跌幅比例,并可以根据市场风险状况对涨跌幅比例进行调整。

一、国内外立法例

地方立法例

1.《上海环境能源交易所碳排放交易规则》:

第四十八条　碳排放挂牌交易实行涨跌幅限制制度,涨跌幅比例为10%。

第五十一条　交易所可以根据市场风险状况按有关规定调整涨跌停板幅度和最大持有量限额。

2.《上海环境能源交易所碳排放交易风险控制管理办法(试行)》:

第三条　交易所实行涨跌幅限制制度。涨跌幅度限制由交易所设定,交易所可以根据市场风险状况调整涨跌幅限制。

第四条　碳排放配额(SHEA)挂牌交易的涨跌停板幅度为上一交易日收盘价的±10%。

3.《北京绿色交易所碳排放权交易规则配套细则(试行)》:

4.4.1　根据市场情况,本所实行涨跌幅限制制度。

4.4.2　公开交易方式的涨跌幅为当日基准价的±20%。

4.4.4　涨跌幅限制可根据市场风险商市级相关主管部门加以调整。

4.《北京绿色交易所碳排放权交易风险控制管理办法(试行)》:

第六条　涨跌幅限制制度是本所为了防止交易价格的暴涨暴跌,抑制过度投机,对每日最大价格波动幅度予以适当限制的一种交易制度。某一碳排放权在一个交易日中的申报价格不能高于或低于前收盘价×(1±涨跌幅限制比例),超过该范围的将视为无效报价。

第七条　经北京市发改委批准,本所可以调整碳排放权的涨跌幅限制比例。

5.《天津排放权交易所碳排放权交易风险控制管理办法(试行)》：

第六条　交易所实行涨跌幅限制制度。涨跌幅限制由交易所设定，交易所可以根据市场风险状况调整涨跌幅限制。

第七条　碳配额产品的涨跌停板幅度为上一交易日结算价的±10%。

6.《重庆联合产权交易所碳排放交易细则(试行)》：

第二十九条　碳排放交易价格实行涨跌幅限制，定价申报涨跌幅比例为10%，成交申报涨跌幅为30%。

涨跌幅基准价为前日交易均价，前日交易均价为上一有成交交易日的定价申报交易量加权平均价。计算结果按四舍五入原则取至价格最小变动单位，最小变动单位为0.01元人民币。

交易所可以调整涨跌幅比例，报市发展改革委、市金融办备案。

7.《湖北碳排放权交易中心碳排放权现货远期交易风险控制管理办法》：

第十条　交易中心实行价格涨跌停板制度，由交易中心制定现货远期交易的每日最大价格波动幅度。交易中心可以根据市场情况调整涨跌停板幅度。

对同时满足本办法有关调整涨跌停板幅度规定的，其涨跌停板幅度按照规定涨跌停板幅度数值中的较大值确定。

第十一条　碳排放权现货远期交易的涨跌停板幅度为上一交易日结算价的4%。

8.《广州碳排放权交易中心碳排放权交易风险控制管理细则》(2017年修订)：

第九条　广碳所对挂牌点选交易和协议转让交易实行价格涨跌幅限制。挂牌点选交易的成交价格应在开盘价±10%区间内，协议转让交易的成交价格应在开盘价±30%区间内。

如交易主管部门另有规定的，从其规定。

9.《深圳排放权交易所现货交易规则(暂行)》：

4.1.10　本所对各交易品种实行价格涨跌幅限制，定价点选方式的涨跌幅限制比例为10%，大宗交易方式的涨跌幅限制比例为30%。

本所可以根据市场情况调整交易的涨跌幅限制比例。

10.《深圳排放权交易所风险控制管理细则(暂行)》：

第六条　本所实行涨跌幅限制制度。

第八条　超过本所规定的涨跌幅限制的报价为无效报价。

涨跌幅度限制幅度由本所设定。本所可以根据相关主管部门的要求或者市场风险情况调整涨跌幅限制。

第九条　本所的涨跌幅限制幅度为上一交易日收盘价的±10%，即交易日当日现货交易的成交价格以上一交易日收盘价为基准，不得高于或低于该基准的±10%。

本所大宗交易的涨跌幅限制幅度为±30%。

涨跌幅限制价格的计算公式为：涨跌幅限制价格＝前收盘价×(1±涨跌幅限制比例)。计算结果按照四舍五入原则取至价格最小变动单位。

二、条文析义

条文总体解释

1. 目的和依据

为了明确规定涨跌幅限制制度设定的主体，涨跌幅比例设定和调整的依据，特制定本条。

2. 内容

本条是关于涨跌幅限制制度的规定，主要规定的内容包括以下三个方面：

第一，规定了交易机构应实行涨跌幅限制制度以维护市场稳定。

第二，规定了交易机构可根据交易方式的不同设置不同的涨跌幅比例。

第三，规定了交易机构可以根据市场风险状况对涨跌幅比例进行调整。

关键概念解释

涨跌幅限制制度(也称涨跌停板制度)是一种风险控制机制，可以抑制市场的过度投机行为，防止交易价格出现暴涨暴跌。涨跌幅限制制度在证券市场得到广泛应用。它是在每天的交易中规定当日的证券交易价格在前一个交易日收盘价的基础上上下波动的幅度。证券价格上升到该限制幅度的最高限价为涨停板，而下跌至该限制幅度的最低限度为跌停板。

在全国碳交易市场，交易机构实行涨跌幅限制制度。挂牌协议交易涨跌幅比例为10%，大宗协议交易涨跌幅比例为30%，涨跌幅基准为上一交易日收盘价。交易机构可根据市场风险状况调整碳排放交易的涨跌幅比例。

国内外相关经验

涨跌幅限制作为阻止"交易日间股价的剧烈波动"的重要手段,广泛地应用于美国、日本等发达国家的证券期货市场以及韩国、台湾等新型证券市场。中国深沪证券交易所于1996年12月16日开始,正式实施涨跌幅限制,对A股、B股及基金市场采取10%的价格限制。其初衷是为了防止股价剧烈波动,给予投资者及市场足够的缓冲时间,稳定市场。

从国际经验看,新兴金融市场为了防止过度投机,多数采用涨跌幅限制措施,而且随着市场的发展,涨跌停板幅度一般会逐步放宽(简称扩板)。中国碳市场的风险控制措施,就沿用了这一思路。

碳交易中的涨跌幅限制制度是交易所为了防止交易价格的暴涨暴跌,抑制过度投机,对每日最大价格波动幅度予以适当限制的一种交易制度。某一碳排放配额在一个交易日中的申报价格不能高于或低于前收盘价×(1±涨跌幅限制比例),超过该范围的将视为无效报价。涨跌幅度限制由交易所设定,交易所可以根据市场风险状况调整涨跌幅限制。目前,在试点碳市场,天津、上海、湖北、广东和深圳的涨跌幅限制比例为±10%,而北京、重庆是±20%,湖北、广州和深圳的大宗交易设置涨跌幅限制是±30%。

第二十一条

交易机构实行最大持仓量限制制度。交易机构对交易主体的最大持仓量进行实时监控,注册登记机构应当对交易机构实时监控提供必要支持。

交易主体交易产品持仓量不得超过交易机构规定的限额。

交易机构可以根据市场风险状况,对最大持仓量限额进行调整。

一、国内外立法例

地方立法例

1.《上海环境能源交易所碳排放交易规则》:

第四十九条 交易所实行配额最大持有量限制制度。会员和客户持有的配额数量不得超过交易所规定的限额。

第五十一条　交易所可以根据市场风险状况按有关规定调整涨跌停板幅度和最大持有量限额。

2.《上海环境能源交易所碳排放交易风险控制管理办法(试行)》：

第六条　交易所实行配额最大持有量限制制度。配额最大持有量是指交易所规定的会员和客户持有碳排放配额的最大数量。

会员和客户的配额持有数量不得超过交易所规定的最大持有量限额。

第八条　交易所可以根据市场风险状况调整配额最大持有量限额标准。

3.《北京绿色交易所碳排放权交易规则配套细则(试行)》：

4.5.1　本所实行最大持仓量限制制度。最大持仓量是指本所规定交易参与人可以持有的碳排放配额的最大数额。

4.5.2　交易参与人的碳排放配额持有量原则上不得超过本所规定的最大持仓量限额。

履约机构交易参与人碳排放配额最大持仓量不得超过本年度市主管部门核发的配额量与100万吨之和。各履约机构交易参与人持有的年度配额总量为既有设施配额、新增设施配额、配额调整量之和。非履约机构交易参与人碳排放配额最大持仓量不得超过100万吨。机构交易参与人开展碳排放配额抵押融资、回购式融资、托管等碳金融创新业务，需要调整最大持仓量限额的可向本所提出申请，并提交抵押、回购、托管合同等相关证明材料，本所商市发展改革委，由市发展改革委研究决定是否适当上调持仓量。

自然人交易参与人碳排放配额最大持仓量不得超过5万吨。

4.《北京绿色交易所碳排放权交易风险控制管理办法(试行)》：

第十一条　本所实行最大持仓量限制制度。最大持仓量是指本所规定交易参与人可以持有的碳排放权的最大数额。

5.《天津排放权交易所碳排放权交易风险控制管理办法(试行)》：

第十四条　交易所实行最大持有量限制制度。最大持有量是指交易所规定交易会员和客户可以持有的碳配额产品的最大数额。

第十五条　采用限制交易会员和客户最大持有量的办法，控制市场风险。

第十六条　交易会员和客户的持有量不得超过交易所规定的最大持有量限额。

6.《湖北碳排放权交易中心碳排放权现货远期交易风险控制管理办法》：

第十七条　交易中心实行限仓制度。限仓是指交易中心规定市场参与人可以持有的，按净持仓数量计算的持仓量的最大数额。

第二十条　市场参与人的持仓数量不得超过交易中心规定的持仓限额，超过持仓限额的，不得同方向订立报价。对超过限额的持仓，交易中心将于下一交易日按有关规定执行强行转让。

7.《广州碳排放权交易中心碳排放配额交易规则》：

第四十条　广碳所实行碳排放配额持有量限制制度。交易参与人持有的配额数量不得超过规定的限额。

8.《广州碳排放权交易中心碳排放权交易风险控制管理细则》(2017年修订)：

第十二条　广碳所配额交易实行配额持有量限制制度，即广碳所按照交易主管部门的相关规定与配额注册登记系统的相关要求对交易参与人的配额持有量进行限制并采取相应管理措施的制度。

第十三条　交易参与人的配额持有量应符合交易主管部门的相关要求，广碳所可根据市场需要，在交易主管部门批准的情况下调整配额持有量限制。

9.《深圳排放权交易所风险控制管理细则(暂行)》：

第十二条　本所实行配额持有量限制制度。

第十三条　配额持有量限制制度是指本所规定交易参与人持有配额的最大数量的制度。

交易参与人的配额持有数量不得超过本所规定的最大持有量。

第十四条　除当年度预分配配额和以前年度结转的配额外，管控单位的配额最大持有量不得超过150万吨。

其他交易参与人的配额最大持有量不得超过200万吨。

第十五条　本所可以根据市场风险情况调整配额持有量限额标准，并予以公布。

因本所调整配额持有量限额标准，导致会员或者客户的持有量大于本所规定时，会员或者客户应在本所规定的时间内自行减持。未按时完成减持的，本所可以按照有关规定强行减持。

二、条文析义

条文总体解释

1. 目的和依据

为了明确规定最大持仓量限制制度设定的主体、持仓实时监控的实施规则以及最大持仓量限制调整的依据,特制定本条。

2. 内容

本条是关于交易机构实行最大持仓量限制制度的规定,具体内容包括以下三个方面:

第一,规定了交易机构应实行最大持仓量限制制度,以防止市场风险过度集中于少数投资者。

第二,规定了持仓实施监控的实施规则,即交易机构具有对交易主体的最大持仓量进行实时监控的职责,此外,注册登记机构应当对交易机构实时监控提供必要支持。

第三,规定了交易机构可以根据市场风险状况,对最大持仓量限额进行调整,以便更好地发挥最大持仓量限额制度的作用。

关键概念解释

最大持仓量限制制度,又可以叫限仓制度或持仓限额制度,是一种风险控制机制。其原理是通过采用限制交易主体持有的碳配额产品总量不得超过最大持仓量的办法,控制市场风险。在期货市场,限仓制度(Position limit system)是期货交易所为了防止市场风险过度集中于少数交易者和防范操纵市场行为,对会员和客户的持仓数量进行限制的制度。规定会员或客户可以持有的,按单边计算的某一合约持仓的最大数额,不允许超量持仓。

本条所说的最大持仓量(即持仓限额)指交易所规定交易主体可以持有的碳配额产品的最大数额。交易主体持仓量不得超过交易所规定的最大持仓量限额。

国内外相关经验

在期货市场,根据不同的目的,限仓制度可分为以下几种形式:

1. 根据保证金的数量规定持仓限额

限仓制度最原始的含义就是根据会员承担风险的能力规定会员的交易规模。交易所通常会根据客户和会员投入的保证金的数量,按照一定的比例给出一定的持仓限额,此限额即是该会员和客户在交易中持仓的最高水平。

由此可见,根据保证金数量规定的持仓限额,可以使得保证金维持在一个风险较低的水平。当客户要求持有更多的期指合约,在原来保证金不变的情况下,就会使得保证金账面金额低于初始保证金,交易者就必须在规定的时间内补足保证金,然后,才能持有更多的合约。

2. 对会员的持仓限额

为了防止市场风险过度集中于少数会员,许多国家的交易所都规定,一个会员对期指合约的单边持仓量不得超过交易所期指合约持仓总量(单边结算)的一定百分比,否则交易所将会对会员的超量持仓部分进行强制平仓。此外交易所还按照合约离交割月份的远近,对会员规定了持仓限额,距离交割期越近的合约,会员的持仓量越小。

3. 对客户的持仓限额

为了防止大户过量持仓,操纵市场,大部分交易所会员对会员所代理的客户进行编码管理,每个客户只能使用一个交易编码,交易所对每个客户编码下的持仓总量也有限制。

中国期货交易所对持仓限额制度的具体规定如下:

第一,交易所可以根据不同期货品种的具体情况,分别确定每一品种每一月份合约的限仓数额;某一月份合约在其交易过程中的不同阶段,分别适用不同的限仓数额,进入交割月份的合约限仓数额从严控制。

第二,采用限制会员持仓和限制客户持仓相结合的办法,控制市场风险。

第三,套期保值交易头寸实行审批制,其持仓不受限制。

第四,同一投资者在不同经纪会员处开有多个交易编码,各交易编码上所有持仓头寸的合计数,不得超出一个投资者的限仓数额。

第五,交易所可根据经纪会员的净资产和经营情况调整其持仓限额,对于净资本金额或交易金额较大的经纪会员可增加限仓数额。经纪会员的限仓数额,由交易所每一年核定一次。

第六,交易所调整限仓数额须经理事会批准,并报中国证监会备案后实施。

第七,会员或客户的持仓数量不得超过交易所规定的持仓限额。对超过持仓限额的会员或投资者,交易所按有关规定执行强行平仓。一个投资者在不同经纪会员处开有多个交易编码,其持仓量合计数超出限仓数额的,由交易所指定有关经纪会员对该客户超额持仓执行强行平仓。

经纪会员名下全部投资者的持仓之和超过该会员的持仓限额的,经纪会员原则上应按合计数与限仓数之差除以合计数所得比例,由该会员监督其有关投资者在规定时间内完成减仓;应减仓而未减仓的,由交易所按有关规定执行强行平仓。

第二十二条

交易机构实行大户报告制度。

交易主体的持仓量达到交易机构规定的大户报告标准的,交易主体应当向交易机构报告。

一、国内外立法例

地方立法例

1.《上海环境能源交易所碳排放交易规则》:

第五十条 碳排放交易实行大户报告制度。会员或客户的配额持有量达到交易所规定的报告标准或被交易所指定必须报告的,会员或客户应当向交易所报告。客户未报告的,会员应当向交易所报告。

2.《上海环境能源交易所碳排放交易风险控制管理办法(试行)》:

第九条 交易所实行大户报告制度。交易所可以根据市场风险状况,公布配额持有量报告标准。

第十条 会员或者客户的配额持有量达到交易所规定的持有量限额的

80％的或者交易所要求报告的,应当于下一交易日收市前向交易所报告。

客户未报告的,会员应当向交易所报告。若会员、客户未按照交易所要求进行报告的,交易所有权要求会员、客户再次报告或者补充报告。

3.《天津排放权交易所碳排放权交易风险控制管理办法(试行)》:

第九条　交易所实行大户报告制度。交易所可以根据市场风险状况,公布大户持有量报告标准。

第十条　交易会员或者客户持有量达到交易所规定的报告标准或者交易所要求报告的,应当于交易所规定的时间内向交易所报告。

客户未报告的,开户的交易会员应当向交易所报告。交易所有权要求交易会员、客户再次报告或者补充报告。

4.《湖北碳排放权交易中心碳排放权现货远期交易风险控制管理办法》:

第二十一条　交易中心实行大户报告制度。当市场参与人持仓达到交易中心对其规定的持仓限额80％以上(含本数)时,市场参与人应向交易中心报告其资金情况、持仓情况。交易中心可根据市场风险状况,调整持仓报告水平。

第二十二条　市场参与人的持仓达到交易中心报告界限的,市场参与人应主动于下一交易日15:00前向交易中心报告。如需再次报告或补充报告,交易中心将通知有关市场参与人。

5.《广州碳排放权交易中心碳排放权交易风险控制管理细则》(2017年修订):

第十五条　广碳所实行大户报告制度。当市场参与人持仓量达到主管部门对相应主体持仓限额要求的80％及以上,或者被本所指定为必须对持仓情况进行报告的,应当于下一交易日收市前向本所进行报告。

6.《深圳排放权交易所风险控制管理细则(暂行)》:

第十六条　本所实行大户报告制度。

第十七条　大户报告制度是指交易参与人持有的配额达到本所规定的报告标准或者按照本所要求,应当向本所进行报告的制度。

第十八条　交易参与人的配额持有量达到本所规定的最大持有量限额的百分之八十,或者被本所指定必须报告的,交易参与人应当于下一交易日收市前向本所报告。

交易参与人符合本所关于大户报告制度的要求,其配额持有量变动比率超过10%的,应当向本所报告,直至其不符合本所大户报告制度的要求为止。

二、条文析义

条文总体解释

1. 目的和依据

为了明确规定交易机构实行大户报告制度的义务,以及交易主体报告持仓量的义务,特制定此条。

2. 内容

本条是关于交易机构实行大户报告制度的规定,具体内容包括以下两个方面:

第一,规定了交易机构实行大户报告制度的义务,即交易机构应实行大户报告制度,以防止大户操纵市场,控制交易风险。

第二,规定了交易主体报告持仓量的义务,即交易主体持有的交易产品的数量达到交易机构规定的大户报告标准的,交易主体应当向交易机构报告。

关键概念解释

大户报告制度是与限仓制度紧密相关的另外一个控制交易风险、防止大户操纵市场行为的制度。碳交易所建立限仓制度后,当会员或客户持仓量达到交易所对其规定的持仓限量一定比例(如80%及以上)时,必须向交易所申报。申报的内容包括客户的开户情况、交易情况、资金来源、交易动机等,便于交易所审查大户是否有过度投机和操纵市场行为以及大户的交易风险情况。

国内外相关经验

碳交易市场的大户报告制度起源于商品期货市场。从美国联邦政府最早开始对商品期货交易实施监管以来,美国国会就把阻止价格操纵作为监管的一个主要目的。只要有联邦监管,就会有大户报告制度。根据美国商品期货交易委员会(CFTC)的经济学家 Mike Penick 的研究,大户报告的要求最早于

1923年实施。当时,谷物期货法案刚刚通过,该法案确立了联邦政府对商品期货的监管。CFTC于1975年成立,它是一家对美国期货交易进行监管的独立监管机构。这家机构的监管范围很广,包括国内和国际农产品、金属期货市场和金融、能源等新兴期货市场。肩负如此重大的责任,CFTC这一监管机构本身的规模却比较小,因此,它一直依赖大户报告制度作为均衡器。

大户报告是一种高效的风险控制工具,可以让监管机构及时了解可能造成市场价格操纵的所有大户的头寸。此外,大户报告制度还有助于监管机构理解市场运行正常时,价格剧烈波动或者高度波动都可能创造价格操纵的表象。当市场监管可以准确实施的时候,公共政策就会改进,力求最大化地发现市场问题。当没有证据表明市场存在这种问题的时候,力求使监管对市场的阻碍作用最小化。

另外,这则制度还可以向监管机构提供关于市场构成的有用信息,比如市场参与者中的商业与非商业交易者,特定种类的投资者(如现货商、互换交易者、生产者、制造者和管理基金交易者)持有的头寸。

第二十三条

交易机构实行风险警示制度。交易机构可以采取要求交易主体报告情况、发布书面警示和风险警示公告、限制交易等措施,警示和化解风险。

一、国内外立法例

地方立法例

1.《上海环境能源交易所碳排放交易规则》:

第五十二条 交易所实行风险警示制度。交易所认为必要的,可以单独或者同时采取要求会员和客户报告情况、发布书面警示和风险警示公告等措施,以警示和化解风险。

2.《上海环境能源交易所碳排放交易风险控制管理办法(试行)》:

第十四条 交易所实行风险警示制度。交易所认为必要的,可以单独或者同时采取要求会员和客户报告情况、发布书面警示和风险警示公告等措施,以警示和化解风险。

3.《北京绿色交易所碳排放权交易规则配套细则(试行)》：

4.6.1　本所实行风险警示制度,通过交易参与人报告交易情况、谈话提醒、书面警示等措施化解风险。

4.《北京绿色交易所碳排放权交易风险控制管理办法(试行)》：

第十四条　本所实行风险警示制度,通过交易参与人报告交易情况、谈话提醒、书面警示等措施化解风险。

5.《天津排放权交易所碳排放权交易规则(暂行)》：

第四十二条　交易所实行风险警示制度。交易所认为必要的,可以分别或同时采取要求报告情况、谈话提醒、书面警示、公开谴责、发布风险警示公告等措施中的一种或多种,以警示和化解风险。

6.《天津排放权交易所碳排放权交易风险控制管理办法(试行)》：

第二十条　交易所实行风险警示制度。当交易所认为必要时,可以分别或同时采取要求报告情况、谈话提醒、发布风险提示函等措施中的一种或多种,以警示和化解风险。

7.《重庆联合产权交易所碳排放交易风险管理办法(试行)》：

第十八条　交易所认为必要的,可以采取谈话提醒、发布书面警示和风险警示公告等措施,以警示和化解风险。

8.《湖北碳排放权交易中心碳排放权现货远期交易风险控制管理办法》：

第三十七条　交易中心实行风险警示制度。当交易中心认为必要时,可以分别或同时采取要求报告情况、谈话提醒、发布风险提示等措施中的一种或多种,以警示和化解风险。

9.《广州碳排放权交易中心碳排放权交易风险控制管理细则》(2017年修订)：

第二十二条　广碳所实行风险警示制度。广碳所认为必要的,可以单独或者同时采取要求交易参与人报告情况、谈话提醒、书面警示、发布风险警示公告等措施中的一种或者多种,以警示和化解风险。

10.《深圳排放权交易所风险控制管理细则(暂行)》：

第四十四条　本所实行风险警示制度。

第四十五条　风险警示制度是指本所认为必要时,可以单独或者同时采取要求报告情况、谈话提醒、书面警示、公开谴责、发布风险警示公告等措施中的一种或者多种，并结合其他风险控制措施，以警示和化解风险的制度。

二、条文析义

条文总体解释

1. 目的和依据

为了明确规定交易机构实行风险警示制度的义务，以及交易机构警示风险的具体方式，特制定本条。

2. 内容

本条是关于交易机构实行风险警示制度的规定，主要内容包括以下两个方面：

第一，规定交易机构具有实行风险警示制度的义务。

第二，规定交易机构警示风险的具体方式，即交易机构认为有必要的，可以要求交易主体报告情况，发布书面警示和风险警示公告，或者采取限制交易等措施，以警示和化解风险。

关键概念解释

风险警示制度是一种风险控制机制。风险警示制度在证券市场得到广泛应用，比如，在《中国金融期货交易所风险控制管理办法》中提到，风险警示制度是指交易所认为必要的，可以分别或同时采取要求报告情况、谈话提醒、书面警示、公开谴责、发布风险警示公告等措施中的一种或多种，以警示和化解风险。

第二十四条

交易机构应当建立风险准备金制度。风险准备金是指由交易机构设立，用于为维护碳排放权交易市场正常运转提供财务担保和弥补不可预见风险带来的亏损的资金。风险准备金应当单独核算，专户存储。

一、国内外立法例

地方立法例

1.《上海环境能源交易所碳排放交易规则》：

第五十三条　交易所建立风险准备金制度。风险准备金按照交易手续费收入的10%提取，风险准备金应当单独核算，专户存储。当风险准备金余额达到交易所注册资本10倍时，经市发展改革委批准可以不再提取。

2.《上海环境能源交易所碳排放交易风险控制管理办法(试行)》：

第十九条　交易所实行风险准备金制度。风险准备金是指由交易所设立，用于为维护碳排放交易市场正常运转提供财务担保和弥补不可预见风险带来的亏损的资金。

第二十条　风险准备金的来源：

（一）交易所按照手续费收入的10%的比例，从管理费用中提取；

（二）交易所规定的其他收入。

当风险准备金余额达到交易所注册资本10倍时，经市发展改革委批准可以不再提取。

第二十一条　风险准备金应当单独核算，专户存储。除用于弥补风险损失外，不得挪作他用。

风险准备金的动用应当经交易所董事会批准，并按规定的用途和程序进行。

3.《天津排放权交易所碳排放权交易规则(暂行)》：

第四十三条　交易所实行风险准备金制度。风险准备金按照月度净手续费收入总额的3%按月计提，风险准备金应当单独核算、专户管理。当风险准备金达到注册资本时，经交易所监管部门批准后可以不再提取。风险准备金的动用应当经交易所董事会批准，报交易所监管部门备案后，按规定用途和程序进行。

4.《天津排放权交易所碳排放权交易风险控制管理办法(试行)》：

第二十三条　交易所实行风险准备金制度。风险准备金是指由交易所设立，用于为维护市场正常运转提供财务担保和弥补因交易所不可预见风险带来亏损的资金。

第二十四条　交易所在指定的商业银行开立风险准备金专用账户，对风险准备金进行单独核算、专户管理。

第二十五条　风险准备金的来源：

（一）交易所从其自有资金中一次性提取 100 万元人民币作为启动资金；

（二）交易所按照月度净手续费收入总额的 3‰ 按月计提；

（三）符合国家财政政策规定的其他收入。

第二十六条　当风险准备金达到注册资本时，经交易所监管部门批准后可以不再提取。

风险准备金的动用应当经交易所董事会批准，报交易所监管部门备案后，按规定用途和程序进行。

5.《深圳排放权交易所风险控制管理细则（暂行）》：

第五十一条　本所实行风险处置基金制度。

第五十二条　风险处置基金制度是指本所依法设立用于投资者风险教育、投资者合法权益保护及弥补不可预见的风险给本所带来重大经济损失的风险处置基金，以防范与本所业务活动有关的重大风险事故的制度。

第五十三条　本所在指定的商业银行开立风险处置基金专用账户，对风险处置基金进行单独核算、专户管理。

第五十四条　风险处置基金的来源：

（一）交易所每年年初按照上一年度净利润的百分之十提取；

（二）惩罚性违约金；

（三）符合国家财政政策规定的其他收入。

第五十五条　当风险处置基金达到注册资本金二分之一时，经本所监管部门批准后可以不再提取。

第五十六条　风险处置基金的使用应当经本所董事会批准，报本所监管部门备案后，按规定用途和程序进行。

二、条 文 析 义

条文总体解释

1. 目的和依据

为了明确规定交易机构实行风险准备金制度的义务，以及风险准备金的作用、管理要求,特制定此条。

2. 内容

本条是关于交易机构实行风险准备金制度的规定,具体内容包括以下三个方面:

第一,规定了交易机构实行风险准备金制度的义务,即交易机构应实行风险准备金制度,用于为维护碳排放交易市场正常运转提供财务担保和弥补不可预见风险带来的亏损。

第二,规定了风险准备金的管理要求,即风险准备金必须单独核算,专户存储。

第三,规定了风险准备金的作用,即风险准备金只能用于弥补风险损失,不能挪作他用。

关键概念解释

风险准备金制度是指交易所从自己收取的会员交易手续费中提取一定比例的资金,作为确保交易所担保履约的备付金的制度。交易所风险准备金的设立,是为维护市场正常运转而提供财务担保和弥补因不可预见的风险带来的亏损。

在碳交易市场,交易所实行风险准备金制度。风险准备金是指由交易所设立,用于为维护碳排放交易市场正常运转提供财务担保和弥补不可预见风险带来的亏损的资金。

以上海环境能源交易所为例。风险准备金的来源有:(1)交易所按照手续费收入的10%的比例,从管理费用中提取;(2)交易所规定的其他收入。

当风险准备金余额达到交易所注册资本10倍时,经上级主管部门批准可以不再提取。风险准备金应当单独核算,专户存储。除用于弥补风险损失外,不得挪作他用。风险准备金的动用应当经交易所董事会批准,并按规定的用途和程序进行。

国内外相关经验

风险准备金制度在期货市场具有较长的实践历史。以股指期货市场为例,交易所不但要从交易手续费中提取风险准备金,而且要针对股指期货的特殊风险建立由会员缴纳的股指期货特别风险准备金。股指期货特别风险准备金只能用于为维护股指期货市场正常运转提供财务担保和弥补因交易所不可预见风险带来的亏损。

一般来说,风险准备金制度在来源、提取、管理等方面有以下规定:

第一,交易所按向会员收取的手续费收入(含向会员优惠减收部分)20%的比例,从管理费用中提取。当风险准备金达到交易所注册资本10倍时,可不再提取。

第二,风险准备金必须单独核算,专户存储,除用于弥补风险损失外,不得挪作他用。风险准备金的动用必须经交易所理事会批准,报中国证监会备案后按规定的用途和程序进行。

相关建议

风险准备金制度一般用于保障结算风险。建议在结算相关管理规则中,进一步明确结算风险准备金的提取和管理要求,同时明确在结算风险发生时的承担方式和程序。

第二十五条

交易机构实行异常交易监控制度。交易主体违反本规则或者交易机构业务规则、对市场正在产生或者将产生重大影响的,交易机构可以对该交易主体采取以下临时措施:

(一)限制资金或者交易产品的划转和交易;

(二)限制相关账户使用。

上述措施涉及注册登记机构的,应当及时通知注册登记机构。

一、国内外立法例

地方立法例

1.《上海环境能源交易所碳排放交易规则》:

第五十六条 有根据认为会员或者客户违反交易所交易规则或其他业务

细则,对市场正在产生或者将产生重大影响的,交易所对该会员或客户可以采取以下措施:

(一)限制入金;

(二)限制出金;

(三)限制相关账户交易;

(四)冻结相关配额或资金;

(五)经市发展改革委批准的其他措施。

2.《上海环境能源交易所碳排放交易违规违约处理办法(试行)》:

第十三条 会员、客户、结算银行涉嫌重大违规,经交易所专项调查的,在确认违规行为之前,为防止违规行为后果进一步扩大,保障处理决定的执行,交易所可以对其采取下列措施:

(一)限制入金;

(二)限制出金;

(三)限制相关账户交易;

(四)冻结相关配额或资金;

(五)限制结算银行的结算业务;

(六)经同意的其他措施。

3.《重庆联合产权交易所碳排放交易违规违约处理办法(试行)》:

第十五条 交易参与人、存管银行等市场参与者涉嫌违规,经交易所专项调查的,在确认违规行为之前,为防止违规后果进一步扩大,保障处理决定的执行,交易所可以对被调查人采取下列临时处置措施:

(一)限制入金;

(二)限制出金;

(三)限制相关账户交易;

(四)冻结相关权益或资金;

(五)限制结算银行的结算业务;

(六)经主管部门同意的其他措施。

4.《深圳排放权交易所违规违约处理实施细则(暂行)》:

第十六条 会员、客户、存管银行和信息服务机构及市场其他参与者涉嫌违规,经本所立案调查的,在确认违规行为之前,为防止违规后果进一步扩大,保障处理决定的执行,本所可以对被调查人采取下列临时处置措施:

(一)限制入金;

(二)限制出金;

(三)限制买卖;

(四)降低持有量限额;

(五)限期减持;

(六)强行减持。

采取前款第(一)至(四)项临时处置措施,可以由本所总经理决定;其他临时处置措施由本所董事会决定,并及时报告政府主管部门。

二、条文析义

条文总体解释

1. 目的和依据

为加强对碳市场异常交易行为的监管,遏制过度投机,严厉打击各类违法违规行为,保护投资者合法权益,交易机构实行异常交易监控制度,防控交易风险。对违反本规则或交易机构业务规则的行为及时制止,防止违规行为后果进一步扩大,对市场产生重大影响。

为了明确规定交易机构实行异常交易监控制度的义务,以及交易机构对交易主体采取临时措施的条件、方式等规则,特制定本条。

2. 内容

本条是关于异常交易监控制度的规定,主要内容包括以下四个方面:

第一,本条规定交易机构有实行异常交易监控制度的义务,即交易机构实行异常交易监控制度,以有效控制风险的发生,保障碳市场平稳、规范、健康运行。

第二,交易机构对碳排放交易进行监控,对交易主体违反本规则或者交易机构业务规则并且对市场正在产生或者将产生重大影响的,为防止违规行为后果进一步扩大,交易机构有权对交易主体采取临时处置措施。

第三,交易机构对交易主体采取的临时处置措施类型包括限制资金或者交易产品的划转和交易、限制相关交易账户使用。

第四,临时处置措施有涉及注册登记机构的,为保障处理决定的执行,应当及时通知注册登记机构。

关键概念解释

1. 异常交易监控制度

异常交易监控制度是指交易机构对在交易过程中发生的异常交易事件进行监控管理的制度。当交易机构监控到异常交易情况时,将采取紧急措施化解风险。

在碳排放交易市场,异常情况主要是指可能影响碳排放配额价格或者交易量的异常交易行为,主要有以下几种情况:

(1) 可能对交易价格产生重大影响的信息披露前,大量买入或者卖出相关产品;

(2) 大量或者频繁进行互为对手方的交易,涉嫌关联交易或市场操纵;

(3) 频繁申报或频繁撤销申报,影响交易价格或其他交易参与人的交易决定;

(4) 巨额申报,影响交易价格或明显偏离市场成交价格;

(5) 大量或者频繁进行高买低卖交易;

(6) 交易所认为需要重点监控的其他异常交易行为。

出现上述异常情况时,交易机构可以决定采取发布警告、限制交易等紧急措施,有效控制风险的发生。异常情况消失后,交易机构应当及时取消紧急措施,保障碳市场平稳、规范、健康运行。交易主体参加碳交易也应当遵守法律、法规和交易机构业务规则,接受交易机构对其交易行为的合法合规性管理,自觉规范交易行为。

2. 临时措施

临时措施即针对某种情况而紧急采取的暂时的处理办法。

一般来说,"某种情况"即指交易主体违反本规则或者交易机构业务规则并且对市场正在产生或者将产生重大影响的行为,一旦发生这种行为,交易机构将立即对交易主体采取临时措施以防止违规行为后果进一步扩大。

第二十六条

因不可抗力、不可归责于交易机构的重大技术故障等原因导致部分或者全部交易无法正常进行的,交易机构可以采取暂停交易措施。

导致暂停交易的原因消除后,交易机构应当及时恢复交易。

一、国内外立法例

地方立法例

1.《上海环境能源交易所碳排放交易规则》:

第六十六条 因不可抗力、意外事件或计算机系统故障等不可归责于交易所的原因导致部分或全部交易无法正常进行,交易所可以对某个(些)年度配额或整个交易系统进行暂停交易。因为上述原因造成严重后果的交易,交易所可以采取适当措施或认定无效。

第六十八条 暂停交易原因消除后,交易所可以决定恢复某个(些)年度配额或整个交易系统交易。暂停交易及恢复交易的时间和方式由交易所决定。

2.《北京绿色交易所碳排放权交易规则(试行)》:

3.3.4 买卖双方必须承认交易结果,履行清算交收义务,并向本所交纳交易经手费。因不可抗力、意外事件、技术故障等原因影响交易结果的交易,本所可以认定其无效。

违反本规则,严重破坏碳排放市场正常运行的交易,本所有权宣布取消交易。由此造成的损失由违规的交易参与人承担。

3.6.1 发生下列交易异常情况之一,导致部分或全部交易不能进行的,本所可以决定单独或同时采取暂缓进入交收、技术性停牌或临时停市等措施:

(一)不可抗力;

(二)意外事件;

(三)技术故障;

(四)本所认定的其他异常情况。

出现无法下达指令或行情传输中断情况的,交易参与人应及时向本所报告。无法下达指令或行情传输中断的交易参与人数量超过本所全部交易参与人总数10%以上的,属于交易异常情况,本所可以实行临时停市。

3.6.3 本所对暂缓进入交收、技术性停牌或临时停市决定予以公告。暂缓进入交收、技术性停牌或临时停市原因消除后,本所可以决定恢复交易,并予以公告。

3.《天津排放权交易所碳排放权交易规则(暂行)》:

第二十六条 申报成交后,交易即告成立。符合本规则各项规定达成的交易于成立时生效,交易者必须承认交易结果,履行清算交收义务。

因不可抗力、意外事件、交易系统被非法侵入等原因造成严重后果的交易,交易所可以采取适当措施或认定无效。

对显失公平的交易,经交易所认定,可以采取适当措施,并向监管部门报告。

违反本规则,严重破坏市场正常运行的交易,交易所有权宣布取消,由此造成的损失由违规交易者承担。

第五十九条 发生下列交易异常情况之一,导致交易不能正常进行的,交易所可以决定临时停止交易:

(一)不可抗力;

(二)意外事件;

(三)技术故障;

(四)相关政府部门要求;

(五)交易所认定应立即停止交易的其他异常情况。

第六十条 临时停止交易的原因消除后,交易所将尽快恢复交易。

4.《天津排放权交易所碳排放权交易风险控制管理办法(试行)》:

第十七条 在交易过程中,当出现以下情形之一的,交易所可以宣布市场交易进入异常情况,采取紧急措施化解风险:

(一)地震、水灾、火灾、战争、罢工等不可抗力或计算机系统故障等不可归责于交易所的原因导致交易无法正常进行;

(二)交易者出现结算、交收危机,对市场正在产生或者将产生重大影响;

(三)交易价格出现同方向连续涨跌限幅,有证据证明交易者违反交易所交易规则及其实施细则并且对市场正在产生或者即将产生重大影响;

（四）交易所规定的其他情况。

出现前款第（一）项异常情况时，交易所可以采取调整开市收市时间、暂停交易的紧急措施；出现前款第（二）、（三）、（四）项异常情况时，交易所可以决定采取调整开市收市时间、暂停交易、调整涨跌限幅、限期转让、代为转让、限制交收申报、限制出金等紧急措施。

5.《重庆联合产权交易所碳排放交易细则（试行）》：

第五十五条　因不可抗力、意外事件、或技术故障等异常情况，导致全部或部分交易不能进行的，交易所可决定技术性停牌或临时停市。

第五十八条　异常情况消除后，交易所将尽快恢复交易。

6.《重庆联合产权交易所碳排放交易风险管理办法（试行）》：

第十一条　发生下列交易异常情况之一，导致部分或全部交易不能进行的，交易所可决定技术性停牌或临时停市：

（一）不可抗力；

（二）意外事件；

（三）技术故障；

（四）交易所认定的其他异常情况。

第十四条　技术性停牌或临时停市原因消除后，交易所可以决定恢复交易。

7.《湖北碳排放权交易中心碳排放权交易规则》：

第五十六条　发生下列情况之一，导致部分或全部交易不能进行的，本中心可以采取技术性暂停交易措施，并予以公告：

（一）因地震、水灾、火灾等不可抗力的；

（二）因国家政策、法律法规调整的；

（三）技术故障及意外突发事件；

（四）交易系统被非法侵入等；

（五）其他不可归责于本中心的原因导致交易无法正常进行的；

（六）本中心认定的其他情况。

因上述原因引起交易信息传输发生异常或者中断而造成的任何损失，本中心不承担责任。

导致技术性暂停交易措施的原因消失时，本中心及时恢复交易，并予以公告。

第五十七条 技术性暂停前交易系统已经达成的交易结果有效。

因不可抗力、意外事件、交易系统被非法侵入等原因导致本中心无法采取技术性暂停措施的,本中心可以认定交易结果无效。

8.《湖北碳排放权交易中心碳排放权现货远期交易风险控制管理办法》:

第三十三条 在现货远期交易过程中,当出现以下情形之一时,交易中心可以宣布进入异常情况,采取紧急措施化解风险:

(一)地震、水灾、火灾等不可抗力或计算机系统和系统通讯线路故障等不可归责于交易中心的原因导致交易无法正常进行;

(二)出现结算、履约危机,对市场正在产生或者将产生重大影响;

(三)现货远期价格出现同方向连续涨跌停板,有根据认为市场参与人违反交易中心交易规则及其实施细则并且对市场正在产生或者即将产生重大影响;

(四)交易中心规定的其他情况。

出现前款异常情况时,经交易中心办公会研究决定,可以采取调整开市收市时间、暂停交易、调整涨跌停板幅度、调整交易保证金、暂停订立报价、限期转让、强行转让、限制出金等紧急措施。

9.《广州碳排放权交易中心碳排放配额交易规则》(2019年修订):

第三十一条 出现下列情形,广碳所可以对个别碳排放配额交易或整个交易系统进行暂停交易;造成严重后果的交易,广碳所可以采取适当措施或认定无效。

(一)因交易系统技术故障、非法侵入、意外事件及不可抗力的原因导致部分或全部交易不能进行的;

(二)出现涉嫌违法违规交易、交易量超过一定范围或高频交易等异常情形;

(三)出现影响交易正常进行或广碳所认定的需要暂停交易的其他情形。

广碳所决定暂停交易应立即报告省生态环境厅,并予以公告。

第三十二条 暂停交易情形消除后,广碳所可以决定恢复交易。暂停交易及恢复交易的具体时间和方式,由广碳所根据实际情况决定。

10.《深圳排放权交易所现货交易规则(暂行)》:

7.1 发生下列交易异常情况之一,导致部分或全部交易不能进行的,本所可以决定单独或同时采取暂缓进入交收、技术性停牌或临时停市等措施：

（一）不可抗力；

（二）意外事件；

（三）技术故障；

（四）本所认定的其他异常情况。

7.5 本所对暂缓进入交收、技术性停牌或临时停市决定予以公告。技术性停牌或临时停市原因消除后，本所可以决定恢复交易，并予以公告。

二、条文析义

条文总体解释

1. 目的和依据

为了明确规定暂停交易和恢复交易的条件，保护市场参与者的合法权益，特制定本条。

2. 内容

本条是关于暂停交易和恢复交易的规定，主要内容包括两个方面：

第一，规定了暂停交易的条件，即因不可抗力、不可归责于交易机构的重大技术故障等原因导致部分或者全部交易无法正常进行的，交易机构可以采取暂停交易措施。

第二，规定了恢复交易的条件，即导致暂停交易的原因消除后，交易机构应当及时恢复交易。

关键概念解释

不可抗力是指不能预见、不能避免并不能克服的客观情况。按《联合国国际货物销售合同公约》解释，不可抗力是指非当事人所能控制，而且没有理由预期其在订立合同时所能考虑到或能避免或克服它或它的后果而使其不能履行合同义务的障碍。在合同法范畴下，不可抗力是指在合同成立以后所发生的，不是由于当事人一方的故意或过失所造成的，对其发生以及造成的后果是当事人不能预见、不能控制、不能避免并不能克服的客观情况。

引起不可抗力的原因有两种：一是自然原因，如洪水、暴风、地震、干旱、暴风雪等人类无法控制的大自然力量所引起的灾害事故；二是社会原因，如战争、罢工、政府禁止令等引起的。在实践中，对不可抗力的认定是很严格的，需要与商品价格波动、汇率变化等正常的贸易风险区别开来。比如，基金合同中的不可抗力是指任何无法预见、无法克服、无法避免的事件和因素，包括但不限于洪水、地震及其他自然灾害、战争、疫情、骚乱、火灾、政府征用、没收、法律变化、突发停电或其他突发事件、证券交易场所非正常暂停或停止交易等。

不可抗力具有以下四个方面的特点：一是不可抗力是当事人不能预见的事件；二是不可抗力是当事人不能控制的事件；三是不可抗力是独立于当事人意志和行为以外的事件；四是不可抗力是阻碍合同履行的客观事件。

关于不可抗力的范围，国际上并无统一的解释，当事人在合同订立时可自行商定。一般有概括式、列举式和综合式三种规定方法。概括式对不可抗力范围只作笼统规定；列举式是将不可抗力事件逐一列出；综合式，即列举式与综合式相结合，对经常可能发生的不可抗力事件（如战争、地震、水灾、火灾、暴风雨、雪灾等）列出的同时，再加上"以及双方同意的其他不可抗力事件"的文句。综合式的规定方法，既明确、具体，又有一定的灵活性。

发生不可抗力事故后，应按约定的处理原则及时进行处理。不可抗力的后果有两种：一种是解除合同，另一种是延期履行合同。究竟如何处理，应视事故的原因、性质、规模及其对履行合同所产生的实际影响程度而定。

第二十七条

交易机构采取暂停交易、恢复交易等措施时，应当予以公告，并向生态环境部报告。

一、国内外立法例

地方立法例

1.《上海环境能源交易所碳排放交易规则》：
第六十七条　交易所决定暂停交易应立即报告主管部门，并予以公告。

2.《北京环境交易所碳排放权交易规则(试行)》：

3.6.3 本所对暂缓进入交收、技术性停牌或临时停市决定予以公告。暂缓进入交收、技术性停牌或临时停市原因消除后，本所可以决定恢复交易，并予以公告。

3.《天津排放权交易所碳排放权交易风险控制管理办法(试行)》：

第十八条 交易所宣布进入异常情况并决定暂停交易时，一般暂停交易的期限不超过3个交易日。

第十九条 交易所宣布市场交易进入异常情况并决定采取紧急措施前将予以公告。因异常情况交易所采取的相应措施造成的损失，交易所不承担责任。

4.《重庆联合产权交易所碳排放交易细则(试行)》：

第五十七条 交易所对技术性停牌或临时停市决定予以公告，并及时报告市发展改革委和市金融办。

5.《重庆联合产权交易所碳排放交易风险管理办法(试行)》：

第十三条 交易所对技术性停牌或临时停市决定予以公告。

6.《湖北碳排放权交易中心碳排放权交易规则》：

第五十六条 发生下列情况之一，导致部分或全部交易不能进行的，本中心可以采取技术性暂停交易措施，并予以公告：

（一）因地震、水灾、火灾等不可抗力的；

（二）因国家政策、法律法规调整的；

（三）技术故障及意外突发事件；

（四）交易系统被非法侵入等；

（五）其他不可归责于本中心的原因导致交易无法正常进行的；

（六）本中心认定的其他情况。

因上述原因引起交易信息传输发生异常或者中断而造成的任何损失，本中心不承担责任。

导致技术性暂停交易措施的原因消失时，本中心及时恢复交易，并予以公告。

7.《广州碳排放权交易中心碳排放配额交易规则》(2019年修订)：

第三十一条 出现下列情形，广碳所可以对个别碳排放配额交易或整个交易系统进行暂停交易；造成严重后果的交易，广碳所可以采取适当措施或认定无效。

（一）因交易系统技术故障、非法侵入、意外事件及不可抗力的原因导致部分或全部交易不能进行的；

（二）出现涉嫌违法违规交易、交易量超过一定范围或高频交易等异常情形；

（三）出现影响交易正常进行或广碳所认定的需要暂停交易的其他情形。

广碳所决定暂停交易应立即报告省生态环境厅，并予以公告。

8.《深圳排放权交易所现货交易规则（暂行）》：

7.5 本所对暂缓进入交收、技术性停牌或临时停市决定予以公告。技术性停牌或临时停市原因消除后，本所可以决定恢复交易，并予以公告。

二、条文析义

条文总体解释

1. 目的和依据

为了明确规定交易机构采取暂停交易、恢复交易措施时的公告和报告义务，保证碳市场的正常运行，特制定本条。

2. 内容

本条是关于交易机构采取暂停交易、恢复交易措施时的公告和报告义务的规定，主要内容包括两个方面：

第一，规定交易机构采取暂停交易、恢复交易等措施时，有义务将暂停交易和恢复交易的决定及具体措施予以公告。

第二，规定交易机构采取暂停交易、恢复交易等措施时，有义务将暂停交易和恢复交易的决定及具体措施向生态环境部报告。

关键概念解释

1. 交易暂停

暂停即停止一段时间，交易暂停即在一段时间内不能再进行碳配额交易的一切相关操作。正在进行中的交易将保持现有状态，待交易暂停取消后方可继续交易。

当交易出现异常情况时,交易所可以决定暂停交易。对于决定暂停交易的情形,各地规定有所差异,主要分为以下情况:

第一,地震、水灾、火灾等不可抗力导致部分或全部交易不能进行的;第二,国家政策、法律法规调整;第三,技术故障及意外突发事件导致部分或全部交易不能进行的;第四,交易系统被非法侵入导致部分或全部交易不能进行的;第五,涉嫌违法违规交易、交易量超过一定范围或高频交易等异常情形;第六,其他不可归责于交易机构的原因导致交易无法正常进行。

2. 交易恢复

与交易暂停相对应的就是交易恢复。交易恢复即交易主体可正常进行配额交易操作。

第四章 信息管理

第二十八条

交易机构应建立信息披露与管理制度,并报生态环境部备案。交易机构应当在每个交易日发布碳排放配额交易行情等公开信息,定期编制并发布反映市场成交情况的各类报表。

根据市场发展需要,交易机构可以调整信息发布的具体方式和相关内容。

一、国内外立法例

地方立法例

1.《上海环境能源交易所碳排放交易规则》:

第七十四条 交易所每个交易日发布碳排放交易即时行情以及碳排放交易公开信息等其他有关信息。

第七十五条 交易所及时编制反映市场成交情况的各类报表,并予以发布。

第八十一条 根据市场发展需要,交易所可以调整信息发布的方式和内容。

碳排放交易信息的管理办法由交易所另行制定。

2.《上海环境能源交易所碳排放交易信息管理办法(试行)》:

第四条 交易所实行交易信息披露制度。交易所每个交易日发布碳排放交易即时行情以及碳排放交易公开信息等其他有关信息。

交易所及时编制反映市场成交情况的周报表、月报表、年报表，并予以发布。

第十二条　根据市场发展需要，交易所可以调整公开信息发布的方式和内容。

3.《北京绿色交易所碳排放权交易规则（试行）》：

5.1.1　本所每个交易日发布碳排放权交易即时行情、碳排放权交易公开信息等交易信息。

5.1.2　本所及时编制反映市场成交情况的各类日报表、周报表、月报表和年报表，并通过本所网站或其他媒体予以公布。

5.2.3　本所可以根据市场需要，调整即时行情发布的方式和内容。

4.《北京绿色交易所碳排放权交易规则配套细则（试行）》：

3.1.1　本所每个交易日发布碳排放权交易即时行情、碳排放权交易公开信息等交易信息。

3.1.2　本所定期编制发布反映市场成交情况的周报、月报和年报。

5.《北京绿色交易所碳排放权交易信息披露管理办法（试行）》：

第五条　信息披露的内容包括碳排放权交易公开信息与即时行情。公开信息包括本所编制的市场成交情况的各类日报、周报、月报和年报。即时行情是指本所公开交易市场行情，包括以公开交易方式交易的成交量、成交价格。

6.《天津排放权交易所碳排放权交易规则（暂行）》：

第五十一条　交易所定期公布交易价格、交易量等信息。

7.《重庆联合产权交易所碳排放交易细则（试行）》：

第四十四条　交易所在每个交易日发布行情、报价和成交等信息。

行情信息包括交易品种名称、交易品种代码、前日交易均价、当日最高价、当日最低价、当日累计成交数量、当日累计成交金额等。

报价信息包括交易品种名称、交易品种代码、申报类型、买卖方向、买卖数量、买卖价格以及报价联系人和联系方式等。

成交信息包括交易品种名称、交易品种代码、成交量、成交价。

第四十五条　交易所定期编制反映市场成交情况的各类报表，及时予以发布。

第四十六条　交易所可以根据市场需要，调整交易信息发布的渠道和内容。

8.《重庆联合产权交易所碳排放信息管理办法（试行）》：

第五条　交易所实行交易信息披露制度。交易所每个交易日发布碳排放报价信息、行情信息、成交信息及其他有关信息。

第六条　交易所及时编制反映市场成交情况的周报表、月报表、年报表，并在官方平台发布。

第十二条　交易所可以根据主管部门要求和市场需要，调整交易信息发布的渠道和内容。

9.《湖北碳排放权交易中心碳排放权交易规则》：

第四十四条　本中心披露的信息包括实时交易信息、统计资料、本中心发布的公告信息以及要求披露的其他相关信息。

10.《广州碳排放权交易中心碳排放配额交易规则》(2019年修订)：

第三十六条　广碳所每个交易日发布碳排放配额交易即时行情以及碳排放配额交易公开信息。

第三十七条　广碳所定期编制反映市场成交情况的相关统计报表、分析报告，并予以及时发布。

第三十九条　根据市场发展需要，广碳所可以调整信息发布的方式和内容。

碳排放配额交易信息管理制度由广碳所另行制定。

11.《深圳排放权交易所现货交易规则（暂行）》：

5.1.1　本所每个交易日发布交易即时行情和交易公开信息等交易信息。

5.2.3　本所可以根据市场需要，调整即时行情发布的方式和内容。

二、条文析义

条文总体解释

1. 目的和依据

为了明确交易机构的信息披露义务、权限及信息披露内容，特制定本条。

2. 内容

本条是关于交易机构信息披露义务及信息披露内容的规定，主要内容包括以下三个方面：

第一，规定了交易机构在信息披露方面的义务，即全国碳排放交易机构应当建立信息披露与管理制度，并报生态环境部备案。

第二，规定了信息披露制度的具体内容，即交易机构在每个交易日应当发布碳排放配额交易行情等公开信息，定期编制并发布反映市场成交情况的各类报表。

第三，规定交易机构调整信息披露制度的权限，即交易机构可以根据市场发展需要，调整信息发布的具体方式和相关内容。

关键概念解释

信息披露制度是证券市场一种重要的制度。以期货市场为例，信息披露制度指期货交易所按有关规定公布期货交易有关信息的制度。期货交易所应当及时公布上市品种合约的成交量、成交价、持仓量、最高价与最低价、开盘价与收盘价和其他应当公布的即时行情，并应保证即时行情真实准确。未经期货交易所许可，任何单位和个人不得发布期货即时行情。

为了配合信息披露制度，更好地体现公开性原则，许多国家还规定了管理披露制度，以有效防止管理部门的失职或舞弊行为。根据管理披露制度，证券监管部门必须依照法律规定，报告或公告与证券监管有关的管理信息，以实现对证券市场的有效监管。

碳信息披露与管理制度是碳市场健康运行的有效支撑，不仅有利于企业实现自身的"碳管理"和"碳约束"，有利于政府实施有效监管和政策制定，有利于满足社会公众等利益相关者对企业温室气体排放和能源消耗信息的需求，还有利于实现全国碳交易市场"公开透明"的建设目标。交易机构应建立交易信息披露制度，在每个交易日应当发布碳排放配额交易行情等公开信息，并应保证即时行情真实准确。行情信息包括交易品种名称、交易品种代码、前日交易均价、当日最高价、当日最低价、当日累计成交数量、当日累计成交金额等，定期编制并发布反映市场成交情况的各类报表，如日报表、周报表、月报表、年报表。

第二十九条

交易机构应当与注册登记机构建立管理协调机制,实现交易系统与注册登记系统的互通互联,确保相关数据和信息及时、准确、安全、有效交换。

一、国内外立法例

全国立法例

1.《碳排放权交易管理暂行办法》(2014年国家发改委发布):

第二十四条 国家确定的交易机构的交易系统应与注册登记系统连接,实现数据交换,确保交易信息能及时反映到注册登记系统中。

2.《碳排放权交易管理办法(试行)》部令第19号:

第二十四条 全国碳排放权注册登记机构和全国碳排放权交易机构应当按照国家有关规定,实现数据及时、准确、安全交换。

二、条文析义

条文总体解释

1. 目的和依据

为了明确规定交易机构建立管理协调机制的义务,以及交易系统与注册登记系统互通互联的目的,特制定本条。

2. 内容

全国碳排放权注册登记机构管理的登记系统和全国碳排放交易机构管理的交易系统需要进行与碳单位转移相关的数据交换。注册登记机构在当日交收时点,根据交易系统的成交结果,以交易主体为结算单位,通过注册登记系统进行全国碳排放配额与资金的逐笔全额清算交收,实现全国碳排放配额持有、转移、清缴履约和注销的登记。因此注册登记机构和交易机构之间应建立管理协调机制,实现注册登记结算系统与交易系统连接,确保两个系统数据和信息及时、准确、安全、有效交互。

本条主要规定了以下两个方面的内容：

第一，规定了交易机构建立管理协调机制的义务，即交易机构应当与注册登记机构建立管理协调机制，实现交易系统与注册登记系统的互通互联。

第二，交易系统与注册登记系统互通互联的目的，即确保相关数据和信息及时、准确、安全、有效交换。

第三十条

交易机构应当建立交易系统的灾备系统，建立灾备管理机制和技术支撑体系，确保交易系统和注册登记系统数据、信息安全。

一、国内外立法例

地方立法例

《广州碳排放权交易中心碳排放权交易风险控制管理细则》：

第三十条　为防止应急事件对交易产生重大影响，广碳所可采取包括系统软硬件维护、数据灾备、应急演练等防范措施。

二、条文析义

条文总体解释

1. 目的和依据

为明确规定交易机构确保交易系统和注册登记系统数据、信息安全的义务和主要手段，预防出现各类突发事件毁损系统影响交易，特制定本条。

2. 内容

本条规定主要包括两个方面的内容：

第一，规定交易机构确保交易系统和注册登记系统数据、信息安全的义务。为防止各类灾难毁损系统影响交易，交易机构应当确保交易系统和注册登记系统数据和信息安全。

第二,规定交易机构确保交易系统和注册登记系统数据、信息安全的主要手段,即通过建立交易系统的灾备系统,建立灾备管理机制和技术支撑体系,确保交易系统和注册登记系统数据、信息安全。只有建立交易系统的灾备系统,并且建立完备的灾备管理机制和技术支撑体系,实现对整个灾备系统乃至数据的高效管理,才能保证灾备系统长期稳定运营,提供高质量的服务。

第三十一条

交易机构不得发布或者串通其他单位和个人发布虚假信息或者误导性陈述。

一、国内外立法例

地方立法例

1.《上海环境能源交易所碳排放交易规则》:

第七十七条　交易所、会员不得发布虚假的或者带有误导性质的信息。

2.《上海环境能源交易所碳排放交易信息管理办法(试行)》:

第十条　交易所、会员不得发布虚假的或者带有误导性质的信息。

3.《北京绿色交易所碳排放权交易规则配套细则(试行)》:

3.2.1　交易参与人、信息经营机构、公众媒体及个人在传播本所碳交易市场行情等信息时,必须保证其准确、完整,并明确注明信息来源,不得发布虚假的或带有误导性质的信息。

4.《北京绿色交易所碳排放权交易信息披露管理办法(试行)》:

第九条　交易参与人、信息经营机构和公众媒体以及个人均不得发布虚假的或带有误导性质的信息。

5.《天津排放权交易所碳排放权交易规则(暂行)》:

第五十四条　交易所、交易者、指定结算银行及其工作人员等不得泄露在从事同交易所有关业务中获取的商业秘密,不得发布虚假的或带有误导性质的信息。

二、条文析义

条文总体解释

1. 目的和依据

为了明确交易机构的信息发布行为规范,特制定本条。

2. 内容

本条规定了交易机构的信息发布行为规范,即交易机构不得发布或者串通其他单位和个人发布虚假信息或者误导性陈述。

关键概念解释

碳交易市场的虚假陈述,是指交易机构从业人员违反碳交易管理规则,对重大事件作出违背事实真相的虚假记载、误导性陈述,或者在披露信息时发生重大遗漏、不正当披露信息的行为。

虚假陈述行为致使投资者无法在信息充分的基础上,作出正确的投资决策。虚假陈述行为是违法行为,会严重扰乱市场秩序,侵害广大投资者利益,应严令禁止并制定处罚措施。

第五章 监督管理

第三十二条

生态环境部加强对交易机构和交易活动的监督管理,可以采取询问交易机构及其从业人员、查阅和复制与交易活动有关的信息资料、以及法律法规规定的其他措施等进行监管。

一、条文析义

条文总体解释

1. 目的和依据

为了明确规定生态环境部对碳交易机构和活动的监督管理权利,以及监督管理措施,特制定本条。

2. 内容

本条规定主要包括两个方面的内容:

第一,规定了生态环境部对碳交易机构和活动的监督管理权利,即生态环境部加强对交易机构和交易活动的监督管理。

第二,规定了生态环境部对交易机构和交易活动可以采取的监管措施,主要有:①采取询问交易机构及其从业人员了解相关情况;②查阅和复制与交易活动有关的信息资料;③法律法规规定的其他监管措施。

第三十三条

全国碳排放权交易活动中,涉及交易经营、财务或者对碳排放配额市场价格有影响的尚未公开的信息及其他相关信息内容,属于内幕信息。禁止内幕信息的知情人、非法获取内幕信息的人员利用内幕信息从事全国碳排放权交易活动。

一、国内外立法例

全国立法例

新《证券法》:

第五十条　禁止证券交易内幕信息的知情人和非法获取内幕信息的人利用内幕信息从事证券交易活动。

二、条文析义

条文总体解释

1. 目的和依据

为了防范内幕交易,明确内幕信息的范畴及内幕信息知情人的行为规范,特制定本条。

2. 内容

本条的主要内容包括以下两个方面:

第一,规定了内幕信息的范畴,即全国碳排放交易活动中,涉及交易经营、财务或者对碳排放配额市场价格有影响的尚未公开的信息及其他相关信息内容都属于内幕信息。

第二,规定了内幕知情人的行为规范,即禁止内幕信息的知情人、非法获取内幕信息的人员利用内幕信息从事全国碳排放交易活动。

关键概念解释

1. 内幕交易

内幕交易一般是指内幕知情人及以不正当手段获取碳交易内幕信息的其他人员,违反相关规定泄露企业核查信息、企业碳资产组成情况以及碳交易相关信息,并根据上述内幕信息进行碳金融产品买卖或者向他人提出买卖建议行为。

内幕交易会给交易者带来丰厚的利润,却给市场带来很大的不公。内幕交易会在很大程度上打击投资者的市场信心,因此,遏制内幕交易是碳交易管理规则的应有之义。

2. 知情人

本条规定中,明确规定内幕交易的主体为内幕信息的知情人、非法获取内幕信息的人员,其中知情人的认定是确定内幕交易行为的关键。碳交易内幕信息的知情人主要是指可利用其地位、职务等便利,能够接触或获取尚未公开的、影响碳配额价格等重要信息的人员,如重点排放单位董事、监事、经理或主要股东、碳市场内部人员及市场管理人员等。

第三十四条

禁止任何机构和个人通过直接或者间接的方法,操纵或者扰乱全国碳排放权交易市场秩序、妨碍或者有损公正交易的行为。因为上述原因造成严重后果的交易,交易机构可以采取适当措施并公告。

一、国内外立法例

地方立法例

1.《上海市碳排放管理试行办法》:

第二十四条(交易价格)

碳排放配额的交易价格,由交易参与方根据市场供需关系自行确定。任何单位和个人不得采取欺诈、恶意串通或者其他方式,操纵碳排放交易价格。

2.《湖北省碳排放权管理和交易暂行办法》：

第三十条 禁止通过操纵供求和发布虚假信息等方式扰乱碳排放权交易市场秩序。

3.《广东省碳排放管理试行办法》：

第二十六条 配额交易价格由交易参与方根据市场供需关系确定，任何单位和个人不得采取欺诈、恶意串通或者其他方式，操纵交易价格。

4.《深圳排放权交易所违规违约处理实施细则（暂行）》：

第二十一条 会员或者客户有下列影响交易价格行为之一的，责令改正，并可以根据情节轻重，采取谈话提醒、书面警示、通报批评、公开谴责、限制买卖、强行减持、暂停或者取消会员资格等措施：

（一）单独或者合谋，集中资金优势、持仓优势或者利用信息优势联合或者连续交易，影响交易价格的；

（二）利用在关联客户之间分仓等手段，规避本所的持有量限制，超量持仓，控制或企图控制市场价格，影响市场秩序的；

（三）利用对敲等手段，影响市场价格、转移资金或者牟取不当利益的；

（四）不以成交为目的或者明知申报的指令不能成交，仍恶意或连续输入交易指令企图影响市场价格，扰乱市场秩序的；

（五）为制造虚假的市场行情而进行连续买卖或蓄意串通，按事先约定的方式或价格进行互为买卖，制造市场假象，影响或企图影响市场价格或持仓量的；

（六）利用内幕信息或国家机密进行交易或泄露内幕信息影响交易的；

（七）操纵其他可以影响市场价格的因素而影响交易价格的；

（八）以不当集中持仓量的方式，控制本所的持仓数量，企图或实际严重影响市场行情或交割的；

（九）以操纵市场为目的，用直接或间接的方法操纵或扰乱交易秩序，妨碍或有损于公正交易，有损于国家利益和社会公众利益的；

（十）未遵守本所风险警示制度的有关要求的；

（十一）存在被本所认定为异常交易的市场行为的；

（十二）其他违反交易所有关交易管理规定的行为。

上述违规行为同时构成违约的，应当按照相关协议中关于违约责任条款的约定,向本所承担违约责任。

5.《深圳排放权交易所托管会员管理细则(暂行)》:

第三十六条　托管会员应当严格遵守本所各项业务规则和制度,不得有以下行为:

(一)单独或者串通操纵市场;

(二)向本所或者管控单位提供虚假信息,或者泄露管控单位信息;

(三)将管控单位托管的配额用于质押;

(四)私自转让、出借托管会员资格或转包托管会员工作;

(五)其他违反本所制度的行为。

6.《福建省碳排放权交易管理暂行办法》:

第二十三条　碳排放配额的交易价格由交易参与方根据市场供求关系确定,禁止通过操纵供求和发布虚假信息等方式扰乱碳排放权交易市场秩序。

二、条文析义

条文总体解释

1. 目的和依据

为了维护市场秩序,禁止市场操纵行为,确保公正交易,特制定本条。

2. 内容

本条规定的主要内容包括以下两个方面:

第一,对机构和个人的交易行为规范作了规定,即禁止任何机构和个人通过直接或者间接的方法,操纵或者扰乱全国碳排放交易市场秩序、妨碍或者有损于公正交易的行为。

第二,规定了交易机构针对造成严重后果的交易采取措施的权利。本条明确,对因上述行为而造成严重后果的交易,交易机构可以采取适当措施并予以公告。

关键概念解释

在证券市场中,典型的操纵市场行为有以下多种:

1. 连续买卖

连续买卖，是指行为人为了抬高、压低或维持集中交易之有价证券的交易价格，自行或者以他人名义，对该证券连续高价买入或低价卖出的行为。

2. 相对委托

相对委托又称约定买卖，是指与他人串通，以事先约定的时间、价格和方式相互进行证券交易，影响证券交易的价格或者证券交易量。

3. 冲洗买卖

冲洗买卖又称洗售，是指在自己实际控制的账户之间进行证券交易，影响证券交易价格或者证券交易量。这是实践中采用最多的操纵手段，目前处罚的绝大多数操纵市场案例都存在冲洗买卖行为[1]。

在碳排放交易中，操纵市场主要是指部分机构投资者、个人投资者，交易平台等主体依托自身资金、信息等优势，诱导投资者在不了解碳排放市场情况下做出投资决定，扰乱市场秩序。

第三十五条

交易机构应当定期向生态环境部报告的事项包括交易机构运行情况和年度工作报告、经会计师事务所审计的年度财务报告、财务预决算方案、重大开支项目情况等。

交易机构应当及时向生态环境部报告的事项包括交易价格出现连续涨跌停或者大幅波动、发现重大业务风险和技术风险、重大违法违规行为或者涉及重大诉讼、交易机构治理和运行管理等出现重大变化等。

一、国内外立法例

全国立法例

《证券交易所管理办法》：

第四十二条　对于严重影响证券交易秩序或者交易公平的异常交易行

---

[1] 罗培新,卢文道等.最新证券法解读[M].北京：北京大学出版社,2006:122—124.

为,证券交易所可以实施限制投资者账户交易等措施,并向中国证监会报告。

证券交易所发现异常交易行为涉嫌违反法律、行政法规、部门规章的,应当及时向中国证监会报告。

第五十一条 证券交易所应当按照章程、业务规则的规定,对会员遵守证券交易所章程和业务规则的情况进行检查,并将检查结果报告中国证监会。

证券交易所可以根据章程、业务规则要求会员提供与证券交易活动有关的业务报表、账册、交易记录和其他文件资料。

第五十二条

······

会员管理的客户出现严重异常交易行为或者在一定时期内多次出现异常交易行为的,证券交易所应当对会员客户交易行为管理情况进行现场或者非现场检查,并将检查结果报告中国证监会。

······

第六十一条 证券交易所应当按照章程、协议以及业务规则,督促证券上市交易公司及相关信息披露义务人依法披露上市公告书、定期报告、临时报告等信息披露文件。

证券交易所对信息披露文件进行审核,可以要求证券上市交易公司及相关信息披露义务人、上市保荐人、证券服务机构等作出补充说明并予以公布,发现问题应当按照有关规定及时处理,情节严重的,报告中国证监会。

第七十二条 证券交易所应当履行下列报告义务:

(一)证券交易所经具有证券从业资格的会计师事务所审计的年度财务报告,该报告应于每一财政年度终了后三个月内向中国证监会提交;

(二)关于业务情况的季度和年度工作报告,应当分别于每一季度结束后十五日内和每一年度结束后三十日内向中国证监会报告;

(三)法律、行政法规、部门规章及本办法其他条款中规定的报告事项;

(四)中国证监会要求报告的其他事项。

第七十三条 遇有重大事项,证券交易所应当随时向中国证监会报告。

前款所称重大事项包括:

(一)发现证券交易所会员、证券上市交易公司、投资者和证券交易所工作人员存在或者可能存在严重违反法律、行政法规、部门规章的行为;

（二）发现证券市场中存在产生严重违反法律、行政法规、部门规章行为的潜在风险；

（三）证券市场中出现法律、行政法规、部门规章未作明确规定，但会对证券市场产生重大影响的事项；

（四）执行法律、行政法规、部门规章过程中，需由证券交易所作出重大决策的事项；

（五）证券交易所认为需要报告的其他事项；

（六）中国证监会规定的其他事项。

第七十四条　遇有以下事项之一的，证券交易所应当随时向中国证监会报告，同时抄报交易所所在地人民政府，并采取适当方式告知交易所会员和投资者：

（一）发生影响证券交易所安全运转的情况；

（二）证券交易所因不可抗力导致停市，或者为维护证券交易正常秩序采取技术性停牌、临时停市等处理措施。

第七十九条　证券交易所涉及诉讼或者证券交易所理事、监事、高级管理人员因履行职责涉及诉讼或者依照法律、行政法规、部门规章应当受到解除职务的处分时，证券交易所应当及时向中国证监会报告。

二、条文析义

条文总体解释

1. 目的和依据

为了明确规定交易机构向生态环境部报告的事项范围，特制定本条。

2. 内容

本条规定了交易机构应当向生态环境部报告的事项类型及具体内容：

第一，交易机构应定期向生态环境部报告的事项，主要包括：①交易机构运行情况和年度工作报告；②经会计师事务所审计的年度财务报告、财务预决算方案、重大开支项目情况。

第二，交易机构应及时向生态环境部报告的事项，主要包括：①交易价格出现连续涨跌停或者大幅波动;②发现重大业务风险和技术风险;③发现重大违法违规行为或者涉及重大诉讼;④交易机构治理和运行管理等出现重大变化。

第三十六条

交易机构对全国碳排放权交易相关信息负有保密义务。交易机构工作人员应当忠于职守、依法办事,除用于信息披露的信息之外,不得泄露所知悉的市场交易主体的账户信息和业务信息等信息。交易系统软硬件服务提供者等全国碳排放权交易或者服务参与、介入相关主体不得泄露全国碳排放权交易或者服务中获取的商业秘密。

一、国内外立法例

地方立法例

1.《上海环境能源交易所碳排放交易规则》:

第七十八条　交易所、会员和结算银行不得泄露碳排放交易业务中获取的商业秘密。

与交易所签订协议的软硬件服务提供者不得泄露在其服务过程中获知的商业秘密。

交易所可以按规定向有关主管部门或者其他相关单位提供相关信息,并执行相应的保密规定。

2.《上海环境能源交易所碳排放交易信息管理办法(试行)》:

第二十条　交易所、会员和结算银行不得泄露碳排放交易业务中获取的商业秘密。

为交易所电子交易系统和相关网站提供软硬件服务的专业机构需遵守与交易所签订的有关协议,不得泄露在其服务过程中获知的交易所的商业秘密,保证交易设施的安全运行和交易信息发布的及时性、准确性。

交易所可以按规定向有关主管部门或者其他相关单位提供相关信息,并执行相应的保密规定。

3.《北京绿色交易所碳排放权交易规则配套细则(试行)》：

3.1.3 本所对不宜公开的交易信息、资金情况等有保密义务。

4.《北京绿色交易所碳排放权交易信息披露管理办法(试行)》：

第七条 本所对不宜公开的交易资料、资金情况等信息有保密义务。

5.《天津排放权交易所碳排放权交易规则(暂行)》：

第五十四条 交易所、交易者、指定结算银行及其工作人员等不得泄露在从事同交易所有关业务中获取的商业秘密，不得发布虚假的或带有误导性质的信息。

6.《重庆联合产权交易所碳排放交易信息管理办法(试行)》：

第十九条 任何机构或个人不得泄露碳排放交易业务中获取的商业秘密。

为交易所系统和相关网站提供软硬件服务的专业机构需遵守与交易所签订的合同、协议，不得泄露在其服务过程中获知的交易所的商业秘密，保证交易设施的安全运行和交易信息发布的及时性、准确性。

交易所可以按规定向有关主管部门或者其他相关单位提供相关信息，并执行相应的保密规定。

7.《广州碳排放权交易中心碳排放配额交易规则》(2019年修订)：

第三十八条 广碳所、交易参与人和结算银行不得泄露碳排放配额交易业务中获取的商业秘密。

广碳所可以按规定向有关主管部门或者其他相关单位提供相关信息，并执行相应的保密规定。

二、条文析义

条文总体解释

1. 目的和依据

为了维护市场公信力，确保交易主体的信息安全，防止因信息泄露而导致交易主体合法权益的损失，特制定本条。

2. 内容

本条是一个保密条款，规定了交易机构及其工作人员、交易系统软硬件服

务提供者等全国碳排放交易或者服务参与、介入相关主体的保密义务。主要内容如下:

第一,规定了交易机构对全国碳排放交易相关信息负有保密义务。

第二,规定了交易机构工作人员对全国碳排放交易相关信息负有的保密义务,即交易机构工作人员应当忠于职守、依法办事,除用于信息披露的信息之外,不得泄露所知悉的市场交易主体的账户信息和业务信息等信息。

第三,规定了交易系统软硬件服务提供者等全国碳排放交易或者服务参与、介入相关主体的保密义务,即这些主体不得泄露全国碳排放交易或者服务中获取的商业秘密。

第三十七条

交易机构对全国碳排放权交易进行实时监控和风险控制,监控内容主要包括交易主体的交易及其相关活动的异常业务行为,以及可能造成市场风险的全国碳排放权交易行为。

一、国内外立法例

地方立法例

1.《上海环境能源交易所碳排放交易规则》:

第八十三条 交易所监督管理的主要内容有:

(一)监督、检查有关碳排放交易的法律法规、政策和交易规则的落实执行情况;

(二)监督、检查各会员及其客户的交易行为和内部管理情况;

(三)监督、检查各会员及其客户的财务、资信状况;

(四)监督、检查结算银行与碳排放交易有关的业务活动;

(五)调解、处理各种碳排放交易纠纷,调查、处理各种与碳排放交易有关的违规违约事件;

(六)协助司法机关、行政执法机关依法执行公务;

(七)对其他违背"公开、公平、公正"原则,制造市场风险的碳排放交易行为进行监督管理。

2.《上海环境能源交易所碳排放交易违规违约处理办法(试行)》：

第七条　交易所监督管理的主要内容有：

（一）监督、检查有关碳排放交易的法律法规、政策和交易规则的落实执行情况；

（二）监督、检查各会员及客户的交易行为及其内部管理情况；

（三）监督、检查各会员及客户的财务、资信状况；

（四）监督、检查结算银行与碳排放交易有关的业务活动；

（五）调解、处理各种碳排放交易纠纷，调查、处理各种与碳排放交易有关的违规违约事件；

（六）协助司法机关、行政执法机关依法执行公务；

（七）对其他违背"公开、公平、公正"原则，制造市场风险的碳排放交易行为进行监督管理。

3.《北京绿色交易所碳排放权交易规则(试行)》：

3.5.1　本所对采用公开交易方式的交易行为的下列事项，予以重点监控：

（一）可能对交易价格产生重大影响的信息披露前，大量或持续买入或卖出相关碳排放权的行为；

（二）单个或两个以上固定的或涉嫌关联的交易账户之间，大量或频繁进行反向交易的行为；

（三）单个或两个以上固定的或涉嫌关联的交易账户，大笔申报、连续申报、密集申报或申报价格明显偏离该碳排放权行情揭示的最新成交价的行为；

（四）频繁申报和撤销申报，或大额申报后撤销申报，以影响交易价格或误导其他投资者的行为；

（五）在一段时期内进行大量的交易；

（六）大量或者频繁进行高买低卖交易；

（七）在交易平台进行虚假或其他扰乱市场秩序的申报；

（八）本所认为需要重点监控的其他异常交易行为。

4.《重庆联合产权交易所碳排放交易细则(试行)》：

第四十九条　交易所对交易中的下列事项，予以重点监控：

（一）涉嫌内幕交易、操纵市场等违法违规行为；

（二）涉嫌法律、行政法规、规章和规范性文件和交易所业务规则等相关规定限制的行为；

（三）可能影响交易价格或者交易量的异常交易行为；

（四）交易所认为需要重点监控的其他事项。

5.《广州碳排放权交易中心碳排放配额交易规则》（2019年修订）：

第四十二条　广碳所依据本规则及相关规定，对交易参与人、结算银行及碳排放配额交易其他参与者的交易相关行为进行监督检查，并定期向省生态环境厅报告。

6.《深圳排放权交易所现货交易规则（暂行）》：

6.1　本所对碳排放权交易中的下列事项，予以重点监控：

（一）涉嫌内幕交易、操纵市场等违法违规行为；

（二）碳排放权买卖的时间、数量、方式等受到法律法规和规范性文件及本所业务规则等相关规定限制的行为；

（三）可能影响交易价格或者交易量的异常交易行为；

（四）碳排放权交易价格或者交易量明显异常的情况；

（五）本所认为需要重点监控的其他事项。

二、条 文 析 义

条文总体解释

1. 目的和依据

为了明确交易机构的实时监控和风险控制义务，以及监控具体内容，确保监控工作的落实，以更好地维护碳交易的安全稳定运行，特制定本条。

2. 内容

本条是关于交易机构实时监控和风险控制义务与监控内容的规定，主要内容包括以下两个方面：

第一，规定了交易机构对全国碳排放交易进行实时监控和风险控制的义务。

第二，规定了交易机构监控的内容，主要包括：①交易主体的交易及其相关活动的异常业务行为;②可能造成市场风险的全国碳排放交易行为。

　　交易机构实时监控全国碳排放交易对于维护市场安全起着关键作用。通过本条规定的监控内容进行监控,可以及时发现交易中的异常情况和违规行为并采取有效措施,减少不必要的损失,防止对碳交易产生重大影响,造成市场风险。

第六章 争议处置

第三十八条

交易主体之间发生有关全国碳排放权交易的纠纷,可以自行协商解决,也可以向交易机构提出调解申请,还可以依法向仲裁机构申请仲裁或者向人民法院提起诉讼。

交易机构与交易主体之间发生有关全国碳排放权交易的纠纷,可以自行协商解决,也可以依法向仲裁机构申请仲裁或者向人民法院提起诉讼。

一、国内外立法例

地方立法例

1.《上海环境能源交易所碳排放交易规则》:

第九十条 会员、客户、结算银行之间发生有关碳排放交易业务的纠纷,可以自行协商解决;也可以向交易所申请调解。

2.《北京绿色交易所碳排放权交易规则(试行)》:

6.2 采用公开交易方式的交易参与人之间,或采用协议转让的转让方和受让方之间发生交易纠纷,可以自行协商解决,也可以依法向仲裁机构申请仲裁或向人民法院提起诉讼。

3.《北京绿色交易所碳排放权交易规则配套细则(试行)》:

4.3.3 交易纠纷各方可以自行协商解决,也可以依法向仲裁机构申请仲裁或向人民法院提起诉讼。

4.《重庆联合产权交易所碳排放交易细则(试行)》：

第六十条　发生交易业务纠纷的，当事人可以自行协商解决；也可以向交易所申请调解。

5.《广州碳排放权交易中心碳排放配额交易规则》(2019年修订)：

第四十四条　交易参与人之间发生有关碳排放配额交易业务纠纷，可以自行协商解决，也可以依法向仲裁机构申请仲裁或者向人民法院提起诉讼。

6.《湖北碳排放权交易中心碳排放权交易规则》：

第五十四条　市场参与人与本中心之间发生纠纷时，可以协商解决。协商不成的，可以依法向武汉仲裁委员会申请仲裁。

二、条文析义

条文总体解释

1. 目的和依据

为了明确交易主体之间，以及交易主体与交易机构之间发生的有关全国碳排放交易纠纷的解决办法，特制定本条。

2. 内容

本条的内容主要包括两个方面：

第一，规定了交易主体之间发生的有关全国碳排放交易纠纷的四种解决办法：一是自行协商解决；二是向交易机构提出调解申请；三是依法向仲裁机构申请仲裁；四是向人民法院提起诉讼。

第二，规定了交易主体与交易机构之间发生的有关全国碳排放交易纠纷的三种解决办法：一是自行协商解决；二是依法向仲裁机构申请仲裁；三是向人民法院提起诉讼。

关键概念解释

碳排放交易纠纷是指交易主体在交易平台进行的碳排放交易行为，因交易一方当事人或与有利害关系的第三方，认为交易对手方、其他交易相关方存在违反交易规则或影响交易正常进行且损害其合法权益的行为而产生的矛盾或纠纷。

调解、仲裁、诉讼作为交易纠纷的解决机制相互辅佐、交相并存,又以其各自相对独特的调整机制而相互独立,是交易纠纷解决机制体系的重要组成部分,为交易主体提供了多种可供其自由选择的解决交易纠纷的途径和方法。

调解是中立的第三方在当事人之间调停疏导,帮助交换意见,提出解决建议,促成双方化解矛盾的活动。

仲裁是由双方当事人协议将争议提交(具有公认地位的)第三者,由该第三者对争议的是非曲直进行评判并作出裁决的一种解决争议的方法。

诉讼是指国家审判机关即人民法院,依照法律规定,在当事人和其他诉讼参与人的参加下,依法解决讼争的活动。

第三十九条

申请交易机构调解的当事人,应当提出书面调解申请。交易机构的调解意见,经当事人确认并在调解意见书上签章后生效。

一、国内外立法例

地方立法例

1.《上海环境能源交易所碳排放交易规则》:

第九十一条 申请交易所调解的当事人,应提出书面调解申请。交易所的调解意见,经当事人确认并在调解意见书上签章后生效。

2.《重庆碳联合产权交易所碳排放交易细则(试行)》:

第六十一条 申请交易所调解的当事人,应当提出书面调解申请。交易所的调解意见,经当事人确认并在调解意见书上签章后生效。

二、条文析义

条文总体解释

1. 目的和依据

为了明确交易机构调解交易纠纷的程序、调解意见生效条件,特制定本条。

2. 内容

本条是关于交易机构调解纠纷的程序规定，主要包括两个方面内容：

第一，规定了交易机构调解交易纠纷的程序，即交易主体之间发生碳排放交易纠纷，并申请交易机构调解的，申请调解的当事人，应当提出书面调解申请。

第二，规定了交易机构调解意见的生效条件，即交易机构的调解意见，经当事人确认并在调解意见书上签章后生效。

关键概念解释

调解是指中立的第三方在纠纷主体之间沟通信息，摆事实明道理，促成纠纷主体相互谅解、妥协，从而达成最终解决纠纷的合意。它具有自治性、非严格的规范性等特点。

调解是高效、低成本解决纠纷的重要方式之一。调解既有利于诉累，减轻人民法院的负担，而且可以加速纠纷解决、降低成本。碳交易主体之间发生纠纷的可以申请交易机构来进行调节。申请交易机构调节的纠纷必须具备以下条件：申请人必须是与争议事件有直接利害关系的交易当事人或其他相关主体，有明确的被申请人即争议指向方、具体的调节请求和事实根据。但已经向人民法院起诉的或者已经向仲裁机构申请仲裁的，以及一方要求调解但另一方不同意调解的，调解申请不予受理。双方当事人接受调解达成协议的，应当制作调解协议书，当事人确认并在调解协议书上签章后生效，当事人即应当按照调解协议书履行各自的义务。由于调解协议书不具有法律强制力，一方当事人不履行的，对方当事人不能就此请求人民法院强制执行，但可以采用其他方式来解决争议。

第四十条

交易机构和交易主体，或者交易主体间发生交易纠纷的，当事人均应当记录有关情况，以备查阅。交易纠纷影响正常交易的，交易机构应当及时采取止损措施。

一、国内外立法例

地方立法例

1.《北京绿色交易所碳排放权交易规则(试行)》：

6.1 采用公开交易方式的交易参与人之间发生交易纠纷,相关交易参与人应当记录有关情况,以备本所查阅。交易纠纷影响正常交易的,交易参与人应当及时向本所报告。本所可以按有关规定,提供必要的交易数据。

2.《北京绿色交易所碳排放权交易规则配套细则(试行)》：

4.3.1 交易参与人之间发生交易纠纷,相关交易参与人应当记录有关情况,以备本所查阅。

4.3.2 交易纠纷影响正常交易的,交易参与人应当及时向本所报告。

3.《深圳排放权交易所现货交易规则(暂行)》：

8.1 交易会员之间、交易会员与投资机构或自然人之间发生交易纠纷,相关会员应当记录有关情况,以备本所查阅。交易纠纷影响正常交易的,交易会员应当及时向本所报告。

二、条文析义

条文总体解释

1. 目的和依据

为了明确交易纠纷发生时当事人的义务以及交易机构的义务,特制定本条。

2. 内容

本条主要规定了两个方面的内容：

第一,规定了交易纠纷发生时当事人的义务,即交易主体之间以及交易机构与交易主体间发生交易纠纷时,当事双方均应当记录有关情况,以备查阅。

第二,规定了交易纠纷发生时,交易机构的义务,即交易纠纷影响正常交易的,交易机构应当及时采取止损措施。

关键概念解释

止损,原意是指当某一投资出现的亏损达到预定数额时,及时斩仓出局,以避免形成更大的亏损。其目的是在投资失误时把损失限定在较小的范围内。在实盘交易中,投资者容易出现操作错误,这就需要设置止损,防止亏损扩大。

在本规则中,止损是指当交易纠纷影响正常交易时,交易机构应当及时采取有效措施中止交易,减少交易纠纷带来的损失。

第七章 附 则

第四十一条

交易机构可以根据本规则制定交易业务规则等实施细则。

第四十二条

本规则自公布之日起施行。

附录一：覆盖行业及代码[①]

行业	国民经济行业分类代码（GB/T 4754-2017）	类别名称	主营产品统计代码	行业子类
发电	44	电力、热力生产和供应业		
	4411	火力发电		
	4412	热电联产		
	4417	生物质能发电*		
建材	30	非金属矿物制品业	31	非金属矿物制品
	3011	水泥制造	310101	水泥熟料
	3041	平板玻璃制造	311101	平板玻璃
钢铁	31	黑色金属冶炼和压延加工业	32	黑色金属冶炼及压延产品
	3110	炼铁	3201	生铁
	3120	炼钢	3206	粗钢
	3130	钢压延加工	3207 3208	轧制、锻造钢坯钢材
有色	32	有色金属冶炼和压延加工业	33	有色金属冶炼和压延加工产品
	3216	铝冶炼	3316039900	电解铝
	3211	铜冶炼	3311	铜
石化	25	石油、煤炭及其他燃料加工业	25	石油加工、炼焦及核燃料
	2511	原油加工及石油制品制造	2501	原油加工

[①] 引自《关于做好2018年度碳排放报告与核查及排放监测计划制定工作的通知》（环办气候司函〔2019〕71号）附件1。

续表

行业	国民经济行业分类代码（GB/T 4754-2017）	类别名称	主营产品统计代码	行业子类
化工	26	化学原料和化学制品制造业	26	化学原料及化学制品
	261	基础化学原料制造		
			2601	无机基础化学原料
	2611	无机酸制造	260101	无机酸类
			2601010201	硝酸
	2612	无机碱制造	260105 260106 260107	烧碱 纯碱类 金属氢氧化物
	2613	无机盐制造	260108—260122	其他无机基础化学原料
			2601220101	电石
	2614	有机化学原料制造	2602	有机化学原料
			2602010201	乙烯**
			2602061700	二氟一氯甲烷
	2619	其他基础化学原料制造		
			260209	无环醇及其衍生物
			2602090101	甲醇
	262	肥料制造	2604	化学肥料
			260401	氨及氨水
	2621	氮肥制造	260411	氮肥（折含氮100%）
	2622	磷肥制造	260412	磷肥（折五氧化二磷100%）
	2623	钾肥制造	260413	钾肥（折氯化钾100%）
	2624	复混肥料制造	260422	复合肥、复混合肥
	2625	有机肥料及微生物肥料制造	2605	有机肥料及微生物肥料

续表

行业	国民经济行业分类代码（GB/T 4754-2017）	类别名称	主营产品统计代码	行业子类
化工	2629	其他肥料制造		
	263	农药制造		
	2631	化学农药制造	2606	化学农药
	2632	生物化学农药及微生物农药制造	2607	生物农药及微生物农药
	265	合成材料制造	2613	合成材料
	2651	初级形态塑料及合成树脂制造	261301	初级形态塑料
	2652	合成橡胶制造	261302	合成橡胶
	2653	合成纤维单（聚合）体制造	261303 261304	合成纤维单体 合成纤维聚合物
	2659	其他合成材料制造		2613中其他类
造纸	22	造纸和纸制品业	22	纸及纸制品
	2211	木竹浆制造	2201	纸浆
	2212	非木竹浆制造	2201	纸浆
	2221	机制纸及纸板制造	2202	机制纸和纸板
民航	56	航空运输业	55	航空运输服务
	5611	航空旅客运输	550101	航空旅客运输服务
	5612	航空货物运输	550102	航空货物运输服务
	5631	机场	550301	机场服务

说明：＊掺烧化石燃料燃烧的生物质发电企业需报送，纯使用生物质发电的企业无需报送。

＊＊乙烯生产企业的温室气体排放数据核算和报告应按照《中国石油化工企业温室气体排放核算方法和报告指南（试行）》中的要求执行。

附录二:2019—2020年全国碳排放权交易配额总量设定与分配实施方案(发电行业)

一、纳入配额管理的重点排放单位名单

根据发电行业(含其他行业自备电厂)2013—2019年任一年排放达到2.6万吨二氧化碳当量(综合能源消费量约1万吨标准煤)及以上的企业或者其他经济组织的碳排放核查结果,筛选确定纳入2019—2020年全国碳市场配额管理的重点排放单位名单,并实行名录管理。

碳排放配额是指重点排放单位拥有的发电机组产生的二氧化碳排放限额,包括化石燃料消费产生的直接二氧化碳排放和净购入电力所产生的间接二氧化碳排放。对不同类别机组所规定的单位供电(热)量的碳排放限值,简称为碳排放基准值。

二、纳入配额管理的机组类别

本方案中的机组包括纯凝发电机组和热电联产机组,自备电厂参照执行,不具备发电能力的纯供热设施不在本方案范围之内。纳入2019—2020年配额管理的发电机组包括300 MW等级以上常规燃煤机组,300 MW等级及以下常规燃煤机组,燃煤矸石、煤泥、水煤浆等。

非常规燃煤机组(含燃煤循环流化床机组)和燃气机组四个类别。对于使用非自产可燃性气体等燃料(包括完整履约年度内混烧自产二次能源热量占

比不超过10%的情况)生产电力(包括热电联产)的机组、完整履约年度内掺烧生物质(含垃圾、污泥等)热量年均占比不超过10%的生产电力(包括热电联产)机组,其机组类别按照主要燃料确定。对于纯生物质发电机组、特殊燃料发电机组、仅使用自产资源发电机组、满足本方案要求的掺烧发电机组以及其他特殊发电机组暂不纳入2019—2020年配额管理。各类机组的判定标准详见附件1。本方案对不同类别的机组设定相应碳排放基准值,按机组类别进行配额分配。

三、配额总量

省级生态环境主管部门根据本行政区域内重点排放单位2019—2020年的实际产出量以及本方案确定的配额分配方法及碳排放基准值,核定各重点排放单位的配额数量;将核定后的本行政区域内各重点排放单位配额数量进行加总,形成省级行政区域配额总量。将各省级行政区域配额总量加总,最终确定全国配额总量。

四、配额分配方法

对2019—2020年配额实行全部免费分配,并采用基准法核算重点排放单位所拥有机组的配额量。重点排放单位的配额量为其所拥有各类机组配额量的总和。

配额核算公式

采用基准法核算机组配额总量的公式为:

$$机组配额总量 = 供电基准值 \times 实际供电量 \times 修正系数 + 供热基准值 \times 实际供热量。$$

各类机组详细的配额计算方法见配额分配技术指南(见附件2、3)。

修正系数

考虑到机组固有的技术特性等因素,通过引入修正系数进一步提高同一类别机组配额分配的公平性。各类别机组配额分配的修正系数见配额分配技术指南(见附件2、3)。本方案暂不设地区修正系数。

碳排放基准值及确定原则

考虑到经济增长预期、实现控制温室气体排放行动目标、疫情对经济社会发展的影响等因素,2019—2020年各类别机组的碳排放基准值按照附件4设定。

五、配额发放

省级生态环境主管部门根据配额计算方法及预分配流程,按机组2018年度供电(热)量的70%,通过全国碳排放权注册登记结算系统(以下简称注登系统)向本行政区域内的重点排放单位预分配2019—2020年的配额。在完成2019和2020年度碳排放数据核查后,按机组2019年和2020年实际供电(热)量对配额进行最终核定。核定的最终配额量与预分配的配额量不一致的,以最终核定的配额量为准,通过注登系统实行多退少补。配额计算方法、预分配流程及核定流程详见附件2、3。

六、配额清缴

为降低配额缺口较大的重点排放单位所面临的履约负担,在配额清缴相关工作中设定配额履约缺口上限,其值为重点排放单位经核查排放量的20%,即当重点排放单位配额缺口量占其经核查排放量比例超过20%时,其配额清缴义务最高为其获得的免费配额量加20%的经核查排放量。

为鼓励燃气机组发展,在燃气机组配额清缴工作中,当燃气机组经核查排放量不低于核定的免费配额量时,其配额清缴义务为已获得的全部免费配额量;当燃气机组经核查排放量低于核定的免费配额量时,其配额清缴义务为与燃气机组经核查排放量等量的配额量。

除上述情况外,纳入配额管理的重点排放单位应在规定期限内通过注登系统向其生产经营场所所在地省级生态环境主管部门清缴不少于经核查排放量的配额量,履行配额清缴义务,相关工作的具体要求另行通知。

七、重点排放单位合并、分立与关停情况的处理

纳入全国碳市场配额管理的重点排放单位发生合并、分立、关停或迁出其生产经营场所所在省级行政区域的,应在作出决议之日起30日内报其生产经营场所所在地省级生态环境主管部门核定。省级生态环境主管部门应根据实际情况,对其已获得的免费配额进行调整,向生态环境部报告并向社会公布相关情况。配额变更的申请条件和核定方法如下。

重点排放单位合并

重点排放单位之间合并的,由合并后存续或新设的重点排放单位承继配额,并履行清缴义务。合并后的碳排放边界为重点排放单位在合并前各自碳排放边界之和。

重点排放单位和未纳入配额管理的经济组织合并的,由合并后存续或新设的重点排放单位承继配额,并履行清缴义务。2019—2020年的碳排放边界仍以重点排放单位合并前的碳排放边界为准,2020年后对碳排放边界重新核定。

重点排放单位分立

重点排放单位分立的,应当明确分立后各重点排放单位的碳排放边界及配额量,并报其生产经营场所所在地省级生态环境主管部门确定。分立后的重点排放单位按照本方案获得相应配额,并履行各自清缴义务。

重点排放单位关停或搬迁

重点排放单位关停或迁出原所在省级行政区域的,应在作出决议之日起30日内报告迁出地及迁入地省级生态环境主管部门。关停或迁出前一年度产生的二氧化碳排放,由关停单位所在地或迁出地省级生态环境主管部门开展核查、配额分配、交易及履约管理工作。如重点排放单位关停或迁出后不再存续,2019—2020年剩余配额由其生产经营场所所在地省级生态环境主管部门

收回,2020年后不再对其发放配额。

八、其他说明

地方碳市场重点排放单位

对已参加地方碳市场2019年度配额分配但未参加2020年度配额分配的重点排放单位,暂不要求参加全国碳市场2019年度的配额分配和清缴。对已参加地方碳市场2019年度和2020年度配额分配的重点排放单位,暂不要求其参加全国碳市场2019年度和2020年度的配额分配和清缴。本方案印发后,地方碳市场不再向纳入全国碳市场的重点排放单位发放配额。

不予发放及收回免费配额情形

重点排放单位的机组有以下情形之一的不予发放配额,已经发放配额的重点排放单位经核查后有以下情形之一的,则按规定收回相关配额。

1. 违反国家和所在省(区、市)有关规定建设的;
2. 根据国家和所在省(区、市)有关文件要求应关未关的;
3. 未依法申领排污许可证,或者未如期提交排污许可证执行报告的。

附件:1. 各类机组判定标准
    2. 2019—2020年燃煤机组配额分配技术指南
    3. 2019—2020年燃气机组配额分配技术指南
    4. 2019—2020年各类别机组碳排放基准值
    5. ××省(区、市)2019—2020年发电行业重点排放单位配额预分配相关数据填报表

附件1：各类机组判定标准

表1　纳入配额管理的机组判定标准

机组分类	判 定 标 准
300 MW等级以上常规燃煤机组	以烟煤、褐煤、无烟煤等常规电煤为主体燃料且额定功率不低于400 MW的发电机组
300 MW等级及以下常规燃煤机组	以烟煤、褐煤、无烟煤等常规电煤为主体燃料且额定功率低于400 MW的发电机组
燃煤矸石、煤泥、水煤浆等非常规燃煤机组（含燃煤循环流化床机组）	以煤矸石、煤泥、水煤浆等非常规电煤为主体燃料（完整履约年度内，非常规燃料热量年均占比应超过50%）的发电机组（含燃煤循环流化床机组）
燃气机组	以天然气为主体燃料（完整履约年度内，其他掺烧燃料热量年均占比不超过10%）的发电机组

注：
1. 合并填报机组按照最不利原则判定机组类别。
2. 完整履约年度内，掺烧生物质（含垃圾、污泥等）热量年均占比不超过10%的化石燃料机组，按照主体燃料判定机组类别。
3. 完整履约年度内，混烧化石燃料（包括混烧自产二次能源热量年均占比不超过10%）的发电机组，按照主体燃料判定机组类别。

表2　暂不纳入配额管理的机组判定标准

机组类型	判 定 标 准
生物质发电机组	1. 纯生物质发电机组（含垃圾、污泥焚烧发电机组）
掺烧发电机组	2. 生物质掺烧化石燃料机组： 完整履约年度内，掺烧化石燃料且生物质（含垃圾、污泥）燃料热量年均占比高于50%的发电机组（含垃圾、污泥焚烧发电机组） 3. 化石燃料掺烧生物质（含垃圾、污泥）机组： 完整履约年度内，掺烧生物质（含垃圾、污泥等）热量年均占比超过10%且不高于50%的化石燃料机组 4. 化石燃料掺烧自产二次能源机组： 完整履约年度内，混烧自产二次能源热量年均占比超过10%的化石燃料燃烧发电机组

附录二:2019—2020年全国碳排放权交易配额总量设定与分配实施方案(发电行业) / 397

续表

机组类型	判 定 标 准
特殊燃料发电机组	5. 仅使用煤层气(煤矿瓦斯)、兰炭尾气、炭黑尾气、焦炉煤气(荒煤气)、高炉煤气、转炉煤气、石油伴生气、油页岩、油砂、可燃冰等特殊化石燃料的发电机组
使用自产资源发电机组	6. 仅使用自产废气、尾气、煤气的发电机组
其他特殊发电机组	7. 燃煤锅炉改造形成的燃气机组(直接改为燃气轮机的情形除外) 8. 燃油机组、整体煤气化联合循环发电(IGCC)机组、内燃机组

附件2:2019—2020年燃煤机组配额分配技术指南

一、配额计算方法

燃煤机组的CO_2排放配额计算公式如下:

$$A = A_e + A_h$$

式中:

A——机组CO_2配额总量,单位:tCO_2

A_e——机组供电CO_2配额量,单位:tCO_2

A_h——机组供热CO_2配额量,单位:tCO_2

其中,机组供电CO_2配额计算方法为:

$$A_e = Q_e \times B_e \times F_l \times F_r \times F_f$$

式中:

Q_e——机组供电量,单位:MWh

B_e——机组所属类别的供电基准值,单位:tCO_2/MWh

F_l——机组冷却方式修正系数,如果凝汽器的冷却方式是水冷,则机组冷却方式修正系数为1;如果凝汽器的冷却方式是空冷,则机组冷却方式修正系

数为 1.05

F_r——机组供热量修正系数,燃煤机组供热量修正系数为 1－0.22×供热比

F_f——机组负荷(出力)系数修正系数

参考《常规燃煤发电机组单位产品能源消耗限额》(GB21258-2017)做法,常规燃煤纯凝发电机组负荷(出力)系数修正系数按照表 1 选取,其他类别机组负荷(出力)系数修正系数为 1。

表 1 常规燃煤纯凝发电机组负荷(出力)系数修正系数

统计期机组负荷(出力)系数	修正系数
$F \geqslant 85\%$	1.0
$80\% \leqslant F < 85\%$	$1+0.0014 \times (85-100F)$
$75\% \leqslant F < 80\%$	$1.007+0.0016 \times (80-100F)$
$F < 75\%$	$1.015^{(16-20F)}$

注:F 为机组负荷(出力)系数,单位为%

机组供热 CO_2 配额计算方法为:

$$A_h = Q_h \times B_h$$

式中:

Q_h——机组供热量,单位:GJ

B_h——机组所属类别的供热基准值,单位:tCO_2/GJ

二、配额预分配与核定

配额预分配

对于纯凝发电机组:

第一步:核实 2018 年机组凝汽器的冷却方式(空冷还是水冷)、负荷系数和 2018 年供电量(MWh)数据。

第二步:按机组 2018 年供电量的 70%,乘以机组所属类别的供电基准值、冷却方式修正系数、供热量修正系数(实际取值为 1)和负荷系数修正系数,计

算得到机组供电预分配的配额量。

对于热电联产机组：

第一步：核实2018年机组凝汽器的冷却方式（空冷还是水冷）和2018年的供热比、供电量（MWh）、供热量（GJ）数据。

第二步：按机组2018年度供电量的70%，乘以机组所属类别的供电基准值、冷却方式修正系数、供热量修正系数和负荷系数修正系数（实际取值为1），计算得到机组供电预分配的配额量。

第三步：按机组2018年度供热量的70%，乘以机组所属类别供热基准值，计算得到机组供热预分配的配额量。

第四步：将第二步和第三步的计算结果加总，得到机组预分配的配额量。

配额核定

对于纯凝发电机组：

第一步：核实2019—2020年机组凝汽器的冷却方式（空冷还是水冷）、负荷系数和2019—2020年实际供电量（MWh）数据。

第二步：按机组2019—2020年的实际供电量，乘以机组所属类别的供电基准值、冷却方式修正系数、供热量修正系数（实际取值为1）和负荷系数修正系数，核定机组配额量。

第三步：最终核定的配额量与预分配的配额量不一致的，以最终核定的配额量为准，多退少补。

对于热电联产机组：

第一步：核实机组2019—2020年凝汽器的冷却方式（空冷还是水冷）和2019—2020年实际的供热比、供电量（MWh）、供热量（GJ）数据。

第二步：按机组2019—2020年的实际供电量，乘以机组所属类别的供电基准值、冷却方式修正系数和供热量修正系数，核定机组供电配额量。

第三步：按机组2019—2020年的实际供热量，乘以机组所属类别的供热基准值，核定机组供热配额量。

第四步：将第二步和第三步的核定结果加总，得到核定的机组配额量。

第五步：核定的最终配额量与预分配的配额量不一致的，以最终核定的配额量为准，多退少补。

附件3：2019—2020年燃气机组配额分配技术指南

一、配额计算方法

燃气机组的 CO_2 排放配额计算公式如下：

$$A = A_e + A_h$$

式中：

A——机组 CO_2 配额总量，单位：tCO_2

A_e——机组供电 CO_2 配额量，单位：tCO_2

A_h——机组供热 CO_2 配额量，单位：tCO_2

机组供电 CO_2 配额计算方法为：

$$A_e = Q_e \times B_e \times F_r$$

式中：

Q_e——机组供电量，单位：MWh

B_e——机组所属类别的供电基准值，单位：tCO_2/MWh

F_r——机组供热量修正系数，燃气机组供热量修正系数为 $1-0.6\times$ 供热比

机组供热 CO_2 配额计算方法为：

$$A_h = Q_h \times B_h$$

式中：

Q_h——机组供热量，单位：GJ

B_h——机组所属类别的供热基准值，单位：tCO_2/GJ

二、配额预分配与核定

配额预分配

对于纯凝发电机组：

第一步，核实机组2018年度的供电量（MWh）数据。

附录二:2019—2020 年全国碳排放权交易配额总量设定与分配实施方案(发电行业) / 401

第二步,按机组 2018 年度供电量的 70%,乘以燃气机组供电基准值、供热量修正系数(实际取值为 1),计算得到机组预分配的配额量。

对于热电联产机组:

第一步:核实机组 2018 年度的供热比、供电量(MWh)、供热量(GJ)数据。

第二步:按机组 2018 年度供电量的 70%,乘以机组供电基准值、供热量修正系数,计算得到机组供电预分配的配额量。

第三步:按机组 2018 年度供热量的 70%,乘以燃气机组供热基准值,计算得到机组供热预分配的配额量。

第四步:将第二步和第三步的计算结果加总,得到机组的预分配的配额量。

配额核定

对于纯凝发电机组:

第一步:核实机组 2019—2020 年实际的供电量数据。

第二步:按机组实际供电量,乘以燃气机组供电基准值、供热量修正系数(实际取值为 1),核定机组配额量。

第三步:核定的最终配额量与预分配的配额量不一致的,以最终核定的配额量为准,多退少补。

对于热电联产机组:

第一步:核实机组 2019—2020 年的供热比、供电量(MWh)、供热量(GJ)数据。

第二步:按机组 2019—2020 年实际的供电量,乘以燃气机组供电基准值、供热量修正系数,核定机组供电配额量。

第三步:按机组 2019—2020 年的实际供热量,乘以燃气机组供热基准值,核定机组供热配额量。

第四步:将第二步和第三步的计算结果加总,得到机组最终配额量。

第五步:核定的最终配额量与预分配的配额量不一致的,以最终核定的配额量为准,多退少补。

附件4：2019—2020年各类别机组碳排放基准值

机组类别	机组类别范围	供电基准值（tCO$_2$/MWh）	供热基准值（tCO$_2$/GJ）
I	300 MW等级以上常规燃煤机组	0.877	0.126
II	300 MW等级及以下常规燃煤机组	0.979	0.126
III	燃煤矸石、水煤浆等非常规燃煤机组（含燃煤循环流化床机组）	1.146	0.126
IV	燃气机组	0.392	0.059

附件5：××省(区、市)2019—2020年发电行业重点排放单位配额预分配相关数据填报表

序号	重点排放单位名称	社会信用代码	机组编号	主体燃料类型	装机容量(MW)	机组类型	产品类型	2018年度发电量(MWh)	2018年度供电量(MWh)	2018年度供热量(GJ)	2018年度供热比	供热量修正系数	冷却方式	机组负荷(出力)系数	2019—2020年预分配配额量	需要特殊说明的事项
1																
2																
3																
4																
5																
6																

主要参考文献

[1] 李佳慧.美国排污权交易的两步走[N].中国环境报,2014-11-06(04).

[2] 国际节能环保网,碳交易网.欧盟碳市场监管对我国碳市场建设的启示[EB/OL].2021-01-13.http://www.tanpaifang.com/tanjiaoyi/2021/0113/76254.html.

[3] 刘清.我国碳交易风险防范分析[J].职工法律天地,2020.

[4] 福建省发改委等.福建省碳排放权交易市场信用信息管理实施细则(试行)(闽发改生态〔2016〕856号)[S].2016.

[5] 李俊峰,张昕.全国碳市场建设有七大当务之急[J].中国城市能源周刊,2021-1-14.

[6] 邓芳芳,王磊.环境管制倒逼产业结构调整的机制研究——基于污染行业与清洁行业分解的新视角[J].生态经济,2020,36(06):142—150.

[7] 王明阳.能源经济及能源结构优化对策[J].科技经济导刊,2019,27(34):102.

[8] 高壮飞.长三角城市群碳排放与大气污染排放的协同治理研究[D].浙江:浙江工业大学,2019:1—9.

[9] 张小平.排放权配额拍卖规则的域外经验与中国模式[J].地方立法研究,2019,4(02):70—90.

[10] Anderson B., Di Maria C.Abatement and allocation in the pilot phase of the EU-ETS[J].Environmental and Resource Economics,2010,48:83—103.

[11] 彭本利,李挚萍.碳交易主体法律制度研究[J].中国政法大学学报,2012,(02):47—53,159.

[12] 陈波.欧盟碳市场监管新发展[EB/OL].欧洲法视界,2015-11-16.

[13] 王颖,张昕,刘海燕等.碳金融风险的识别和管理[J].西南金融,2019,(02):41—48.

[14] 史学瀛,杨博文.控排企业碳交易未达履约目标的罚则设定[J].中国人口·资源与环境,2018,28(04):35—42.

[15] 刘达铭,汪丹丹,孙刚.利益主体行为与证券市场秩序分析[J].现代管理科学,

2004(02):22—23.

[16] 苏萌,贾之航,于镇.碳交易市场参与者与准入条件[EB/OL]. 2019-12. http://www.tanpaifang.com/tanguwen/2019/1204/66682.html.

[17] 刘明明.论碳排放权交易市场失灵的国家干预机制[J].法学论坛,2019,34(04):62—70.

[18] 罗培新,卢文道等.最新证券法解读[M].北京:北京大学出版社,2006:122—124.

[19] 广州碳排放权交易所.广东碳交易监管体系研究报告[R].2021, http://www.cnemission.com/article/jydt/scyj/202102/20210200002083.shtml/.

跋　　记

从事碳排放交易工作多年,最喜欢的还是参与规则的制定。2010年有幸参与了上海碳排放交易各项规则的起草工作,和上海同仁们一起奋斗在各个会议室。2020年春节过后的第一天,我接到工作电话,自此开始了长达两年的全国碳排放权交易规则起草工作。投入这份工作的原因有三:一是很有新鲜感。重复做一件事会使人产生厌倦感,规则的制定是一个不断思考和创新的过程。碳排放交易来到中国后,一直在创新的路上,仅从形式上来看,已超过了欧美。二是很有成就感。学而时习之,对于大多数人而言,学的过程很痛苦,但习成功,会给人带来很大的快乐。规则一旦通过,在实践中取得了成效,成就感会油然而生。三是能有所进步。规则的制定是一项集体工作,众人集智聚力,各自的学识和经历不同,如果能从头到尾参与,最后的收获往往颇丰。当然,在整个过程也会出现无奈、质疑、焦虑等情绪,这很正常,一部实际应用的法规出台必然是妥协的结果。规则颁布后并不是工作的结束,而是新的工作的开始,制度在适用过程中会引起新的问题,推动我们不断思考。所以,本书呈现的不仅仅是对现有的条文解释和阐述,也有对未来发展的思考和建议。

本书的最终出版归功于大家的共同努力。来自复旦大学可持续发展研究中心的黄明老师和王宇露老师积极组织策划并参与撰写工作,我的同事陆冰清参与上海和全国碳排放权交易各类规则的起草工作,也一直负责上海环境能源交易所碳市场系统的建设和运行工作,本书也包含了她多年在碳交易方面的思考和智慧。感谢樊东星、耿倩、张蕊娇、桑懿、张瑶、张屹菲、苏喜、林子杰、樊舒文、付晓丹、高宇翔等同志在资料搜集、整理、校对工作中的付出,也感谢上海社会科学院出版社在本书出版过程中做的大量细致工作。最后感激的是周强、倪前龙、林健、郭健利、凌云、徐浩强、齐康、刘佳、陆冰清、金颖、唐玮、李瑾、顾庆平、臧奥乾等,他们是上海碳市场乃至中国碳市场的拓荒者,感谢他们为碳交易市场建设奉献的智慧与汗水。

宾　晖
上海环境能源交易所副总经理

图书在版编目(CIP)数据

碳排放权交易管理办法(试行)及相关规则析义 /
黄明等著 .— 上海：上海社会科学院出版社，2022
 ISBN 978-7-5520-3801-9

Ⅰ.①碳… Ⅱ.①黄… Ⅲ.①二氧化碳—排污交易—法律—研究—中国 Ⅳ.①D922.684

中国版本图书馆 CIP 数据核字(2022)第 024835 号

碳排放权交易管理办法(试行)及相关规则析义

著　　者：黄　明　宾　晖　陆冰清　王宇露
责任编辑：应韶荃
封面设计：李　廉
出版发行：上海社会科学院出版社
　　　　　上海顺昌路 622 号　邮编 200025
　　　　　电话总机 021-63315947　销售热线 021-53063735
　　　　　http://www.sassp.cn　E-mail:sassp@sassp.cn
照　　排：南京理工出版信息技术有限公司
印　　刷：上海新文印刷厂有限公司
开　　本：710 毫米×1010 毫米　1/16
印　　张：26
字　　数：426 千
版　　次：2022 年 10 月第 1 版　2022 年 10 月第 1 次印刷

ISBN 978-7-5520-3801-9/D·648　　　　　　　　定价：128.00 元

版权所有　翻印必究